VIE

DU

COMTE ROSTOPCHINE

GOUVERNEUR DE MOSCOU EN 1812

PAR

LE MARQUIS DE SÉGUR

SEPTIÈME ÉDITION REVUE ET CORRIGÉE

PARIS
VICTOR RETAUX ET FILS, LIBRAIRES-ÉDITEURS
82, RUE BONAPARTE, 82
1893

VIE

DU

COMTE ROSTOPCHINE

GOUVERNEUR DE MOSCOU EN 1812

PARIS
IMPRIMERIE D. DUMOULIN ET Cie
5, rue des Grands-Augustins, 5

LE COMTE ROSTOPCHINE EN 1812

D'après une aquarelle de Monseigneur de Ségur.

VIE

DU

COMTE ROSTOPCHINE

GOUVERNEUR DE MOSCOU EN 1812

PAR

LE MARQUIS DE SÉGUR

SEPTIÈME ÉDITION REVUE ET CORRIGÉE

PARIS
VICTOR RETAUX ET FILS, LIBRAIRES-ÉDITEURS
82, RUE BONAPARTE, 82
1893

A MA MÈRE

LA COMTESSE DE SÉGUR

FILLE DU COMTE ROSTOPCHINE

J'OFFRE AVEC TENDRESSE ET RESPECT CET OUVRAGE CONSACRÉ

A LA MÉMOIRE DE SON ILLUSTRE PÈRE

A. DE SÉGUR

Les Nouettes, octobre 1871.

PRÉFACE

DE CETTE NOUVELLE ÉDITION

Pendant la guerre de Crimée, la France alliée à l'Angleterre combattait la Russie. Mais, dans les moments de trêve, les soldats français et russes se rapprochaient, se donnaient la main entre deux batailles, et ils se disaient tout bas : « Quelle chance si, au lieu de nous entretuer, nous pouvions nous unir pour tomber sur les Anglais! »

Cette sympathie traditionnelle est dans le sang des deux peuples. Elle a résisté à la guerre de 1812 comme à la guerre de Crimée en 1854, et quoique le comte Rostopchine ait incendié Moscou pour sauver son pays, quoiqu'il ait fort maltraité Napoléon et ses soldats dans ses proclamations écrites sur les champs de bataille, il éprouva toujours pour la France un attrait inexprimable. Tout en médisant d'elle, il l'aima au point d'y rester six ans de suite, ne pouvant se résoudre à la quitter, et ce fut à un Français qu'il confia, en partant, le bonheur de sa plus chère fille, Sophie, devenue comtesse de Ségur.

Cette nouvelle édition vient donc à son heure, alors que la politique rapproche la France et la Russie, qu'elle a si souvent séparées. Les lecteurs français y trouveront un attrait tout particulier dans les charmants dessins dont elle est illustrée, dessins inédits, empruntés pour la plupart à un album de voyage de Mgr de Ségur en 1842 ; et c'est avec confiance que nous leur présentons, sous cette brillante parure, l'histoire du grand patriote russe de 1812, écrite et illustrée par ses petits-fils.

MARQUIS DE SÉGUR

Paris, oct. 1892.

PRÉFACE

Je voudrais resserrer cette préface en quelques pages, sinon en quelques lignes, parce que je désire qu'elle soit lue. Petit-fils du comte Rostopchine, j'ai essayé d'écrire sa vie. Plusieurs s'en étonneront, non sans motif, et trouveront l'entreprise étrange. Comment en effet concilier l'impartialité de l'historien avec le respect dû aux droits du sang et de la famille? Là où le biographe doit parler, le fils ne doit-il pas se taire?

A cette légitime objection, je répondrai que si j'avais trouvé dans la vie du comte Rostopchine de ces actes honteux ou coupables que je n'eusse pu taire sans manquer à l'histoire ni raconter sans manquer à la convenance, j'aurais pris le parti très simple de ne pas écrire cet ouvrage. Si je l'ai entrepris, c'est précisément parce que je me suis convaincu, en étudiant les documents publics et privés, les actions, les sentiments, les écrits pour la plupart inédits de mon illustre aïeul, que le faire connaître c'était l'honorer, et qu'en présence d'une telle vie, être impartial, c'était être respectueux. Que si, après avoir exposé sincèrement les faits, j'ai dû incliner, en les appréciant, du côté de la bienveillance plutôt que de la sévérité, je m'en applaudis, et je suis assuré que c'est la meilleure disposition d'esprit pour l'historien comme pour le juge. Souvent les hommes valent mieux que leurs œuvres, et en histoire comme en tout, *summum jus summa injuria,* la justice implacable devient de l'injustice.

L'exemple du comte Rostopchine suffirait seul à justifier cette opinion; car nul ne fut plus maltraité, plus calomnié par la plupart des historiens. Une partie de sa vie, la plus considérable et peut-être la plus intéressante, est encore inconnue; l'autre a été souvent méconnue. Ce que je me contente d'affirmer ici, je l'établirai, dans le courant de mon ouvrage, sur des documents que je crois sans réplique. En racontant sa vie, et en la racontant sincèrement, c'est donc un devoir de piété filiale que j'ai cru remplir.

Parmi les historiens français du comte Rostopchine, le plus complet et en même temps le plus impartial est certainement Schnitzler [1]. Son livre renferme tout ce qui a été écrit sur lui en France, en Russie et en Allemagne, et c'est à ce savant ouvrage que j'ai emprunté les citations des écrivains allemands qui ont parlé de la campagne de 1812 et du gouverneur de Moscou. Mais son évidente bonne foi ne l'a pas empêché de tomber dans de graves erreurs, dans des accusations qu'aucun motif sérieux ne justifie; et son érudition même, en l'entraînant dans de perpétuelles et longues digressions sur la société russe, rend son ouvrage aussi difficile et fatigant à lire de suite, qu'il est intéressant et utile à consulter. Après cet écrit, la biographie du comte Rostopchine était plus facile, mais elle restait à faire. J'ai cru qu'à raison de ma position de famille et des nombreux documents privés que je pouvais consulter et reproduire, j'étais plus à même qu'un autre de remplir complètement cette tâche. Le lecteur jugera si je me suis trompé.

Je n'ai pas craint d'intercaler dans mon récit de longues.

1. *Rostopchine et Koutouzow,* par Schnitzler. Un vol. Paris, Didier, 1863.

citations empruntées aux écrits publics du comte Rostopchine, à ses œuvres littéraires, la plupart inédites en français, et à sa correspondance. La narration y perd en rapidité, mais elle y gagne en intérêt, et ce procédé m'a paru présenter l'avantage inappréciable de faire connaître directement et sans intermédiaire celui que mon but est de montrer tel qu'il fut, et non tel que la passion ou l'ignorance l'ont trop longtemps défiguré.

Enfin, j'ai cru devoir adopter le style des mémoires plutôt que celui de l'historien. Si en effet la vie publique du comte Rostopchine, comme ministre de l'empereur Paul et comme gouverneur de Moscou en 1812, appartient à l'histoire, l'autre portion de sa vie, toute celle où se révèlent l'écrivain, le penseur, le père de famille, l'ami, l'homme en un mot, rentre dans le domaine de la chronique. J'ai la confiance qu'après avoir lu cet écrit, la plupart penseront avec moi que ce prétendu barbare fut un homme aimable et bon, un littérateur éminent, et que ce grand citoyen fut aussi un grand homme de bien.

A. S.

VIE DU COMTE ROSTOPCHINE

PREMIÈRE PARTIE

CHAPITRE PREMIER

Famille de Rostopchine. — Sa naissance. — Son éducation. — Son entrée au service militaire, puis à la cour de Catherine. — Extraits de ses notes de voyage sur Berlin et la Prusse. — Son mariage. — Sa faveur auprès du grand-duc héritier. — 1765 à 1796.

L'illustration du nom de Rostopchine commence avec celui dont j'entreprends de raconter la vie. Sa famille était noble et ancienne, mais obscure. C'est par lui qu'elle entra dans l'histoire, qui n'en sait et n'en dit que peu de chose. Elle remontait haut cependant. D'après une tradition du pays, le chef de cette vieille famille était fils de Gengis-Kan. Chassé par son père à la suite de quelque rébellion, il vint chercher un asile en Crimée et s'y fixa. Un de ses petits-fils, Boris-Davidow Rostopchine, émigra à son tour, de Crimée en Russie, sous le règne du grand-duc Wasili Ivanovitsch, et, d'après les termes mêmes des lettres patentes de l'empereur Paul Ier, en date du 12 mai 1800, « lui et ses descendants servirent les czars dans l'armée et dans la carrière civile, occupant des rangs élevés avec fidélité, zèle, et sans reproche ».

Quoi qu'il en soit du chef de leur famille, les Rostopchine appartenaient à cette race de vieux Russes qui n'avaient accepté qu'à contre-cœur la civilisation hâtive et superficielle imposée par Pierre le Grand à son peuple, qui détestaient l'influence allemande, et qui préféraient à la corruption brillante de la société du dix-huitième siècle les coutumes rudes mais fortes de la race tartare.

Le père du comte Rostopchine était un homme d'esprit, d'une éducation peu cultivée, d'un caractère de fer. Il avait servi peu de temps, avait pris sa retraite avec le grade de sous-lieutenant, et habitait sa terre de Livna, d'où il ne sortait qu'à de rares intervalles. Il s'y était marié. Sa femme, née Krakow, lui avait donné deux fils. L'aîné naquit le 23 mars 1765; c'est le héros de cette histoire. Le second suivit de près : sa naissance coûta la vie à sa mère. Théodore Rostopchine ne connut donc jamais les douceurs des soins maternels : il n'avait qu'un an quand sa mère mourut, en 1766.

La plupart des historiens le font naître au château de son père, à Livna, dans le gouvernement d'Orel. Lui-même, cependant, dans un écrit inédit sur la campagne de 1812, assure qu'il naquit à Moscou. C'est aussi le sentiment de son fils, le comte André Rostopchine. Peut-être vint-il au monde pendant un séjour passager que ses parents auraient fait à cette époque dans la capitale de la vieille Russie. Dans tous les cas, il passa son enfance à Livna, et les deux frères grandirent à la campagne, sous la rude direction de leur père, loin des influences énervantes de la ville et de la cour. Cette éducation saine et austère trempa vigoureusement leur âme et leur corps.

De son frère, on ne sait qu'une action, sa mort : elle fut héroïque, et elle aurait suffi à l'illustration de son nom et de sa famille dans un pays qui eût eu de ces historiens qui écrivent pour tous les temps et toutes les nations. Officier aux gardes, il prit part à la guerre contre les Suédois en 1789, et commandait une chaloupe canonnière dans la flottille du prince de Nassau. Entouré par trois vaisseaux ennemis, il ne voulut pas se rendre, mit le feu aux poudres et se fit sauter avec son équipage. C'était, comme on voit, le digne frère du futur gouverneur de Moscou.

Théodore Rostopchine entra de très bonne heure au service. Il fut admis dans le régiment des gardes Préobrajenski. Il fut nommé successivement enseigne en 1782, sous-lieutenant en 1785, lieutenant en 1787 et capitaine en 1789.

Vers l'âge de vingt et un ans, il obtint non sans peine, de son père, qui cependant était riche et menait grand train à sa terre de Livna, la permission et les moyens de voyager pour compléter son éducation. Il passa en Prusse l'hiver de 1786 à 1787, partageant son temps entre Berlin et Gottingue, dont l'université célèbre le retint quelques mois. Les notes qu'il a laissées sur ce premier voyage n'offrent rien de bien remarquable. On y voit seulement que sa vie était laborieuse et qu'il ne donnait que quelques instants, le soir, aux plaisirs du monde : le reste était consacré à l'étude.

De retour à Saint-Pétersbourg, il reprit avec zèle sa vie militaire, mais l'inaction lui était insupportable. « Mon ardeur pour le service et l'impatience d'être mis à l'épreuve, écrivait-il à cette époque au comte Roumantsow, sont trop fortes pour que je me contente de rester dans un corps de réserve. Ne croyez pas toutefois que je sois guidé par l'ambition des grades et des distinctions. Les uns et les autres sont trop prodigués pour qu'un homme de cœur s'en croie honoré et en fasse son but unique. Je veux seulement suivre mon penchant naturel qui me porte à préférer une carrière où tant de gens se sont distingués, et qui me fournisse peut-être les moyens de me rendre encore plus digne de vos bonnes grâces. »

Son vœu fut exaucé : tout en conservant son grade de lieutenant aux gardes Préobrajenski, il sollicita et obtint d'être envoyé à l'armée active. Il assista, comme volontaire, au siège et à la prise d'Oczakow, et servit pendant une année près de Souvarow. L'accueil que lui fit cet illustre et singulier personnage met vivement en relief la bizarrerie de l'un et la présence d'esprit de l'autre. Quand le jeune Rostopchine fut introduit devant le général, celui-ci, après deux ou trois culbutes, lui demanda gravement : « Monsieur, combien y a-t-il de poissons dans la Néva? » Le jeune officier lui répondit sans sourciller par le premier chiffre qui lui vint à la tête. — « C'est bien, Monsieur, » répliqua Souvarow en lui tendant la main; et de ce moment il lui témoigna une bienveillance qui se changea bientôt en une affection paternelle. Rostopchine, de son côté, professa toujours pour ce grand homme de guerre une admiration passionnée, et plus tard, quand de protégé il fut devenu protecteur, il le servit autant qu'il put auprès de l'empereur Paul.

Après cette campagne, Théodore Rostopchine revint à Pétersbourg, et partagea son temps entre ses devoirs militaires, le monde où son esprit brillant et original lui fit bien vite une place, et les études sérieuses. Dès cette époque, on voit poindre dans sa correspondance le mépris des vices et de la corruption qui régnaient alors à la cour et dans la société russe, mépris qu'il ne sut jamais assez contenir, qu'il exhalait sans cesse en paroles âpres et mordantes, et qui lui fit plus d'ennemis encore que sa gloire et que l'incendie de Moscou. « Ici, on ne fait que danser, écrivait-il dès 1787 au comte Roumantzow, et on n'a pas besoin de fermer le temple de Janus pour se livrer aux amusements. On parle moins de la guerre que d'un nouvel opéra qu'on vient de donner... On souffre en étudiant les caractères, car on n'en trouve pas. Jamais je n'entends parler sérieusement, et on se moque de moi, parce que je passe mes matinées à étudier... Les mots d'honnête homme et de sot sont synonymes. J'ai entendu dire mille fois que vous êtes l'homme le plus aimable, le plus spirituel, le plus accompli ; mais jamais il ne fut question de vos sentiments ni de votre âme... Ce qui me fâche le plus, c'est de voir qu'avec un esprit aussi ouvert et tant d'aptitude pour les sciences et pour les arts, nous n'ayons fait de progrès que dans les costumes. Je suis forcé de donner raison à un Anglais qui disait, en parlant des Russes, qu'on n'avait qu'à fendre la veste pour sentir le poil. »

Dans ces mots écrits par un jeune homme de vingt-deux ans, et qui, sauf la dernière boutade, sont bien l'expression de sa pensée intime, se trouvent le germe et l'explication de la fortune et des malheurs du comte Rostopchine. Il aima passionnément son pays dont, mieux que personne, il connut les grandeurs et les faiblesses ; il l'aima assez pour lui dire ses vérités, pour lutter contre ses vices et ses défaillances, pour vouloir, au jour du danger, le sauver à tout prix, et il finit par laisser dans cette lutte sa santé, son bonheur et sa vie. Son âme aussi tendre qu'énergique ne put résister au spectacle de l'ingratitude de ceux qu'il avait sauvés, et l'on put dire qu'il mourut d'amour et de désenchantement de sa patrie.

Mais en même temps que sa juste amertume dépose contre cette ingrate patrie, son amour dépose pour elle, et sa vie la fait voir sous un noble et beau jour. C'est en effet un type profondément russe que celui du comte Rostopchine : il l'est jusqu'à la moelle des os, et s'il repousse toute solidarité avec cette classe de Russes dégénérés qu'on a si justement comparés à des fruits gâtés avant d'être mûrs, il est épris jusqu'à l'admiration de ces classes populaires chrétiennes, résignées et patriotiques, dont il reproduisait dans son âme et dans ses actes les mâles et tendres qualités. La Russie peut donc être fière de ce fils terrible qu'elle a si longtemps méconnu : les grands pays seuls produisent les grands citoyens.

En 1792, Théodore Rostopchine quitta le service militaire et fut nommé gentilhomme de la chambre par l'impératrice Catherine. C'est de cette époque que datent ses relations avec l'empereur Paul, alors grand-duc héritier. Ce malheureux prince, tenu à l'écart et fort durement traité par sa mère, résidait à Gatschina, palais qu'il avait fait bâtir à 45 verstes de Pétersbourg, où il vivait fort retiré. Les favoris et les ministres de Catherine ne lui ménageaient pas les affronts, et les douze gentilshommes de la chambre, désignés pour faire tour à tour le service près de lui, ne se gênaient point pour imiter ces insolences et ces mépris, comme on voit des valets singer les grands seigneurs. Rostopchine remplaçait de bonne grâce ceux qui manquaient à leur service, mais il s'indignait de cet oubli de toute convenance, et surtout de la bassesse qui en était la cause. Il arriva que, pendant deux semaines de suite, personne ne se présenta pour le relever. A bout de patience, il dit tout haut ce qu'il pensait de la conduite de ses collègues, le leur dit à eux-mêmes, et il s'ensuivit des provocations et des querelles. Le grand-duc héritier, touché de ce procédé, voua dès lors à Rostopchine une affection qui dura jusqu'à sa mort et qui les honora l'un et l'autre : car le favori osa toujours tout dire, et presque toujours le maître sut tout entendre.

A la suite de cette aventure, qui fit beaucoup de bruit à la cour, Rostopchine en fut exilé pendant un an.

C'est vraisemblablement à cette époque et à cette occasion qu'il fit en Prusse un second voyage, sur lequel il a laissé des notes assez étendues, pleines de cette verve satirique, de cet esprit original et brillant qui se retrouve dans tous ses écrits. Nous citerons quelques-unes de ces pages qui, outre l'avantage de le faire connaître en le laissant parler, peignent en traits vivants des types dont plusieurs semblent tracés d'hier. Le lecteur verra que si notre héros fut sévère pour son pays, il ne le fut pas moins pour les nations voisines. Les Prussiens, en attendant les Autrichiens et les Français, dont le tour devait venir plus tard, lui fournirent une ample moisson d'observations piquantes, d'épigrammes toujours spirituelles et de vives boutades dont les lignes suivantes me semblent donner un assez aimable échantillon.

« *La frontière.* — La ville de Tsillintsig est petite, laide, et ne contient rien de remarquable ; ses plus beaux édifices sont, comme dans toutes les petites villes d'Allemagne, l'hôtel de ville, le dôme et la maison de poste. C'est là que commencent les États de la Prusse, la langue allemande et le cours forcé de patience. Malheureux voyageur russe, pleure et oublie les cochers russes ! Oublie que le cheval peut aller au trot, au galop ! Tu sais comment les Barbares font souffrir les chrétiens : mais on rachète ceux-ci de leur esclavage, tandis que toi, rien ne peut te sauver !

« *La poste.* — Elle est tenue par des maîtres de poste dont la majeure partie sont des officiers retraités, vantards et bavards. Ils ont dans leurs écuries jusqu'à seize chevaux, grands, gros, et aux jambes épaisses. D'abord, le maître de poste fait l'inspection de la voiture ou de la calèche du voyageur, pour s'accrocher à une raison d'atteler un cheval de plus, ce qui arrive toujours quand il a des protecteurs ou qu'il est plus ivre qu'à l'ordinaire. Cela dépend de lui, car le voyageur est complètement en son pouvoir... On donne à manger aux chevaux; pendant qu'ils mangent, les postillons bâfrent aussi. Le maître de poste fume sa pipe, en secoue la cendre, la bourre de nouveau, la refume, et raconte son histoire, ses actions héroïques, combien il a de blessures, les bontés du roi pour lui, etc., et cela dure jusqu'au moment du départ... Auparavant j'étais indigné, mais maintenant je suis touché de ce que cette poste immobile s'appelle l'*extra-poste*, c'est-à-dire la poste extraordinaire. Il n'est pas étonnant qu'elle soit telle en Prusse, si on prend en considération le tempérament flegmatique de ses habitants. Dans les écoles de philosophie de l'ancienne Grèce, il fallait des années pour s'inculquer la patience; mais dans nos temps modernes, la poste prussienne peut, en l'espace de quelques milles, former des sages. Cette poste est une torture insupportable, et les maîtres de poste sont des tyrans impitoyables. Ni les prières, ni les caresses, ni les larmes ne les émeuvent; insensibles à tout, ils vous lâchent à travers un nuage de fumée le mot *gleich*: « tout à l'heure, » et ce *gleich*, qui sert de réponse à tout, dure une heure et demie. Quelques personnes mises par eux en fureur voulurent les battre, mais elles furent, par cette même poste et encore plus lentement, traînées devant les tribunaux et condamnées à de fortes amendes. D'autres leur disent des injures, mais alors le maître de poste va chercher une vieille épée toute rouillée, et menace d'exiger une réparation pour la blessure faite à son honneur. Je leur lançais ordinairement ma malédiction, et j'allais me promener, ou bien je lisais dans ma voiture, seul moyen que j'eusse d'amortir ma colère et les regrets que j'éprouvais d'être parti pour l'étranger.

« *Les postillons.* — Le postillon est au service du maître de poste, il porte une longue redingote et un cor de chasse. Il est assis sur le timonier de gauche, et conduit deux, trois, jusqu'à quatre chevaux. Il a dans la main un long fouet dont il ne se sert que pour claquer en l'air, suivant en cela la tradition de ses ancêtres, l'exemple de ses camarades, les instructions du maître de poste, son attachement pour ses chevaux et les tendances de son tempérament. Il va toujours au pas, et si les chevaux prennent le trot, il croit qu'ils s'emportent. Entre le maître de poste et le postillon, il y a cette différence que le premier vous tourmente pendant une heure et demie, et le second quatre, six, huit heures et plus... Lui dire des injures ne mène à rien; le prier, c'est peine inutile; lui offrir de l'argent n'agit pas. Si vous lui en donnez, il vous priera d'abord de regarder à votre montre, il claquera de son fouet, et dès que les chevaux se mettront à trotter, il se retournera, vous regardera en riant, ralentira l'allure, et au bout de quelques instants se remettra au pas.

« Les anciens, pour représenter l'ennui, dessinaient le Temps avec des ailes coupées : ils auraient mieux fait de lui endosser l'uniforme d'un postillon prussien.

« Les heures semblent enrayées et les aiguilles paraissent immobiles.

« J'avais avec moi Tristram Shandy, et il me parut plus sombre que Young.

« *Gleich.* — C'est le mot avec lequel le maître de poste et le postillon tâchent de calmer l'impatience du voyageur. Le *gleich* de la poste prussienne est, en comparaison du russe *cey-tchass,* du français *à l'instant*, de l'italien *subito*, et de l'anglais *directly*, ce que l'éternité est en comparaison d'une seconde.

« *Les auberges*. — Les prix sont modérés, excepté aux mois d'avril et de mai, pendant lesquels, à l'occasion des revues, les aubergistes rançonnent tant qu'ils peuvent, tout en prétendant vous obliger. D'abord cela fâche, mais ensuite on se console, en faisant la réflexion qu'ils pourraient ne pas se contenter de deux mois, et continuer toute l'année.

« *Les soldats prussiens*. — Ils ne m'étonnèrent pas du tout. Je les trouvai semblables aux petits soldats en plomb, en bois ou en plâtre, avec lesquels j'avais joué dans ma jeunesse... Ils ont les jambes grêles, de grands ventres; groupés, ils produisent de l'effet; pris séparément, ils sont disgracieux et paraissent vieux. Les shakos des grenadiers sont beaux à voir, mais incommodes, fatiguent la tête, font perdre l'équilibre, attirent les rayons du soleil et gardent la pluie. Malgré tous ces inconvénients, pas un grenadier ne voudrait être voltigeur : leur amour-propre est flatté de ce qu'ils ne ressemblent pas aux autres.

« Ils font soixante-quinze pas à la minute, tirent avec dextérité; la giberne et le sabre sont suspendus à de larges courroies en cuir, le fusil est long et lourd... Les Français qui ont été à Rosbach disent que les Prussiens sont invincibles (ceci a été écrit avant les guerres du premier Empire). Les Russes qui ont été à Francfort, à Naltiez, à Jagensdorf, à Kolberg, en doutent.

« Celui qui a vu un soldat prussien les a tous vus. Ils ressemblent à une montre dont la mécanique est parfaite, mais l'extérieur laid.

« *L'officier subalterne.* — Il souffre pendant trente ans du froid et de la faim, reçoit six thalers par mois, et réconforte son âme chagrine et son corps malingre par l'espoir de devenir un jour capitaine si Dieu prolonge sa vie... Il ne porte jamais que l'uniforme, n'ayant pas le moyen de se procurer d'autres habits; j'en ai connu qui n'avaient pas même de bas et recouvraient leurs pieds de guêtres... Ils ne demandent presque jamais de congé, parce qu'ils ne savent où aller. Beaucoup, pendant vingt ans, n'ont pas quitté un seul instant leur régiment... Ils sont presque tous nobles. Ils passent leur vie à l'exercice, à la parade ou au corps de garde. Leurs conversations ne roulent que sur leur métier, et ils sont tellement entichés des victoires du feu roi (Frédéric le Grand), qu'ils se croient tous des héros et méprisent absolument les officiers des autres nations, qu'ils appellent leurs élèves et leurs imitateurs... L'avancement jusqu'au grade de major se fait par régiment; en temps de paix, les officiers restent presque dix ans dans le même grade. J'ai connu un lieutenant qui était officier depuis vingt ans; il y en avait six qu'il était fiancé, et il n'espérait pas être capitaine et marié avant six autres années. Cette lenteur dans l'avancement est cause que chacun désire la mort de son ancien, et j'ai été témoin de la joie des officiers d'un régiment en apprenant la fin de leur major, arrivée à la suite d'une indigestion causée par des huîtres pourries.

« *Les capitaines.* — Ils atteignent ce rang non sans peine, mais après l'avoir obtenu, ils vivent dans les plaisirs et l'abondance. Parvenu à ce but de sa constante préoccupation, le capitaine reçoit une compagnie, et avec elle arrive la fortune, car il touche, dans l'infanterie, 2500 thalers par an, et dans la cavalerie, 1500. Il doit tenir table pour les officiers de sa compagnie, et dès ce jour commence à engraisser. Excepté ceux qui sont étiques, tous les capitaines prussiens ont du ventre : cela ne compte pas pour une difformité, mais donne des droits à être appelé homme respectable.

« *Les officiers supérieurs* sont des personnages importants dont chaque soldat doit connaître la figure, afin de leur rendre les honneurs militaires, dès qu'il les voit poindre à l'horizon. Quand un officier atteint ce rang, toute la Prusse sait qu'elle possède un homme gras de plus. Cette haute position entraîne cependant celui qui vient d'en être honoré à des dépenses extraordinaires, car un major prussien doit absolument posséder une cruche en porcelaine pour boire la bière, une tabatière en métal quelconque, une pipe en écume de mer, une robe de chambre d'indienne et un instrument pour tuer les mouches.

« *Les généraux* sont vieux, infirmes, cassés par l'âge, ornés de cheveux blancs, de blessures, et honorables par de longs services; mais à cheval, ils redeviennent gaillards et sont remplis de feu. Tous ont servi pendant la guerre de Sept ans, et elle leur sert de thème journalier de conversation. Ils professent un culte pour Frédéric le Grand, leur héros, leur chef victorieux. Leurs prétentions sont modérées : l'amour-propre de chacun d'eux est satisfait du rang qu'il a et de la préséance qui lui est acquise dans le lieu où il commande. Pas un ne s'abandonne à a mollesse et ne songe à prendre son congé; la mort seule peut les effacer des rangs de l'armée. Peu d'entre eux sont capables de commander en chef, mais tous sont aptes à remplir les ordres qu'ils reçoivent.

« *Les nobles* ont des manières assez polies, mais intérieurement ils sont fiers de leur race. Pauvres en majeure partie, ils occupent des postes à la cour, ou bien des charges civiles. Ils possèdent en ville de vieilles maisons, et à la campagne des maisons de plaisance sur du sable, où ils jouissent de l'air et de l'ennui... Ils sont grands amateurs de croix et de plaques, et quand ils ne peuvent en obtenir, ils se font membres d'un chapitre quelconque pour en porter les insignes. Souvent, après la mort d'un comte ou d'un baron, on leur trouve des ordres pareils à celui du *Bonheur mutuel*, fondé par un prince de Chio. De temps en temps, ils donnent des fêtes magnifiques, et se contentent journellement d'une nourriture frugale, uniquement pour qu'elle soutienne leur vie et leur morgue.

« *Les charges de la cour.* — La première est celle de grand chambellan ; les autres grandes charges sont assez estimées, mais, comme toutes fonctions civiles, cèdent le pas aux épaulettes. Le rang de chambellan prussien est dix fois moindre qu'en Russie... Pas un lieutenant ne voudrait être chambellan, mais sur dix de ces derniers, neuf désireraient être sous-lieutenants.

« Les femmes ne les aiment pas, le peuple ne les honore pas, et ils vont, fuyant la société et se gardant des chiens, errer dans les endroits solitaires du parc, en rêvant aux vanités de ce monde.

« *Le musée* est placé dans l'étage supérieur du palais, sous les combles... Cette collection de curiosités ne renferme rien de curieux... Il y a cependant un objet que le gardien montre toujours avec empressement. C'est une boucle de soulier en fer poli que Frédéric le Grand avala à l'âge de cinq ans... Pour le bonheur et la consolation de ses augustes parents, la cause de leurs alarmes suivit une voie naturelle pour reparaître à la lumière, et devint un objet d'art précieux qui se conserve au musée.

« On y montre encore des tableaux peints par Frédéric-Guillaume Ier, et une inscription, collée sur les cadres, constate qu'il peignit ces toiles en souffrant de violentes attaques de goutte. L'inscription prouve que le roi réclamait de l'indulgence pour son travail, et la peinture démontre qu'il devait souffrir horriblement.

« *L'Académie* fut fondée par Frédéric le Grand; elle est illustrée par les noms de ses membres et par leurs travaux... Le bas du bâtiment dans lequel elle tient ses séances est occupé par les écuries du régiment des gendarmes. Le fronton a pour inscription: *Apollini et Musis.* Un mauvais plaisant y ajouta, *et mulis*, ce qui fit: *A Apollon, aux Muses et aux ânes.* Sur les trente membres qui composaient alors l'Académie, plus de la moitié se trouva offensée de ce supplément, et vota pour le changement du local des séances, ne voulant pas se consoler par la réflexion que si l'âne est un animal stupide, toujours est-il du moins un animal utile. »

Cette dernière réflexion, qui termine les quelques citations que je viens d'emprunter aux notes beaucoup plus développées du comte Rostopchine, semblerait indiquer qu'il n'avait pas un grand fonds d'estime ni d'affection pour les académies en général, et pour celle de Prusse en particulier. Le lecteur l'excusera peut-être, en songeant qu'il écrivait ces lignes à la fin du dix-huitième siècle, au sortir de la Terreur, alors que l'Académie par excellence, l'Académie française, qui comptait dans le passé et qui de nos jours renferme dans son sein tant de génies spiritualistes et d'esprits religieux, était composée en grande partie de philosophes matérialistes et d'athées, et qu'on n'y pouvait prononcer le nom même de Dieu sans s'exposer à soulever des tempêtes.

Après ce voyage en Prusse, Théodore Rostopchine revint en Russie et reprit son service de cour auprès de l'impératrice Catherine et du grand-duc héritier. Ce fut peu de temps après, vers 1795, qu'il épousa Catherine Protassow, fille du comte Protassow, gouverneur civil du gouvernement de Kalouga. Restée orpheline de bonne heure, elle avait été élevée, avec ses quatre sœurs, par sa tante, la comtesse Anna Stepanowna Protassow, demoiselle d'honneur et à portrait, favorite de l'impératrice Catherine. La jeune comtesse Rostopchine était fort belle, fort spirituelle et très instruite. Elle ne devait guère à sa tante, femme du monde avant tout, que les grandes manières de la cour et la science de l'étiquette. Mais son intelligence élevée l'avait tournée vers les études sérieuses, et la hauteur naturelle de son âme l'avait préservée des vices dont la cour de Catherine lui offrait tant d'exemples.

Ce qu'elle fit et ce qu'elle devint plus tard, je le dirai dans le cours de cette histoire. Mais je puis dire dès maintenant qu'elle fut toujours une femme, une mère exemplaire, et qu'elle sut inspirer à son mari une tendresse profonde basée sur une estime qui allait jusqu'au respect et à la vénération. Elle avait dix-huit ans au moment de son mariage; le comte Rostopchine en avait trente. Leur union fut bénie: un an après, en 1796, ils eurent un premier fils qu'ils nommèrent Serge. Cet enfant naquit au château de Livna, où s'était passée la première jeunesse de son père. Cinq ou six ans plus tard, le comte Rostopchine, se trouvant de passage dans cette propriété, écrivait à un ami : « Je suis rempli ici de mille et mille souvenirs ; c'est ici que j'ai vécu jusqu'à l'âge de seize ans, neuf mois chaque année; c'est ici que j'ai passé la première année de mon mariage, en tête à tête avec ma femme, et que j'ai découvert toutes les vertus dont elle est douée. C'est ici enfin qu'est né Serge et que j'ai connu pour la première fois le bonheur d'être père. J'y ai eu beaucoup de chagrins, mais c'est passé : ma femme est restée la même, et Serge vit et devient charmant. » Ce premier-né, si tendrement aimé, fut suivi de sept autres enfants. Trois d'entre eux moururent en bas âge ; sur les cinq autres, un seul, une fille, précéda de peu de temps son père dans la tombe. Les Russes connaissaient alors et ils connaissent encore aujourd'hui cette bénédiction des nombreuses familles, qui fait la grandeur des races et des nations, et que notre France semble oublier chaque jour davantage. Cette noble fécondité est un des secrets de la force croissante de la Russie ; car, ni les machines ni les canons rayés ne remplacent l'homme. Il faut la sueur humaine pour féconder les champs de blé et les couvrir de moissons, comme il faut le sang humain pour féconder les champs de bataille et y faire germer la victoire.

Il y avait un an à peine que le comte Rostopchine était marié, quand un événement imprévu changea subitement sa vie, et le fit passer sans transition de l'ombre d'un rang secondaire à l'éclat du premier. Le 19 novembre 1796, l'impératrice Catherine mourut d'apoplexie, et le grand-duc Paul devint empereur, sous le nom de Paul Ier.

Le favori, l'ami dévoué et courageux de la veille, resta l'ami et le favori du lendemain. En quelques heures, il se trouva un des plus grands personnages de l'empire, et il vit toute la cour à ses pieds. Sous le coup des émotions violentes que lui causa cet événement, il en écrivit le récit avec l'âme d'un honnête homme et la plume d'un Tacite. Ce récit fut imprimé à Leipzig en 1858, sans l'autorisation du comte André, seul héritier du comte Rostopchine. Le voici, traduit du russe en français, de la main du fils, avec un talent digne de son père. Je crois, malgré sa longueur, devoir reproduire ce document historique dans son intégralité; car il est peu connu, et c'est une des pages les plus importantes et les plus dramatiques de la vie du comte Rostopchine, écrite par lui-même : elle le fera connaître mieux que tous mes discours.

CHAPITRE II

Le dernier jour de l'impératrice Catherine II et le premier jour du règne de l'empereur Paul Ier racontés par le comte Rostopchine. — 1796.

Tous ceux qui entouraient l'impératrice Catherine sont convaincus que le coup d'apoplexie qu'elle eut le 7 (18) novembre 1796 fut la suite de la commotion qu'elle éprouva, six semaines auparavant, au jour fixé pour les fiançailles de la grande-duchesse Alexandrine, qui furent remises. Quand le comte Markow revint de chez le roi de Suède, avec la réponse formelle qu'il ne consentait pas aux propositions de la cour de Russie, l'impératrice en fut tellement saisie qu'elle resta quelques minutes la bouche ouverte, et ne put proférer une seule parole, jusqu'à ce que son valet de chambre Zotow, connu sous le nom de Zachar, lui eût apporté un verre d'eau. Mais après cet événement, durant six semaines, on ne remarqua aucun changement dans sa santé ; trois jours avant sa fin, elle eut des coliques qui cessèrent au bout de vingt-quatre heures : elle ne s'en inquiéta point. La veille du coup, c'est-à-dire du 6 au 7, elle reçut comme d'habitude les personnes de sa société intime, dans sa chambre à coucher, parla beaucoup de la fin du roi de Sardaigne, et fit des plaisanteries sur la mort de Léon Narischkine.

Le 7 (18), quand Maria Savischna Pérékousichina entra comme à l'ordinaire chez l'impératrice, à sept heures, et lui demanda comment elle avait dormi, elle reçut pour réponse qu'il y avait longtemps qu'elle n'avait passé une si bonne nuit ; ensuite l'impératrice se leva, fit sa toilette, prit du café, et après être restée quelques instants dans son cabinet, alla à sa garde-robe. Elle n'y restait jamais plus de dix minutes, et faisait sitôt après venir les valets de chambre pour introduire les personnes avec lesquelles elle avait à travailler. Mais ce jour-là, une demi-heure s'étant passée, le valet de chambre Toulnik crut qu'elle était allée à l'Hermitage et le dit à Zotow. Celui-ci regarda dans l'armoire où étaient la pelisse et les bottines fourrées de l'impératrice, qu'elle mettait toujours sans appeler personne, et voyant ces objets à leur place, eut quelques craintes ; il attendit encore un peu, puis se décida à entrer dans la garde-robe, où il trouva l'impératrice affaissée sur elle-même, la porte l'ayant empêchée de s'étendre sur le plancher. Il releva sa tête, vit qu'elle avait les yeux fermés, le visage tout rouge, et qu'elle râlait : il appela les autres valets de chambre, mais ils furent longtemps sans pouvoir la relever, à cause de sa pesanteur et parce qu'une de ses jambes s'était repliée sous elle. Enfin, avec l'aide d'autres domestiques qu'ils appelèrent, ils parvinrent après beaucoup d'efforts à la transporter dans sa chambre à coucher, où ils n'eurent pas la force de la hisser sur son lit, mais la déposèrent par terre sur un maletas en cuir.

On courut de suite chercher les médecins. Le prince Zoubow (le favori) fut le premier averti ; le premier il perdit la tête, et ne permit pas au médecin de service de saigner l'impératrice, malgré les supplications de Maria Savischna et du valet de chambre Zotow. Il se passa une heure avant que le premier médecin Rogerson arrivât ; il pratiqua aussitôt une saignée et le sang coula bien ; il fit mettre aux pieds des sinapismes, mais fut d'avis avec ses confrères que le coup était à la tête et mortel. Cependant, jusqu'au dernier moment de l'impératrice, on ne cessa d'employer tous les moyens recommandés par l'art, et tous les soins possibles lui furent prodigués sans interruption.

Le grand-duc Alexandre était allé à pied chez son frère le grand-duc Constantin. Le prince Zoubow et d'autres personnages marquants envoyèrent l'écuyer du comte Zoubow porter la fatale nouvelle à l'héritier; le premier qui proposa cette mesure et la trouva nécessaire fut le comte Alexis-Orlow Tchesmensky.

Ce jour-là, le grand-duc héritier dînait au moulin de Gatschina, à cinq verstes du château. Avant le dîner, quand tout le monde était déjà réuni, le grand-duc et la grande-duchesse racontèrent à Plestchéeff, à Kouschélew, au comte de Wielhorsky et au chambellan Bibikow, un rêve extraordinaire qu'ils avaient eu cette nuit. Le grand-duc s'était senti attiré vers le ciel par une force invisible et surnaturelle, ce qui le fit se réveiller plusieurs fois; mais aussitôt qu'il se rendormait, le même rêve se répétait. Enfin, réveillé tout à fait et voyant que la grande-duchesse ne dormait pas non plus, il apprit d'elle, à son grand étonnement, qu'elle avait eu la même vision et qu'elle en avait été agitée comme lui.

Le dîner fini, comme le grand-duc s'en retournait, vers les trois heures, à Gatschina avec sa suite, il rencontra un de ses houzards, qui venait lui annoncer l'arrivée au château du comte Zoubow, porteur d'une nouvelle importante. Le grand-duc ordonna d'aller plus vite, ne pouvant se rendre compte du but de la venue du comte Zoubow, et s'arrêta à l'idée qu'il venait lui annoncer que le roi de Suède demandait de nouveau la main de la grande-duchesse Alexandrine. Arrivé au palais, il fit venir le comte

CATHERINE II

dans son cabinet ; celui-ci lui transmit tous les détails de l'événement. Le grand-duc ordonna d'atteler, se mit en voiture avec la grande-duchesse et partit pour Pétersbourg. Le comte Zoubow partit en avant pour Sophie, afin d'y préparer des chevaux.

Pendant que tout ceci se passait, à Pétersbourg on ne se doutait pas de la fin prochaine de l'impératrice. J'avais été au magasin anglais, j'en revenais à pied, et j'avais déjà passé l'Hermitage, quand je me souvins que je devais partir le lendemain pour Gatschina : j'entrai chez Anna Stépanovna Protassow, pour lui faire mes adieux. Je trouvai chez elle Mlle Politica et une de mes belles-sœurs, fondant en larmes ; elles me dirent ce qu'elles savaient de l'état de l'impératrice. Anna Stépanovna était depuis longtemps près d'elle, et je lui dépêchai un de mes gens pour avoir des détails circonstanciés. Comme j'attendais une réponse, entra un des valets de chambre du grand-duc Alexandre, qui me dit qu'il était venu de sa part chez moi, pour que j'allasse au plus vite le trouver. Je me rendis aussitôt à son ordre, mais il était absent : un de ses gens me pria d'attendre son retour et me raconta que l'impératrice avait eu un coup violent à la tête, qu'elle était à toute extrémité, et que peut-être, dans ce moment même, elle n'existait plus.

Au bout de cinq minutes vint le grand-duc, il était tout en larmes ; les traits de son visage annonçaient une grande émotion. Il m'embrassa à plusieurs reprises, me demanda si je savais ce qui était arrivé à l'impératrice. Sur ma réponse affirmative, il me confirma qu'il n'y avait plus d'espoir et me pria d'aller au plus vite annoncer cette nouvelle à son père, ajoutant que nonobstant le départ du comte Zoubow, il lui semblait plus convenable que je lui donnasse des détails venant de sa part à lui. Je rentrai chez moi, fis atteler trois chevaux à un petit traîneau, et ne mis qu'une heure pour arriver à Sophie : il était alors six heures. Le premier individu que j'y vis fut le comte Zoubow, qui se querellait avec un officier de police ivre. Quoique le moment ne fût pas risible, je prêtai cependant l'oreille à une scène singulière. Le comte, d'après son habitude de traiter les employés civils comme des pourceaux, criait : « Des chevaux ! des chevaux ! ou je te fais atteler toi-même à la voiture de l'empereur ! » et l'officier répondait, d'une manière à la fois bouffonne et respectueuse : « Votre Excellence, m'atteler à la voiture ne serait pas un miracle, mais quelle en serait l'utilité ? Vous auriez beau me battre à mort que je ne tirerais pas. Mais qu'est-ce que cela veut dire, l'empereur ? S'il y en a un en Russie, je lui souhaite une bonne santé ; mais si notre Mère est morte, vivat pour elle ! »

Pendant que cette querelle continuait, arriva à cheval un des officiers de l'écurie du grand-duc héritier, le major Bikow, et quelques instants après, on aperçut les lanternes de l'équipage du grand-duc, attelé de sept chevaux. Quand je m'approchai de la portière et commençai à parler, il reconnut ma voix et s'écria : « Ah ! c'est vous, mon cher Rostopchine ! » Il descendit aussitôt et je lui racontai tous les détails. Quand on vint l'avertir que les chevaux étaient attelés, il me dit : « Faites-moi le plaisir de me suivre, nous arriverons ensemble ; j'aime à vous voir près de moi. » Je me mis en traîneau avec Bikow, et nous le suivîmes. Depuis Gatschina jusqu'à Sophie, il avait été rencontré par cinq ou six courriers, portant tous la même nouvelle et envoyés par les grands-ducs, le comte Soltikow et autres. Je m'étais muni par précaution d'une lanterne pour lire les billets que l'on pourrait encore recevoir, mais tous les courriers que nous rencontrâmes, au nombre d'une vingtaine, étaient porteurs de nouvelles verbales, et comme au fur et à mesure ils suivaient nos équipages, cela nous fit une suite nombreuse. Il n'y eut pas de personne, parmi celles qui avaient des relations avec l'entourage du grand-duc, qui n'envoyât un courrier à Gatschina; parmi ces empressés se trouvaient un cuisinier de la cour et un marchand de poissons.

Ayant dépassé le palais Tchesma, le grand-duc sortit pour un moment de voiture, et j'attirai son attention sur la beauté de la nuit. Elle était tout à fait calme et claire, il n'y avait pas plus de trois degrés de froid; la lune tantôt se cachait derrière les nuages, tantôt nous éclairait; il semblait que dans l'attente du grand événement qui se préparait sur la terre, tous les éléments se tussent et fissent place à un calme majestueux. Je regardai le grand-duc : il avait les yeux élevés vers la lune, qui l'éclairait en plein, et je vis son visage inondé de larmes. Impressionné par les émotions de cette journée, dévoué de cœur et d'âme à l'homme qui montait en ce moment sur le trône de Russie, non moins que je l'étais à ma patrie, je me représentai vivement toutes les suites, toute la gravité des premiers pas et des influences qui pouvaient agir sur les sens d'un souverain autocrate, plein de force, de santé, de fougue, et qui avait perdu la faculté d'être maître de lui-même; oubliant la distance qui nous séparait, je saisis impérieusement sa main, et je lui dis : « Monseigneur, quel moment pour vous! » A quoi il répondit, en serrant fortement la mienne : « Attendez, mon cher, attendez; j'ai vécu quarante-deux ans, Dieu m'a soutenu. Peut-être me donnera-t-il la force et la raison nécessaires pour supporter l'état auquel il me destine ; j'espère tout de sa bonté. » Il se remit en voiture et à huit heures et demie entra dans Pétersbourg, où peu de gens savaient ce qui se passait. Le palais était rempli de personnes de toutes conditions, rassemblées là par devoir, par peur ou par curiosité, et qui attendaient avec inquiétude la fin d'un long règne et le commencement d'un nouveau.

Jusqu'à l'arrivée du grand-duc, tous ceux qu'attiraient la douleur ou la curiosité entraient dans la chambre même où était étendu presque sans mouvement le corps de l'impératrice. Les questions se croisaient, on s'informait du moment de l'accident, de l'effet des médecines, de l'opinion des médecins. Chacun contait à sa manière ; le sentiment qui prédominait était l'espoir de son rétablissement. Tout à coup on répandit le bruit qu'en lui ôtant les sinapismes elle avait ouvert les yeux : tout le monde devint joyeux ; mais bientôt on revint à la pensée qu'il n'y avait plus à attendre que sa fin prochaine.

Le grand-duc, après être entré dans son cabinet, se rendit dans les appartements de sa mère : en passant dans les chambres remplies de personnes qui attendaient son avènement au trône, il fut avec tout le monde poli et affable ; on l'accueillit non en héritier, mais en souverain. Ayant causé avec les médecins et reçu d'eux des détails, il se retira avec la grande-duchesse dans le cabinet du coin et y fit appeler ceux auxquels il voulait parler ou auxquels il avait des ordres à donner.

Le matin venu, vingt-quatre heures après le coup, il entra dans la chambre où était étendue l'impératrice, demanda aux médecins s'ils avaient quelque espoir, et sur leur réponse qu'il n'y en avait aucun, fit venir l'archevêque Gabriel, pour administrer les sacrements à la mourante :

ce qui fut fait. Ensuite il me fit venir dans le cabinet et me dit : « Je te connais parfaitement et je te demande de me dire avec sincérité quelles sont les fonctions que tu désires avoir. » Ayant toujours en vue le rétablissement de la justice, je répondis sans hésiter : « Secrétaire de la commission des requêtes. » Le grand-duc se tut pendant quelques instants, puis me répondit : « Je ne trouverais pas mon compte à cela ; je te fais général aide de camp, non pour te promener dans le palais avec une canne, mais pour que tu administres le collège de la guerre. » Le silence fut ma réponse, car je n'avais pas envie de rentrer dans le militaire; mais il eût été inconvenant de refuser la première grâce dont m'honorait le nouveau souverain.

Cependant on attendait de minute en minute la mort de l'impératrice, et le palais se remplissait de plus en plus de personnes de toutes conditions. Le comte Bezborodko resta plus de trente heures sans rentrer chez lui; il était au désespoir; l'incertitude de son avenir, la peur d'avoir encouru la colère du nouveau souverain et le souvenir des bienfaits de la mourante remplissaient ses yeux de larmes, son cœur de chagrin et son esprit d'épouvante. Deux fois, R... me parla de ce pauvre comte, en répétant qu'il comptait sur mon amitié, qu'il était vieux, maladif, avec deux cent cinquante mille roubles de rente, et qu'il ne demandait qu'une seule grâce : celle d'être renvoyé du service sans humiliation. Il me parla aussi de Trostchinsky, qui était la créature du comte, disant qu'il y avait déjà sept jours qu'était signé le décret qui l'élevait au rang de conseiller d'État actuel, mais que cela n'était pas encore enregistré par le Sénat.

J'entrai chez le grand-duc; à sa question : « Qu'y a-t-il de nouveau ? » je trouvai moyen de lui décrire le désespoir du comte Bezborodko et la situation de Trostchinsky. Je reçus l'ordre de dire au comte que le grand-duc n'avait aucun mécontentement particulier contre lui, qu'il le priait d'oublier le passé et comptait sur son zèle pour le servir, connaissant ses talents et ses capacités en affaires. Quant au décret concernant Trostchinsky, il m'ordonna de l'envoyer au Sénat. Grabowsky, avec la mine d'un homme qui s'efforce de rentrer sous terre, me le remit en disant que ce n'était pas sa faute s'il ne l'avait pas expédié au Sénat, mais qu'il avait retardé de le faire sur l'ordre du prince Zoubow.

Le grand-duc, ayant fait venir le comte Bezborodko, lui ordonna de préparer le manifeste de l'avènement au trône, et me prescrivit d'écrire au prince Alexis Kourakine, qui se trouvait alors à Moscou, d'arriver au plus vite; je lui expédiai aussitôt un courrier, en lui faisant part de l'état désespéré de l'impératrice. A une heure, le grand-duc et la grande-duchesse dînèrent en tête à tête dans le corridor, derrière la chambre à coucher. A trois heures, le vice-chancelier, comte Ostermann, reçut l'ordre d'aller chez le comte Markow, de prendre tous ses papiers, de les cacheter et de les apporter. Je ne sais pourquoi le comte Ostermann comprit qu'il devait porter ces papiers de ses propres mains : il les mit dans deux nappes, et traversa tout le palais, les portant sur son dos, et chancelant comme un enfant qui a un poids en disproportion de son âge.

Le grand-duc m'ayant donné son cachet, qu'il portait à la chaîne de sa montre, m'ordonna, en m'adjoignant le comte S..., de cacheter le cabinet de l'impératrice. Ici j'eus deux nouvelles preuves de la bêtise et de la bassesse du comte Alexandre. J'avais été connu de lui, mais j'avais encouru sa disgrâce pour m'être adressé, à propos de ma carrière, au comte Bezborodko. Me voyant en bonne position, il crut pouvoir faire de moi son ami et son homme d'affaires, m'accabla des protestations de son dévouement, et m'assura qu'il avait attiré sur lui le courroux de l'impératrice, qu'il appelait déjà défunte, pour avoir demandé une récompense pour je ne sais plus quel médecin de Gatschina. Il m'étonna en me faisant la proposition, soi-disant pour mieux remplir les ordres du grand-duc, de faire la liste de tous les objets et de tous les papiers qui se trouvaient dans le cabinet; mais sur mon observation qu'il faudrait pour cela plusieurs écrivains et plusieurs semaines de travail, il consentit à ce que nous missions tout ce qui se trouvait sur les tables dans un grand coffre; après quoi nous posâmes sur les portes les scellés, sur lesquels nous mîmes l'empreinte du cachet qui m'avait été confié.

A cinq heures, le pouls de l'impératrice s'affaiblit sensiblement : trois ou quatre fois les médecins crurent que le dernier instant arrivait, mais la force de sa constitution prolongeait l'agonie et retardait sa fin.

Le râle était si fort qu'on l'entendait dans la chambre à côté; le corps était toujours étendu sur le même matelas, le sang montait toujours à la tête; la face était tantôt rouge, tantôt violette. Un des médecins, constamment agenouillé, essuyait avec un mouchoir l'écume qui découlait de la bouche, d'abord jaune, puis noire. Dans la chambre, outre la famille impériale, le service, les médecins, se tint constamment la demoiselle d'honneur à portrait Anna Stépanovna Protassow, sans détourner les yeux du corps presque inanimé de sa bienfaitrice. Déjà, avant l'arrivée du grand-duc héritier, les grands-ducs Alexandre et Constantin avaient revêtu l'uniforme des bataillons qu'ils commandaient dans le corps modèle de Gatschina.

A ce moment, le grand-duc me dit de demander au comte Bezborodko s'il n'y avait pas quelques papiers importants de reçus, et quoique parmi ceux-ci il n'y eût que des rapports de semaine peu graves, le comte jugea à propos de les apporter dans le cabinet du coin, où le grand-duc m'ordonna de rester. Le grand-duc fut très étonné de la mémoire du comte et de la facilité avec laquelle, à la vue des suscriptions des paquets, il disait non seulement d'où ils venaient, mais le nom de la personne qui avait écrit le contenu. Ceci cependant ne doit pas paraître si extraordinaire, puisque tous ces paquets ne contenaient que les rapports qu'envoyaient chaque semaine à l'impératrice les généraux gouverneurs et les chefs des différents tribunaux. Quant aux affaires graves et intéressantes, elles étaient adressées au prince Zoubow, au comte Soltikow et au procureur général.

Quand le comte Bezborodko entra dans la chambre, le grand-duc lui dit, en me désignant :

« Voilà un homme pour lequel je n'ai rien de caché; » et quand le comte fut sorti, sous l'impression qu'il lui avait causée, il en dit beaucoup de bien et finit par ces mots : « Cet homme est pour moi un don de Dieu, je te remercie de m'avoir réconcilié avec lui. »

Dans le courant de la journée, le grand-duc fit venir cinq ou six fois le prince Zoubow, causa avec lui d'un ton bienveillant et l'assura de sa protection. Le désespoir de ce favori ne peut se comparer à rien; je ne sais quels étaient les sentiments qui oppressaient le plus son cœur et son âme, mais ce qui se reflétait davantage sur sa figure et dans ses manières, c'était la conviction qu'il était tombé aussi bas que possible. En passant à travers la chambre de l'impératrice, il s'arrêtait près de son corps et éclatait en sanglots.

Voici une des remarques que je fis. Étant entré dans la chambre dite de service, je vis le prince Zoubow assis dans un coin ; la foule des courtisans s'éloignait de lui comme d'un pestiféré, et lui, mourant de soif, ne pouvait obtenir un verre d'eau. J'en fis apporter un par un laquais et le présentai moi-même à celui auquel le refusaient ceux qui, la veille, sur un signe de lui, auraient édifié un avenir splendide, et se pressaient les uns les autres pour s'approcher du favori, dans cette même chambre, maintenant convertie pour lui en désert inhabité.

A neuf heures du soir, Rogerson entra dans le cabinet où étaient le grand-duc et la grande-duchesse, et annonça que les derniers moments approchaient.

Aussitôt on fit entrer les grands-ducs et les grandes-duchesses Alexandrine et Hélène ; avec eux entrèrent la dame à portrait Liewen, le prince Zoubow, les comtes Ostermann, Bezborodko et Samoyloff. Cette minute restera présente à ma mémoire jusqu'à la fin de ma vie ! A la droite se tenaient le grand-duc héritier, la grande-duchesse et leurs enfants ; au chevet, moi et Plestchew ; à la gauche, les médecins et toutes les personnes du service intime de l'impératrice. La respiration était difficile et rare ; le sang, tantôt en montant lui défigurait les traits, tantôt en se retirant leur rendait leur aspect naturel. Le silence de tous les assistants, la fixité des regards dirigés tous vers le même objet, la demi-obscurité qui régnait dans la chambre, tout inspirait l'effroi et annonçait la venue de la mort. Le quart de dix heures sonna... et Catherine la Grande, ayant poussé un dernier soupir, à l'égal de tous les mortels, comparut devant le tribunal de Dieu !

Il semblait que la mort, en fauchant ses jours et en mettant fin à ses grandes actions, avait laissé le corps plongé dans un doux sommeil ; les traits de celle qui remplit le monde de la gloire de son règne reprirent leur expression habituelle de grâce et de grandeur. Son fils et son héritier, après s'être prosterné devant son corps, se retira en fondant en larmes. La chambre se remplit en un clin d'œil de femmes attachées au service de la défunte, et leurs gémissements éclatèrent. Maria Savischana Pérékousichina était touchante au plus haut degré ; attachée depuis de longues années à l'impératrice, ne l'ayant jamais quittée un seul instant, honorée de tous, ayant toute la confiance de la défunte et n'en ayant jamais abusé, se contentant d'une ou au plus de deux chambres dans les palais, évitant la flatterie, elle n'était occupée qu'à rendre des soins à sa bienfaitrice, et perdant avec elle son bonheur et son repos, elle ne pensait qu'à la pleurer. La fermeté de caractère de cette honorable personne attira l'attention de tous ceux qui la virent dans ces moments. Ne pensant qu'à l'impératrice, elle la soignait comme si elle eût attendu son réveil, apportait elle-même les mouchoirs dont se servaient les médecins pour essuyer l'écume qui sortait de la bouche, arrangeait tantôt les pieds, tantôt les mains ou la tête, et quand tout fut fini, elle rendait encore des soins au corps, tandis que son âme s'élançait à la suite de l'âme immortelle de l'impératrice Catherine.

Les pleurs et les gémissements ne dépassèrent pas le seuil de la chambre où se trouvait le corps. Les appartements étaient remplis de gens titrés et en service, lesquels, dans toutes les circonstances heureuses ou malheureuses, ne sont occupés que de leur seul intérêt, et cette minute était pour eux ce que sera le jugement dernier pour les pécheurs. Le comte Samoyloff naturellement avait une figure bête qu'il s'efforçait, sans y parvenir, de rendre triste. Il entra dans la chambre de service et dit : « Messieurs, l'impératrice Catherine est morte, et son fils, l'empereur Paul, est monté sur le trône. » Aussitôt plusieurs individus (que je ne veux pas nommer, non que j'aie oublié leurs noms, mais parce qu'ils m'inspirent le plus profond dégoût) se précipitèrent pour embrasser le comte Samoyloff et les personnes présentes, en les félicitant sur l'avènement du nouvel empereur. Le grand maître des cérémonies Valouyew, qui n'avait jamais en tête que le cérémonial, vint annoncer que tout était prêt, dans la chapelle du palais, pour la prestation du serment. L'empereur s'y rendit, accompagné de sa famille et suivi de tous ceux qui se trouvaient au palais. Il se mit à la place impériale, et tout le monde, à la suite du clergé, répéta la formule du serment; après quoi l'impératrice Marie voulut se jeter aux genoux de l'empereur, mais il l'en empêcha, ainsi que ses enfants. Ensuite chacun, après avoir baisé la croix et l'Évangile et signé son nom, baisa la main du souverain.

La cérémonie terminée, Sa Majesté se rendit directement dans la chambre à coucher de la défunte impératrice, dont le corps, revêtu d'un habit blanc, avait été posé sur son lit : à ses côtés, un diacre lisait l'Évangile. Après être resté prosterné quelques minutes, l'empereur se retira dans ses appartements, fit venir Nikita Petrovitsch A..., causa avec lui, et m'ayant fait appeler, me dit, en se déshabillant : « Tu es fatigué et j'ai conscience de te déranger, mais rends-moi le service d'aller chez le comte Orlow, et fais-lui prêter serment; il n'était pas au palais, et je ne veux pas qu'il oublie le 29 juin[1]. Demain, tu me raconteras comment cela se sera passé. »

Il était déjà plus de minuit. Je me mis en voiture, avec A..., et nous partîmes pour Vassili-Ostrow, où demeurait dans sa maison le comte Alexis-Grigorovitsch Orlow. J'aurais donné cher pour ne pas recevoir cette commission, n'ayant pas dormi depuis deux nuits, moralement accablé par tout ce qui s'était passé, et fatigué moins de corps que d'âme. J'avais passé toute la journée à donner des ordres et à courir à travers l'Hermitage, chez Anna Stépanovna, où se trouvait ma femme, attachée non de paroles, mais de cœur, à l'impératrice défunte, et qui avait besoin de mes consolations. A..., qui ne me connaissait presque pas, mais qui voyait en moi un nouveau favori, ne cessait de me dire des horreurs sur la personne du comte Orlow, à tel point que je fus obligé de lui dire que notre devoir se bornait à lui faire prêter serment, et que le reste dépendait de Dieu et de l'empereur.

J'avais eu la précaution de me munir d'une feuille imprimée du serment, au bas de laquelle chacun signait son nom, et je dis catégoriquement à A..., qui voulait traîner son protecteur, le héros de Tscherma, à l'église, que je ne le souffrirais pas. Nous trouvâmes la porte cochère fermée; entrés dans la maison, je fis appeler le valet de chambre du comte et lui ordonnai de réveiller son maître et de nous annoncer.

A..., par impatience ou par d'autres raisons à moi inconnues, suivit le valet de chambre, et nous entrâmes dans la chambre où dormait le comte. Il était malade depuis une semaine et n'avait pas eu la force de rester au palais, d'où il était parti quelques heures après l'arrivée de l'empereur.

1. Date de l'assassinat de l'empereur Pierre III, mari de Catherine.

Le valet de chambre, l'ayant tiré d'un sommeil profond, lui dit : « Votre Excellence, Nikita Pétrovitsch A... est ici. »

Le comte sortit du lit, mit ses pantoufles, sa robe de chambre, et dit assez impérieusement à A... : « Pourquoi, Monsieur, êtes-vous venu chez moi à cette heure ? » Celui-ci s'approcha, me nomma et répondit que nous étions venus, par ordre de l'empereur, pour lui faire prêter serment. « Et l'impératrice ? » dit le comte ; ayant appris qu'elle était morte, il leva vers le ciel des yeux remplis de larmes, et ajouta : « Seigneur, recevez-la dans votre royaume ! » Continuant de pleurer, il nous dit qu'il était peiné de ce que l'empereur eût pu douter de sa fidélité ; qu'en servant sa mère et sa patrie, il l'avait servi lui-même ; qu'il lui prêterait serment avec la même loyauté, et il finit par nous proposer d'aller à l'église.

A... s'empressa d'accepter cette proposition, mais prenant alors sur moi le premier rôle, je dis au comte que je le priais de ne pas aller à l'église, que j'avais apporté une formule de serment imprimée, et qu'il suffisait qu'il signât son nom au bas. « Non, Monsieur, me répondit-il, je veux prêter serment à l'empereur à la face de Dieu ; » et ayant décroché une image du mur, tenant une bougie à la main, il lut d'une voix ferme la formule, puis la signa ; après quoi nous le saluâmes et sortîmes.

Malgré la position embarrassante du comte, je ne remarquai pas en lui le moindre signe de bassesse ou de crainte. A... me ramena chez moi, en m'entretenant pendant le trajet des persécutions qu'il avait subies sous le règne précédent, et me faisant entendre que c'était à cause de son dévouement pour l'héritier. Celui qui ne le connaissait pas aurait pu croire qu'il avait été persécuté pour sa fermeté d'âme et pour son honnêteté.

Ainsi finit le dernier jour de la vie de Catherine II. Malgré la grandeur de ses actions, sa mort fit une impression peu durable sur les sentiments de ceux qui l'approchaient : chacun se trouvait dans la position d'un voyageur qui a perdu son chemin, mais qui espère le retrouver bientôt. Tous aimant le changement, croyaient y trouver des avantages ; fermant les yeux et se bouchant les oreilles, ils couraient prendre des billets à la loterie de l'aveugle fortune.

CHAPITRE III

Portrait de l'empereur Paul. — Causes de la faveur de Rostopchine. — Il est nommé ministre des affaires étrangères. — Il intervient près de l'empereur en faveur de Souvarow. — Il combat l'influence de Dumouriez, fait échouer sa mission, détourne l'empereur d'une troisième coalition et le pousse à s'allier à la France. — Disgrâce de Rostopchine. — Assassinat de Paul Ier. — 1796 à 1801.

Il me semble que, malgré la vive peinture de ces courtisans vulgaires de la cour de Russie, qui se trouvent et se trouveront toujours partout, ces pages, pleines d'une émotion contenue et dont chaque mot porte avec lui le témoignage d'une absolue sincérité, ne sont point trop au désavantage de la nature humaine. A côté et au-dessus de la multitude dorée, la plus vile de toutes, et de ses misérables passions, elles font revivre des figures d'une grandeur étrange, et donnent de l'estime, même pour ce qui d'ordinaire en inspire le moins, pour des favoris. Cette comtesse Protassow, demoiselle d'honneur de l'impératrice, qui durant plus de vingt-quatre heures reste immobile aux pieds de sa maîtresse, sans pouvoir détourner ses yeux du visage de Catherine expirante; cette Maria Pérékousichina, qui oublie la ruine de sa situation personnelle, pour ne penser jusqu'à la fin qu'à sa souveraine dont la mort même ne la peut détacher; ce comte Orloff, ce complice des premiers jours, ce favori tant de fois remplacé, mais toujours influent, qui reçoit avec une douleur si profonde et si digne la nouvelle de la mort de Catherine et de l'avènement du fils de Pierre III, sans paraître faire un seul retour sur lui-même, et qui mêle je ne sais quelle hauteur de grand seigneur moderne à des sentiments de foi et à une simplicité d'un autre âge ; toutes ces figures étonnent autant qu'elles émeuvent. La physionomie de l'empereur Paul et celle du comte Rostopchine lui-même s'y montrent également nobles, touchantes et sympathiques, et j'ai plus fait, si je ne me trompe, pour faire connaître mon héros et son maître, en reproduisant ce récit, qu'en me l'appropriant. Ce morceau d'histoire révèle à la fois un écrivain habile, un profond observateur et un homme de cœur, et il explique de la façon la plus honorable pour Rostopchine et pour Paul Ier, la faveur si rare et persistante du czar pour son serviteur et son ami. Ces deux hommes s'estimaient mutuellement, et c'est pourquoi la faveur de l'un fut sans mépris et le dévouement de l'autre sans bassesse.

L'histoire d'ailleurs, même la plus sévère, n'a point méconnu les côtés élevés et attachants du caractère de Paul Ier. Il était né bon, d'âme haute, spirituel ; et si l'éducation, les circonstances funestes qui entourèrent sa jeunesse, la maladie, le poison peut-être, puis, quand il régna, la fatalité du pouvoir absolu, n'avaient altéré ses dons naturels, il eût pu être un prince accompli. Dans le voyage qu'il fit en Allemagne, en Italie et en France, en 1782, il gagna tous les suffrages. Après l'avoir entretenu, Frédéric le Grand écrivait à d'Alembert : « Ce prince possède de grandes et nobles qualités. Il est un peu grave, cela tient à son caractère, mais le fond est excellent. » A Paris, son succès fut universel ; les lettres et les mémoires du temps sont remplis de ses louanges et parlent avec enthousiasme de sa grâce, de son amabilité et de son esprit.

Déjà cependant, avant et durant ce voyage, il avait ressenti des atteintes du mal qui devait empoisonner sa vie et

PAUL Ier

qui détruisit peu à peu l'équilibre de ses facultés : ce mal était la méfiance. La mort tragique de Pierre III, son père, était sans cesse devant ses yeux. Faible de caractère, il devint soupçonneux, s'imagina que sa mère, qui ne l'aimait pas et qui l'éloignait des affaires, voulait l'écarter à jamais du trône, et dans ce voyage en Europe, ordonné ou autorisé par elle, il crut voir un exil déguisé et sans limite.

A son retour, sa défiance s'accrut avec la froideur de sa mère et avec l'isolement où le laissait la lâcheté des courtisans. Épris, comme tous ceux de sa race et comme presque tous ceux de son rang, des choses militaires, il voulut en 1787 prendre le commandement des troupes russes contre la Turquie. Catherine s'y opposa, non sans raison peut-être, et comme il insistait vivement par ces paroles : « Que pensera de moi l'Europe, instruite de mon dessein, quand elle saura que je ne l'exécute pas ? » sa mère lui répondit froidement : « Elle pensera que vous êtes un fils respectueux. »

Ces vives blessures, ces méfiances trop justifiées, ces craintes sans cesse renouvelées de complots imaginaires contre sa vie ou contre ses droits, altérèrent de plus en plus son humeur et même sa raison, et quand la mort subite de l'impératrice Catherine le mit soudainement sur le trône, l'effrayant pouvoir de l'empire absolu acheva de troubler son intelligence. Sa violence, suite de sa faiblesse et de son orgueil, prit des proportions alarmantes, et ce prince qui eût pu être l'idole de son peuple en devint bientôt l'effroi. Le même jour, en la même heure, il était tour à tour le meilleur des hommes et le plus odieux des despotes.

Lors de son couronnement, il régla par un acte constitutionnel l'ordre de succession au trône de Russie, laissé jusque-là au bon plaisir du souverain; il supprima un grand nombre d'emplois inutiles, diminua considérablement les dépenses du trésor, favorisa le commerce de la Russie et travailla activement au projet formé depuis longtemps de joindre par des canaux la Baltique à la mer Noire. Mais à ces mesures, dignes d'un vrai politique et d'un sage législateur, succédaient tout à coup des caprices absurdes et des tracasseries sans nom. Sa manie de tout réglementer ne connaissait pas de limites, et son despotisme s'exerçait de préférence là où il est le plus insupportable, dans les petites choses. Tantôt il proscrivait, par haine contre la France, les modes françaises, déterminait la forme des chapeaux et des vêtements ; tantôt, joignant l'odieux au ridicule, il ordonnait que sur son passage tout le monde, hommes et femmes, descendît de voiture et s'inclinât devant lui. Il y eut des moments où son orgueil parut atteindre les limites des choses humaines. Un jour, il dit à un ambassadeur étranger qui s'excusait d'un retard en alléguant la visite d'un grand personnage de sa cour, cette parole que Louis XIV, dans tout l'enivrement de sa gloire, n'eût point osé prononcer : « Apprenez, Monsieur, qu'il n'y a de considérable ici que la personne à qui je parle, et pendant le temps que je lui parle. »

Logique dans son orgueil et sa folie, il se mit en tête de dire la messe, en sa qualité de chef suprême de l'Église orthodoxe : « Puisque je suis leur chef, disait-il, j'ai le droit de faire tout ce qu'ils font. » En dépit de toutes les observations, il commanda des ornements somptueux, fit disposer une chapelle digne de son souverain pontificat, et il eût accompli sa folie sacrilège si un évêque russe n'eût imaginé de lui dire que, d'après saint Paul, un veuf remarié ne pouvait être admis aux ordres sacrés. Ce raisonnement le désarma, et avec sa mobilité habituelle, une fois le projet ajourné, il n'y pensa plus.

L'armée n'échappa point à ses tracasseries despotiques, et là comme partout, il se fit d'innombrables ennemis. Il passait une partie de ses journées à des revues de parade, jouant au soldat comme s'il n'eût pas été le chef puissant d'une puissante armée, indulgent ou terrible pour les moindres infractions, suivant son humeur du moment. Un jour, mécontent de la tenue d'un régiment qu'il passait en revue, il éleva soudainement la voix, et comme s'il eût commandé une manœuvre : « Par file à droite! cria-t-il; en avant, marche, pour la Sibérie! » Chose non moins étrange et non moins lamentable que l'ordre lui-même, cette odieuse plaisanterie fut exécutée. Le régiment partit sur l'heure, officiers en tête, enseignes déployées. Il avait déjà fait trois jours de marche, quand l'empereur, rappelé à la raison par Rostopchine, donna contre-ordre et leva la punition.

Un des premiers soins de Paul, à son avènement, fut de changer radicalement les habitudes et les costumes militaires. Épris d'enthousiasme pour le grand Frédéric, il crut l'imiter en lui empruntant la tactique et l'uniforme de l'armée prussienne. Il fit donc quitter aux soldats russes le costume national, simple et commode, qu'ils avaient porté jusque-là, pour y substituer celui des soldats du roi de Prusse. Il n'oublia ni les cheveux frisés, ni la longue queue poudrée, et fit faire des modèles de queues qu'il envoya aux divers corps d'armée. En recevant cet envoi avec l'ordre de s'en servir, le général Souvarow hocha la tête et improvisa deux vers russes qui firent bientôt le tour de l'armée, et dont voici la traduction :

Ces queues ne sont pas des baïonnettes,
Et cette poudre ne prend pas feu.

Cette boutade arriva jusqu'aux oreilles de l'empereur, qu'elle irrita vivement. Elle détermina la disgrâce de l'illustre général, auquel Paul en voulait déjà de la faveur de Catherine. Souvarow reçut l'ordre de quitter l'armée qu'il avait tant fois conduite à la victoire, se retira à Moscou, et de là il fut exilé dans une de ses terres, au fond de la Russie.

Tel était le souverain auquel les triples liens de la reconnaissance, des services rendus et d'un dévouement éprouvé et apprécié, attachaient le comte Rostopchine. Violent par faiblesse, orgueilleux par situation, méfiant par habitude, désireux de faire le bien et faisant souvent le mal, d'une haute intelligence et agissant comme un fou, aussi incapable de commander à ses sujets qu'à ses passions, il faisait tout trembler autour de lui, et courait, sans en avoir conscience, à la catastrophe qui devait terminer si brusquement son règne et sa vie.

Rostopchine fut peut-être le seul qui sut lui tenir tête et qui osa lui dire la vérité. Cet étrange favori résistait à son maître, tantôt en face, tantôt en secret, suivant les circonstances, l'aimant assez pour lui sacrifier au besoin sa faveur elle-même; ce fut par là qu'il la conserva jusqu'à la fin. Paul s'emportait fréquemment contre lui, le chassait de sa présence, l'exilait de sa cour, et le rappelait au bout de quelques heures ou de quelques jours, encore plus incapable de vivre sans lui qu'avec lui. Ce n'est point que Rostopchine le contredît sans raison et sans adresse, et qu'il ne pratiquât point les habiletés d'un homme d'esprit et d'un homme de cour. Le plus souvent il cherchait à tourner les difficultés, le flattait, au besoin pour racheter ou préparer une rude vérité, et savait se rendre agréable et nécessaire. Mais quand il pensait que l'intérêt de la Russie ou l'honneur de son maître l'exigeaient, rien ne pouvait lui fermer la bouche, et il était franc jusqu'à la rudesse. Il épargna ainsi à l'empereur Paul bien des fautes, peut-être des crimes, à son pays de grands malheurs, et il trouva moyen de se montrer ami véritable et bon citoyen, dans une position que tant d'autres exploitent contre leur patrie et contre leur souverain.

Je donnerai de cette conduite de Rostopchine deux exemples frappants, dont sa famille justement fière a gardé précieusement le souvenir. Ils montreront à la fois le courage et la sincérité du loyal serviteur et la grandeur d'âme de l'infortuné souverain.

Paul revint un jour de la parade, violemment irrité : il avait trouvé les draps d'uniforme des soldats de mauvaise qualité. A peine de retour au palais, il manda Rostopchine et lui dit d'écrire à l'instant même sous ses yeux, au comte Voronsow, avec l'ordre de convoquer les fabricants anglais et de leur proposer la fourniture annuelle du drap pour toute l'armée russe. Rostopchine répondit qu'un acte pareil équivalait à la fermeture des fabriques indigènes, que c'était décréter la ruine des marchands russes. Mais voyant que ces observations ne faisaient qu'accroître l'irritation de l'empereur, il feignit de s'y résigner et écrivit la lettre commandée, que Paul lut, signa et lui ordonna de cacheter.

Avant d'obéir, Rostopchine reprit ostensiblement la plume, et écrivit au bas de la signature impériale : « N'en faites rien, il est fou. »

L'empereur, qui marchait à grands pas par la chambre, s'arrêta tout à coup. « Il me semble, Monsieur, dit-il, que vous avez ajouté du vôtre à mon ordre. — C'est vrai! » répondit Rostopchine; et il lui tendit la lettre.

L'empereur lut, pâlit, se remit à marcher, puis, au bout de quelques instants, il jeta la lettre au feu, et dit à Rostopchine, en l'embrassant : « Je vous remercie, vous avez raison. Fasse le Ciel que tous mes serviteurs vous ressemblent ! »

Une autre fois, il entra en fureur, pour je ne sais quelle raison, contre l'impératrice Marie, sa femme, que ses vertus et sa conduite irréprochable ne mettaient point à l'abri des soupçons de son irascible époux. Dans sa méfiance, il était toujours prêt à l'accuser d'infidélité ou d'ambition, ne pouvait souffrir qu'on lui parlât bas en sa présence, et lui lança un jour, sous le plus futile prétexte, cette apostrophe outrageante : « Madame, vous vous préparez peut-être à jouer le rôle de Catherine ; mais sachez que vous ne trouverez pas en moi un Pierre III. »

Ce jour-là, dans un transport de colère, il fit venir Rostopchine et lui ordonna de préparer un édit qui reléguait l'impératrice au couvent de Solovetsk et déclarait illégitime la naissance de ses deux derniers fils, les grands-ducs Nicolas et Michel. Rostopchine essaya d'abord de le rappeler à la raison ; mais comprenant qu'il était trop irrité pour rien entendre, il se retira, laissa passer quelques heures, puis il lui adressa la lettre suivante :

« Sire, vos ordres s'exécutent et je suis occupé à composer l'écrit fatal. J'aurai le malheur de vous le présenter demain matin. Plaise à Dieu que vous n'ayez pas le malheur de le signer et de fournir à l'histoire une page qui couvrira de honte tout votre règne ! Le Ciel vous a tout accordé pour jouir du bonheur et y faire participer le monde entier, mais vous vous créez un enfer de votre vivant, et vous vous y condamnez vous-même. Je suis trop hardi, je m'expose à me perdre, mais je me consolerai de ma disgrâce en me trouvant digne de vos bienfaits et de mon honneur. »

Quelques instants après, il reçut une missive de l'empereur : elle contenait sa lettre avec ces mots que Paul y avait ajoutés de sa main : « Vous êtes un homme terrible, mais vous avez raison : qu'il n'en soit plus question. Chantons, oublions jusqu'à la trace... Adieu, signor Rostopchine. »

Telles étaient les relations de cet autocrate et de ce favori. Je ne dirai pas que ce fût là le ton habituel de leur conversation ni de leur correspondance. Mais c'est assez d'avoir tenu une fois un pareil langage pour être capable de le tenir toujours; et quand la vie du comte Rostopchine et de l'empereur Paul ne renfermerait que ces deux traits de grandeur d'âme, j'estime qu'ils suffiraient à l'honneur de l'humanité.

Ils suffisent en tout cas à réduire à leur juste valeur les assertions de Kotzebue, qui dans ses mémoires sur la Russie parle avec une malveillance si passionnée du comte Rostopchine, et le confond avec le commun des favoris de passage de Paul Ier. Il l'accuse de bassesse, de complicité dans les folies souvent barbares de son maître, sans en donner d'autre preuve qu'un fait insignifiant et dérisoire, et tout son réquisitoire aboutit, en fin de compte, à une lettre sans importance que Rostopchine aurait attribuée à tort au comte Panine, alors disgracié, pour entretenir contre lui l'irritation de l'empereur. Kotzebue ajoute que le czar, instruit de la fraude de son favori, se serait écrié avec colère : « Rostopchine est un monstre! » et l'aurait exilé dans ses terres. Le lecteur se persuadera sans peine, d'après ce que j'ai dit plus haut, que si Rostopchine fut exilé, ce fut, comme d'habitude, pour avoir dit la vérité plutôt que pour l'avoir trahie. Il comprendra d'ailleurs le peu de sympathie de Rostopchine pour le comte Panine, en se rappelant le rôle que l'histoire attribue à ce dernier dans la catastrophe qui termina le règne et la vie de Paul Ier.

A part ces dissentiments passagers, Rostopchine fut toujours en faveur près de l'empereur Paul, jusqu'au jour ou plutôt jusqu'à la veille de l'assassinat du malheureux prince. Il fut comblé de faveurs personnelles et remplit les plus hauts emplois publics. La lettre patente qui lui confirma le titre de comte, à la date du 12 mai 1800, renferme une énumération curieuse des dignités et des honneurs qui lui furent successivement conférés. La voici textuellement, dans ses dispositions principales :

« Par la grâce de Dieu, nous, Paul Ier, empereur et autocrate de toutes les Russies, etc., etc.

« Il est à notre connaissance que notre cher et fidèle sujet le conseiller intime actuel Fédor Vassiliévitsch Rostopchine descend d'une ancienne, noble et illustre famille, provenant de Boris-Davidow Rostopchi, venu de Crimée en Russie pendant le règne du grand-duc Wassili Joannovitch, et que lui ainsi que ses descendants ont servi nos prédécesseurs, tant dans la carrière militaire que dans la carrière civile, occupant des rangs élevés avec fidélité, zèle et sans reproches, et que lui-même, notre cher et fidèle sujet Fédor-Vassiliévitsch Rostopchine, continue à nous servir avec un zèle et une fidélité exemplaires, étant entré dans le régiment des gardes Préobrajenski comme caporal, en 1785 sous-lieutenant, en 1787 lieutenant, en 1789 capitaine-lieutenant, et en 1792 pris à la cour comme gentilhomme de la chambre ; en 1796, le 2 novembre, nous l'avons gracieusement fait chevalier de l'ordre de Sainte-Anne de la troisième classe ; le 9 novembre, nous l'avons fait brigadier et chevalier du même ordre de la deuxième classe; le 8, général-major et notre aide de camp général, et le 7, lui avons conféré la première classe dudit ordre; en 1797, le 15 avril, l'ordre de Saint-Alexandre Newsky; en 1798, le 3 mars, fait lieutenant-général, et la même année, le 17 octobre, lui avons ordonné de remplir les fonctions de ministre de notre cabinet des affaires étrangères; le 24 du même mois, l'avons gracieusement fait conseiller intime et actuel et lui avons ordonné d'être troisième président de notre collège des affaires étrangères; le 21 décembre, l'avons fait commandeur de notre ordre impérial de Saint-Jean de Jérusalem, et le 31 du même mois, comme signe particulier de notre bienveillance impériale, lui avons gracieusement octroyé les insignes en diamants de notre ordre de Saint-Alexandre Newsky.

« Considérant avec bienveillance ses hautes et nobles qualités et voulant récompenser son zèle et son ardeur à notre service, ses talents et les peines qu'il s'est données dans les nombreuses affaires que nous lui avons confiées, et en outre rendant justice à son dévouement sans bornes pour notre personne, avons voulu et le 22 février 1799 lui avons octroyé, à notre cher et fidèle sujet conseiller intime actuel Rostopchine, ainsi qu'à ses enfants, à ceux qu'il aura encore et à tous ses descendants, la dignité de comte de notre empire de toutes les Russies; cette même année, le 30 mars, l'avons fait grand chancelier de notre ordre de Saint-Jean de Jérusalem et chevalier grand'croix du même ordre; le 21 mai, directeur général des postes; le 28 juin, l'avons gracieusement nommé chevalier de l'ordre de Saint-André; le 25 septembre, lui avons ordonné d'être premier président de notre collège des affaires étrangères, et l'année 1800, le 15 mars, l'avons nommé membre de notre Conseil, etc., etc., etc.

« Signé : PAUL Ier.

« Saint-Pétersbourg, le 12 mars 1800. »

En tenant compte de ce qu'on nomme le style de chancellerie, usité dans les rescrits de ce genre, cette incroyable accumulation de faveurs et de dignités et la profusion des termes d'estime et d'affection dont cette lettre patente entoure Rostopchine, montrent quelle était la confiance de l'empereur Paul dans le dévouement de son fidèle serviteur, et quel cas il faisait de ses services. Quant à l'octroi du titre de comte conféré par le czar au descendant de Gengis-Kan, il est permis de croire qu'il se rattache à une conversation caractéristique rapportée par plusieurs historiens, et que je citerai parce qu'elle montre au vif la nature d'esprit de l'un et de l'autre.

Rostopchine se trouvait chez l'empereur avec plusieurs princes russes : « Pourquoi n'êtes-vous pas prince ? lui demanda tout à coup le monarque. — Votre Majesté, répliqua Rostopchine sans hésitation, me permet-elle de lui en dire la véritable raison ? — Sans doute. — C'est que celui de mes aïeux qui vint de Tartarie s'établir en Russie y arriva en hiver. — Eh ! que pouvait faire la saison à la question que je vous adresse ? — C'est que lorsqu'un seigneur tartare paraissait pour la première fois à la cour, le souverain lui donnait le choix entre une pelisse et le titre de prince. Mon aïeul arriva dans un hiver rigoureux, et il eut le bon esprit de préférer la pelisse. » L'empereur rit beaucoup de cette réponse qui faisait autant d'honneur à la promptitude d'imagination de son interlocuteur qu'à son esprit philosophique, et se tournant vers les princes qui l'entouraient et qui sans doute riaient de moins bon cœur que leur maître :

« Allons, Messieurs, leur dit-il, félicitez-vous de ce que vos aïeux ne soient pas arrivés en hiver. »

J'ignore comment le comte Rostopchine put remplir les nombreuses fonctions énumérées dans la lettre patente que je viens de transcrire. Sans doute il en exerça plusieurs simultanément. Ce qu'il y a de certain, c'est qu'il conserva le ministère des affaires étrangères depuis le 17 octobre 1798 jusqu'aux premiers mois de l'année 1800. Dans cette haute position, il lui fut donné de rendre à son pays des services considérables. Il contribua d'abord à faire rentrer en grâce Souvarow, qui fut replacé par l'empereur à la tête de l'armée, et plus tard à déjouer les projets du général Dumouriez, venu à Saint-Pétersbourg pour entraîner Paul Ier dans une nouvelle coalition contre la France.

L'impératrice Catherine, très hostile à la Révolution française, avait eu le talent de lui susciter partout des ennemis, sans mettre un seul soldat russe en campagne. Dans sa profonde politique, elle trouvait plus sûr et moins coûteux de faire agir les autres que d'agir elle-même. Cette sage conduite était incompatible avec l'impétuosité de Paul Ier. L'âme chevaleresque du nouveau souverain s'était émue au récit des crimes de la Terreur, des souffrances de ses victimes, des malheurs de la famille royale de France; et à la première occasion, il était sorti violemment de la réserve gardée par sa mère.

Rostopchine, comme son souverain, détestait, non pas la France, à laquelle plus tard il donna l'une de ses filles, mais la Révolution française, et je n'oserais affirmer qu'il ne poussa pas l'empereur Paul à prendre une part active à la guerre européenne dont l'Italie était alors le principal théâtre. Une fois cette résolution arrêtée, il fit comprendre au czar que Souvarow seul était digne, par son talent militaire comme par sa gloire, de commander ses soldats. Les souverains alliés le demandaient en même temps comme général en chef de l'armée coalisée. Paul immola ses ressentiments personnels à tant d'instances et à la raison politique. A la grande joie de Rostopchine qui, depuis ses premières armes au siège d'Oczakow, professait pour le vieux guerrier une affection reconnaissante et une admiration passionnée, l'empereur écrivit à Souvarow une lettre digne de tous deux : « Souvarow n'a pas besoin de lauriers ni de triomphes, mais la patrie a besoin de Souvarow : j'ai donc pris la résolution de t'envoyer en Italie au secours de S. M. l'empereur François II, qui t'a confié le commandement suprême de l'armée. »

Il n'entre pas dans mon sujet de raconter les rapides succès de Souvarow en Italie, ses revers en Suisse, enfin son brusque retour en Allemagne, et sa résolution, approuvée par le czar, de sortir d'une coalition dont l'Autriche semblait vouloir retirer seule tous les avantages. Malgré la nouvelle gloire qu'il avait cueillie en Italie, quand il revint à Saint-Pétersbourg, l'empereur, mécontent de ses alliés, de l'insuccès final de la coalition, et de la négligence du vieux général à se conformer aux minuties des règlements militaires, lui fit un froid accueil et lui refusa publiquement les honneurs promis et annoncés d'une entrée triomphale.

Souvarow, déjà affaibli par les fatigues de sa longue carrière, ne put supporter cette dernière injustice; il tomba malade et fut bientôt à toute extrémité. Il reçut les derniers sacrements en chrétien convaincu, demanda, pour unique faveur, à être enterré avec un portrait de l'impératrice Catherine qu'il tenait d'elle-même ; et cet homme illustre, le seul grand capitaine qu'ait produit la Russie depuis Pierre le Grand, aurait rendu le dernier soupir dans l'isolement, suite de la disgrâce, si Rostopchine, bravant les rancunes de l'empereur, n'eût sollicité et obtenu la permission d'aller le voir à son lit de mort. Il y courut, et apporta au mourant les insignes de l'ordre de Saint-Lazare et de celui de Notre-Dame du Mont-Carmel, que Louis XVIII lui envoyait de son exil de Mitau. Souvarow avait toujours gardé pour Rostopchine la plus tendre affection. Il parut aussi touché de sa démarche qu'indifférent à l'envoi du roi de France. Au bord du tombeau, l'âme immortelle est encore sensible aux témoignages de sentiments qu'elle emportera dans l'autre vie, mais elle ne l'est plus aux vanités de la terre qu'elle va laisser avec sa dépouille mortelle. Le mourant se contenta de dire avec une sorte d'égarement : « Le roi de France doit résider à Paris et non pas à Mitau. » Puis il serra la main de son ami, et peu après il expira.

Outre le rappel de Souvarow auquel la Russie dut ses dernières victoires en Italie, le comte Rostopchine rendit à son pays un autre service, plus grand encore : il le préserva d'une nouvelle guerre avec la France. Ce fut l'œuvre capitale de son ministère, œuvre sur laquelle il est nécessaire de donner quelques détails, non pas inconnus, mais trop généralement oubliés. Le gouverneur de Moscou de 1812 ne doit pas faire méconnaître le ministre des affaires étrangères de 1799.

J'ai dit que Rostopchine ne confondait pas la France, qu'il aimait, avec la Révolution, qu'il abhorra toujours. Aussi, quand le 18 brumaire eut mis entre les mains du général Bonaparte les destinées de sa patrie, Rostopchine, ébloui de ses victoires, enthousiasmé de son génie, et reconnaissant en lui l'intelligence qui conçoit les conditions de l'ordre avec la force qui les impose, passa subitement de la crainte à l'espérance et de la haine à l'amour. Il vit en Bonaparte, peut-être un Monk, peut-être un fondateur d'empire, en tout cas le restaurateur de la paix et de la prospérité publique en Europe, et dès lors il usa de toute son influence pour éloigner son maître de l'Angleterre et le rapprocher de la France.

Avec le caractère mobile de l'empereur Paul, la difficulté n'était pas de l'amener à ce sentiment, mais de l'y maintenir une fois qu'il l'aurait adopté. Son irritation contre la conduite de ses alliés dans la dernière campagne le préparait à entrer dans les nouvelles vues de son ministre, et les desseins de Rostopchine n'eussent pas rencontré d'obstacles sérieux, si vers cette époque le général Dumouriez, mandé par le czar lui-même avant le 18 brumaire et envoyé par Louis XVIII, n'eût un moment contrebalancé l'influence du ministre de Paul Ier.

Le récit de la mission de Dumouriez et de son séjour à la cour de Russie a été fait par un témoin oculaire, assurément suspect de partialité pour le général et contre Rostopchine, puisqu'il partageait les opinions et les espérances du premier et qu'il en attribua l'échec à l'influence du second, mais dont la relation est curieuse et intéressante : c'est l'abbé Georgel. Cet abbé diplomate, ancien grand vicaire du cardinal de Rohan, — ce qui l'avait fait accueillir avec une froideur glaciale par la duchesse d'Angoulême à son passage à Mitau, — était venu à Saint-Pétersbourg en 1799, avec des commissaires de l'ordre de Malte qui allaient reconnaître Paul Ier en qualité de grand maître. On sait en effet que ce prince avait imaginé de faire revivre cet ordre célèbre, et l'on a vu dans la lettre patente citée plus haut qu'il en avait nommé le comte Rostopchine grand chancelier. L'abbé Georgel avait connu Dumouriez à Vienne ; il logeait à Pétersbourg dans le même hôtel que le célèbre général républicain devenu agent royaliste. Il était donc à même d'être exactement renseigné sur les circonstances de la mission de Dumouriez, qui, naturellement expansif et peu discret, lui avait accordé toute sa confiance.

Dans sa relation, l'abbé Georgel commence par faire du comte Rostopchine un portrait que nous devons reproduire, sans en garantir la parfaite ressemblance.

« Le ministère des affaires étrangères, dit-il, qui était toujours le principal apanage du grand chancelier, a été donné à un jeune chambellan, d'abord disgracié et ensuite rappelé. Ses connaissances sont bien moins étendues que son esprit n'est fin, délié, pénétrant et rusé. Il est arrivé à ce poste sans rien entendre à la diplomatie ; mais sa souplesse plaît à Paul Ier, et ce mérite lui tient lieu des connaissances qu'il n'a pas : c'est le comte Rostopchine. Il a sous lui un vice-chancelier (alors le comte Panine) et tout le collège ou la bureaucratie des affaires étrangères. Pour concentrer en lui seul toute l'influence de son ministère et s'environner des ombres d'une politique profonde et mystérieuse, il a fait adopter à Paul Ier une manière très singulière de traiter la diplomatie. Aucun ambassadeur, aucun ministre étranger ne communique avec l'empereur. Ce n'est pas même le ministre des affaires étrangères qui leur donne audience. On lui demanderait inutilement un rendez-vous pour traiter avec lui : il faut s'adresser au vice-chancelier. Celui-ci fait son rapport au ministre et le ministre à l'empereur. La réponse du souverain est rendue par le ministre au vice-chancelier qui la transmet à l'ambassadeur... Le comte Rostopchine, qui sait se rendre justice, a senti que, malgré son esprit pénétrant, sa facilité et ses manières engageantes, il n'avait pas assez de fonds et de connaissances acquises pour discuter avec avantage de grands intérêts avec des hommes instruits par une longue expérience. Voilà sans doute pourquoi il devient invisible et a fait adopter une méthode qui pare à tous les inconvénients de son inexpérience en diplomatie. »

Cette singulière peinture du caractère et des procédés du comte Rostopchine est-elle absolument exacte ? Plusieurs raisons en pourraient faire douter. D'une part, la souplesse, dont notre historien fait le principal titre de Rostopchine à la faveur impériale, n'était pas, nous l'avons établi, sa manière d'être habituelle vis-à-vis de son maître, et ce fut bien plutôt en sachant lui résister qu'en le flattant qu'il garda son amitié jusqu'à la fin.

D'un autre côté, la sûreté du coup d'œil de l'abbé diplomate ne paraît pas avoir été infaillible, à en juger par son portrait du comte Panine, vice-chancelier du ministère des affaires étrangères, qu'il représente comme un homme « droit, franc, loyal et très zélé pour la gloire de son maître », portrait difficile à concilier avec le rôle que l'histoire attribue au comte Panine dans la chute sanglante de Paul Ier.

Enfin, les dernières lignes que l'abbé Georgel consacre à décrire les habitudes et le caractère du comte Rostopchine semblent en complète contradiction avec ce qu'il en a dit précédemment :

« Le grand talent de ce ministre, ajoute-t-il, qui est un avantage réel dans sa place, c'est l'art de pomper un homme dont il désire savoir les secrets. Alors, rien n'est épargné, caresses, politesses, prévenances, abandon apparent de confiance totale, tout est mis en œuvre pour lire dans l'intérieur. S'il n'y parvient point, l'homme ne l'intéresse plus, il le néglige. »

Comment *pomper* un homme et lui arracher ses secrets en demeurant invisible à tout le monde et en ne traitant directement avec personne ? Et comment, quand on a reçu de la nature ces dons merveilleux de diplomatie, refuser systématiquement de s'en servir ? C'est ce que l'abbé Georgel n'explique pas.

Quoi qu'il en soit des appréciations de notre historien, écoutons-le raconter les faits relatifs à Dumouriez. Ici, il est plus digne de foi, car il ne juge plus, il raconte, et il raconte en témoin oculaire.

« Les derniers événements de la campagne de 1799 n'ayant pas été heureux en Suisse ni sur le Rhin pour les puissances coalisées, le général Dumouriez avait écrit à Paul Ier, avec l'approbation de Louis XVIII, pour lui communiquer un plan d'où il devait résulter de grands avantages pour la cause commune et pour la gloire personnelle de l'empereur de Russie. Cette lettre l'a fait appeler à Saint-Pétersbourg. Le comte de Rostopchine, ayant toute la confiance de son maître, a parfaitement accueilli Dumouriez ; il l'a souvent invité à dîner, il l'a caressé, et n'a rien épargné pour avoir le secret de son plan. Le général a été un moment la dupe de l'insinuant ministre ; mais mieux instruit par des personnes expérimentées, il a été plus réservé ; au lieu de se livrer comme il l'avait fait, il a su rétrograder avec beaucoup de finesse et d'esprit ; au lieu de son plan, il s'est contenté d'en donner un aperçu sans développements, de manière à exciter la curiosité et à faire désirer l'ensemble ; mais on l'avait deviné.

« Bientôt, on s'aperçut que le ministre craignait l'influence de Dumouriez et le succès d'une audience. Le comte de

Rostopchine avait adopté un système absolument contraire aux vues de Dumouriez. Son opinion, étayée par le suffrage et les insinuations des personnes qui étaient dans l'intimité de Paul Ier, faisait des progrès dans l'esprit de ce prince. Il était parvenu à l'indisposer contre les cours de Vienne et de Londres, et il espérait l'en séparer avec éclat pour le rapprocher des Français, que Paul, jusque-là, avait toujours eus en horreur.... Déjà les troupes russes rentraient sur leurs frontières et le cabinet de Saint-Pétersbourg s'était déterminé à se séparer de la coalition. Le parti qui avait provoqué cette détermination était parvenu à persuader à l'empereur de ne point voir le général Dumouriez.

« Dès qu'ils eurent obtenu le point important pour leur nouveau système, Dumouriez fut négligé ; on ne l'invita plus à dîner, le ministre ne répondit plus à ses lettres. Enfin, après deux mois de séjour, M. de Rostopchine lui envoya mille ducats en or, avec une lettre où il disait que le général étant venu par une autorisation de l'empereur, Sa Majesté impériale ne voulait pas permettre que le voyage eût été fait aux frais d'un homme arrivé par ses ordres. Le ton de cette lettre, quoique honnête, semblait annoncer un congé. »

C'était un congé en effet, et Rostopchine se croyait si assuré du succès qu'il ne voulut pas se refuser à procurer à Dumouriez la consolation d'une audience de départ. Cette confiance faillit tout compromettre. Par ses soins, le général français fut invité à assister à la parade, où l'empereur avait l'habitude de recevoir les militaires. Cette parade avait lieu tous les jours, en hiver, dans un vaste bâtiment que Paul Ier avait fait construire près de son palais. Aucun étranger n'y pouvait paraître sans la permission de l'empereur. Tout s'y passait en public ; une audience de ce genre ne semblait donc pouvoir présenter aucun danger.

En apercevant Dumouriez, l'empereur s'approcha de lui, lui dit un mot bienveillant, et retourna à ses manœuvres. Mais, quelques instants après, Dumouriez s'étant rapproché à son tour, sur le conseil du comte Pahlen, comme pour mieux considérer les troupes, Paul l'appela, lui demanda ce qu'il pensait de ses soldats et engagea la conversation avec lui. L'entretien dura une heure ; les deux interlocuteurs se séparèrent charmés l'un de l'autre, et le mobile monarque, ne songeant plus à l'ordre de départ qu'il avait donné à Dumouriez, l'invita à venir tous les jours à la parade.

« Ce début, continue l'abbé Georgel, fit naître de grandes espérances. La seconde parade eut encore plus de succès. Paul parut lui accorder toute sa confiance. Il lui en donna des preuves non équivoques en lui parlant en détail de son juste mécontentement contre les cours de Vienne et de Londres, qu'il traita d'alliées perfides et machiavéliques. Dumouriez, en avouant que le mécontentement était fondé, prit la liberté de faire sentir que le résultat ne pouvait pas être l'inaction de la Russie. Il exposa le *pour* et le *contre* avec tant d'art que l'empereur lui demanda de mettre par écrit ce *pour* et ce *contre*, et de le lui envoyer directement. Ce jour-là, Sa Majesté impériale s'exprima avec enthousiasme sur le général Dumouriez. Dans la même journée, il lui écrivit de sa propre main un billet où on lisait cette phrase : « Il faut que vous soyez le Monk de la France. »

« Les effusions de confiance de l'empereur, à la troisième parade, parurent décisives en faveur de Dumouriez.

Sa Majesté impériale fit taire les tambours. L'exercice se fit *à la muette*, il en donna la direction à son fils aîné, le grand-duc Alexandre, et causa pendant plus d'une heure avec Dumouriez. Les détails de cet entretien sont à peine croyables. L'âme de Paul Ier, malgré ses grandes inégalités, était belle. Il développa du génie et les vertus qui rendent dignes du trône. Le général Dumouriez m'a avoué qu'il en avait été profondément frappé. Dans cette intéressante conversation, on passa en revue l'état actuel des puissances belligérantes, les incalculables dangers de la Révolution française, les fautes de la dernière campagne, les moyens d'y remédier. Dans cet entretien, Paul Ier s'exprima ainsi : « Vous m'avez inspiré estime et confiance ; je vous crois attaché à mes intérêts. Eh bien ! d'après ce que nous venons de combiner, je vous autorise à traiter avec le ministre d'Angleterre pour le subside... Je vais donner ordre au comte de Rostopchine de vous donner l'autorisation nécessaire pour traiter. »

Dumouriez crut la partie gagnée et revint transporté de joie. L'abbé Georgel, qui connaissait mieux que lui la mobilité de l'esprit de l'empereur et l'influence du comte Rostopchine, était moins sûr du succès. Il ne se trompait point. Le froid, destiné à jouer un si grand rôle dans les affaires de la Russie et de la France, fit suspendre la parade pendant trois jours. Ces trois jours suffirent à Rostopchine et à ses amis pour ramener l'empereur à leur politique. Avant qu'ils fussent écoulés, le ministre manda chez lui Dumouriez. Il lui dit que d'abord il avait reçu l'ordre de lui donner une autorisation officielle pour traiter avec le ministre d'Angleterre ; mais que des considérations particulières avaient déterminé Sa Majesté impériale à suspendre cette négociation jusqu'à l'arrivée d'une réponse catégorique de la cour de Vienne, que c'était un retard de quinze jours, etc.

Ce retard, dans de pareilles circonstances, équivalait à une rupture. Dumouriez le comprit et perdit tout espoir. Peu de temps après il reçut une lettre de Rostopchine qui lui disait, de la part de l'empereur, « que la présence du général pouvait être nécessaire ailleurs et que Sa Majesté trouvait désormais son séjour superflu à Saint-Pétersbourg.» Quand l'infortuné général vint prendre congé de lui, Rostopchine lui témoigna une déférence et une estime que, dans sa relation, l'abbé Georgel traite bien gratuitement, ce me semble, de fausseté. Il n'avait pas dissimulé son opinion, et après avoir combattu et vaincu loyalement l'envoyé du prétendant, il pouvait et devait lui témoigner les égards dus à un homme de sa valeur et de sa réputation. Quoi qu'il en soit, Dumouriez quitta Saint-Pétersbourg, vivement irrité contre lui : cette irritation prouve que c'est bien à Rostopchine qu'il attribuait l'échec de ses négociations et la ruine de ses espérances.

Le lecteur me pardonnera de m'être étendu un peu longuement peut-être sur cet épisode de la carrière politique du comte Rostopchine. En contribuant pour une aussi large part à détourner l'empereur Paul d'une guerre nouvelle contre la France, il me paraît avoir rendu un service signalé à mon pays comme au sien, et c'est là une rencontre trop rare dans son histoire et trop chère à mon cœur, pour que j'aie résisté au plaisir de m'y arrêter quelques instants.

L'impétuosité de Paul Ier allait vite à l'extrémité des choses. Rostopchine le poussa-t-il ou chercha-t-il à le retenir dans cette voie où il l'avait si sagement engagé? Aucun document public ni privé n'a pu m'éclairer sur ce point, ni même sur le moment précis où il quitta le ministère des affaires étrangères. Quoi qu'il en soit, on vit le czar passer rapidement d'un excès à un autre, s'entourer des portraits du premier consul, boire publiquement à sa santé, et tourner contre ses alliés de la veille l'ardeur passionnée qu'il avait déployée contre la France. Louis XVIII, auquel il avait offert et donné une généreuse hospitalité à Mitau, reçut l'ordre brutal de partir dans les quarante-huit heures, avec sa suite, et de quitter le territoire russe. Le puissant cabinet de Londres ne fut guère mieux traité que la pauvre cour du prince exilé. Dans la déclaration de neutralité des puissances maritimes du nord, accompagnée de la mesure de l'embargo décrété par le czar, l'Angleterre vit, non sans quelque raison, une déclaration de guerre, et elle y répondit sur-le-champ en frappant également d'embargo tous les navires russes, suédois et danois. C'était pour la Russie une nouvelle guerre qui la blessait dans ses intérêts bien plus directement que la précédente, car ses ports et ses côtes en devaient être le théâtre, et c'est dans sa source même que sa fortune était atteinte.

« Dans sa vaste étendue, dit M. Thiers, le continent septentrional de l'Europe, fertile en céréales, bois, chanvres, minerais, a besoin de riches négociants étrangers qui recherchent ces marchandises naturelles, et donnent en échange de l'argent ou des objets manufacturés. Ce sont les Anglais qui se chargent de fournir à la Russie, pour les produits bruts de son sol, les produits artistement travaillés de leur industrie, et qui procurent ainsi aux intendants de la noblesse russe le moyen de payer le revenu des terres à leurs seigneurs. Aussi le commerce anglais domine-t-il à Saint-Pétersbourg; et c'est là le lien qui, retenant en partie la politique russe enchaînée à la politique anglaise, retarde une rivalité tôt ou tard inévitable entre ces deux grands co-partageants de l'Asie[1]. »

La nouvelle politique de Paul Ier blessait donc au cœur les intérêts de l'aristocratie russe, et elle accéléra certainement, si elle n'en fut pas la cause déterminante, la catastrophe qui mit un terme au règne de ce malheureux prince. On souffrait déjà cruellement autour de lui de ses caprices et de ses folies. Sa méfiance, qui voyait partout des complots, les préparait en voulant les prévenir. Il passait son temps à exiler les gens en Sibérie, par colère ou par soupçon, à les rappeler par des retours de sa bonté et de sa justice naturelles, et à les exiler de nouveau. La crainte de la ruine matérielle, suite de la guerre avec l'Angleterre, acheva de lui aliéner les cœurs et fit souhaiter à beaucoup la fin d'un règne qui ne laissait rien en sûreté. Sa famille même ne se sentait pas à l'abri de ses soupçons ni de ses coups. Quand un souverain absolu en est arrivé à ce point que ceux qui l'entourent souhaitent sa chute, et que lui-même la prévoit, il est bien près de tomber. Il se rencontre toujours un homme qui, par un ressentiment personnel, par ambition, quelquefois même par un dévouement aveugle à l'intérêt public, prend sur lui l'accomplissement des vœux de tous, ne recule pas devant le crime, et se fait l'exécuteur des arrêts de l'opinion. Cet homme se trouvait à la cour et presque dans l'intimité de Paul Ier; c'était le comte Pahlen.

Imposant de figure, d'un esprit fin et profond, d'un caractère énergique, rempli d'audace et de sang-froid, le comte Pahlen joignait à ces avantages naturels ceux qu'il

1. *Histoire du Consulat et de l'Empire.*

tenait d'une grande situation et de la confiance même de son maître. Gouverneur de Saint-Pétersbourg, chargé de la police de l'empire, il en était peut-être, après l'empereur, le personnage le plus important. Ce qui fait l'horreur particulière de ces crimes d'État, c'est qu'ils sont le plus souvent accomplis par les favoris de la victime. Ambitieux et patriote en même temps, voyant l'avenir de la Russie menacé par une politique à outrance qu'il combattait en vain, sentant sa position personnelle peu assurée sous un prince qui se défiait de tout le monde et qui pouvait d'un jour à l'autre craindre en son ministre la puissance même qu'il lui avait donnée, il crut qu'il importait à son pays comme à lui-même d'abréger, coûte que coûte, le règne de Paul Ier; et il décida sa ruine. « Il s'entendit, raconte M. Thiers, avec le comte Panine, vice-chancelier, chargé des affaires étrangères. Tous deux crurent qu'il fallait mettre fin à une situation devenue alarmante pour l'empire aussi bien que pour les individus. Le comte Pahlen se chargea d'exécuter la terrible résolution qu'ils venaient de prendre en commun. »

Le comte Panine connut donc le complot et y participa. Crut-il, comme le grand-duc Alexandre, qu'il ne s'agissait que de forcer l'empereur Paul à abdiquer, et non de l'assassiner? Il est permis de le supposer. En ce qui concerne Alexandre, le doute n'est pas possible. L'élévation de ses sentiments et son désespoir quand il apprit la mort de son père suffiraient, à défaut d'autres preuves, à écarter de lui tous les soupçons. Le comte Pahlen lui confia ses projets, pour s'assurer, avec le concours du futur empereur, l'impunité au lendemain du crime. Mais, en les lui confiant, il les déguisa habilement, ne parlant que du salut de l'empire, de la nécessité d'enlever le pouvoir à un prince dont l'état mental était une menace perpétuelle pour son pays, pour ses sujets, pour sa famille, et d'assurer d'un seul coup la tranquillité publique, les droits de l'héritier du trône, le repos et la vie même de son malheureux père.

Faible, jeune, tremblant pour lui-même, Alexandre pleura beaucoup, essaya de résister, et finit par se rendre, mais en exigeant du comte Pahlen le serment solennel qu'il ne serait pas attenté aux jours de l'empereur.

« Le comte Pahlen, ajoute M. Thiers, jura tout ce que voulut ce fils inexpérimenté, qui croyait qu'on pouvait arracher le sceptre à un empereur sans lui arracher la vie. »

Une fois assuré du concours au moins passif du grand-duc Alexandre, le comte Pahlen chercha et trouva sans peine des exécuteurs pour le projet qu'il avait conçu et formé, mais auquel lui-même ne voulait pas mettre la main. Parmi ces complices, on cite Platon Soubow, le dernier favori de Catherine, et son frère Nicolas. Le plus célèbre de tous et le plus déplacé dans cette troupe de meurtriers était le général Benningsen, Hanovrien attaché au service de la Russie, homme de guerre éminent, plus digne de tenir l'épée que le poignard, mais que la défaveur du czar, les instances de Pahlen et l'intérêt politique déterminèrent à entrer dans le complot. On ne lui parla d'ailleurs, comme à la plupart des autres, que d'obliger l'empereur à abdiquer en faveur de son fils : dans ces termes, il promit son concours et tint implacablement sa promesse.

Le comte Pahlen avait encore une précaution à prendre avant de mettre son projet à exécution. Il y avait à la cour de Russie deux hommes dont le dévouement à l'empereur était connu de tous, le général Arachtchéief et surtout le comte Rostopchine. Avec l'esprit ombrageux de Paul Ier, il était toujours facile de l'irriter contre ceux mêmes qu'il aimait le plus. Arachtchéief fut éloigné de Saint-Pétersbourg, et, trois semaines avant la catastrophe, Rostopchine encourut à son tour, je ne sais pour quel motif, la disgrâce de son maître, et dut partir pour un de ces exils auxquels il n'était que trop accoutumé.

Restait à fixer le jour de l'exécution du complot. Deux circonstances en hâtèrent le dénouement.

Paul, de plus en plus malade d'esprit, croyait voir partout des présages de sa mort prochaine, et sa méfiance croissait avec sa peur. Trouvant le palais d'hiver, résidence habituelle des czars, trop peu sûr, il s'était transporté au palais Michel, qu'il avait récemment élevé, et qu'il faisait garder comme une forteresse. Un jour, il dit brusquement au comte Pahlen: « Étiez-vous à Saint-Pétersbourg en 1762? (époque de l'assassinat de Pierre III). — Oui, répondit Pahlen avec sang-froid, j'y étais. — Quelle part avez-vous prise à ce qui se fit alors? — Celle d'un officier subalterne, à cheval dans les rangs de son régiment. Je fus témoin et point acteur dans cette catastrophe. — Eh bien, poursuivit Paul en le regardant fixement, on veut recommencer aujourd'hui la révolution de 1762. — Je le sais, répondit Pahlen, je connais le complot, j'en fais partie. — Quoi! s'écria Paul, vous êtes du complot? — Oui, Sire, mais pour être mieux averti et plus en mesure de veiller sur vos jours. »

Le sang-froid du comte Pahlen détruisit les soupçons de l'empereur, mais sa révélation ne fit qu'accroître les inquiétudes du malheureux prince.

Le 23 mars 1801, la veille même du jour fatal, Paul

fit écrire à M. de Krudener, son ministre à Berlin, une dépêche qui enjoignait à la cour de Prusse de se prononcer et d'agir sans retard contre l'Angleterre, la menaçant, en cas d'hésitation, de faire marcher sur la frontière prussienne une armée de quatre-vingt mille hommes. Le comte Pahlen, soit que le jour du crime fût déjà fixé dans son esprit, soit qu'il l'ait décidé dans cet instant, ajouta de sa main à la dépêche ces paroles dont le sang-froid fait frémir et qui devaient suffire à en annuler l'effet: « Sa Majesté impériale est indisposée aujourd'hui. Cela pourrait avoir des suites. »

Au moment où Pahlen semblait toucher au but, un hasard insignifiant faillit tout perdre, en révélant à l'empereur l'existence du complot et les noms des principaux conjurés. M. Marius Topin, qui a le premier raçonté cet incident dramatique, en découvrit le récit dans les manuscrits du ministère des affaires étrangères. — Paul Ier avait horreur du tabac. Il en interdisait rigoureusement l'usage à tous ceux qui l'approchaient; la vue comme l'odeur lui en étaient insupportables.

Le jour même où Palhen venait d'expédier la dépêche de l'empereur à Berlin, avec sa terrible annotation, il se trouvait seul dans une salle du palais impérial, et, s'y croyant en sûreté, il lisait une lettre du grand-duc Alexandre où il était longuement parlé du projet.

Tout à coup la lettre lui est arrachée des mains. Il se retourne irrité. C'est Paul lui-même qui s'était approché sans bruit, et qui, tenant la lettre accusatrice, lui dit en souriant : « Ah ! une lettre d'amour ! » Pahlen, avec un effroyable sang-froid, se met à rire comme son maître, reprend la lettre des mains de l'empereur, en lui disant : « Oui, Sire, » et la met dans sa poche. Paul, curieux de voir l'écriture et la signature du mystérieux billet, veut le reprendre et avance la main vers la poche de Pahlen. Celui-ci semble perdu : comment se refuser au caprice du souverain sans exciter sa colère, peut-être ses soupçons ? Une idée soudaine se présente à son esprit : « Prenez garde, Sire, s'écrie-t-il en riant, il y a du tabac dans la poche ! — Pouah ! du tabac ! répond l'empereur, quelle cochonnerie ! » et il s'éloigne avec dégoût. Pahlen était sauvé et Paul était perdu.

Le soir même, le comte Pahlen réunit chez lui, sous prétexte d'un dîner, les frères Soubow, le général Benningsen et une soixantaine d'officiers sur lesquels il croyait pouvoir compter. La plupart ignoraient encore le complot, et presque tous crurent jusqu'à la fin qu'il ne s'agissait pas d'un meurtre, mais d'une révolution de palais. Quand ils furent échauffés par le vin, Pahlen leur révéla son dessein, apaisa leurs scrupules, excita leur patriotisme, leur rancune et leur ambition, et presque tous entraînés se décidèrent à le suivre.

Les conjurés se divisèrent en deux troupes, l'une conduite par le comte Pahlen, l'autre par Benningsen, tous deux en grand uniforme et portant toutes leurs décorations. Il était minuit quand ils parvinrent devant le palais Michel. Leurs noms, leur haute position, et sans doute la complicité des gardiens, leur en firent ouvrir les portes, malgré la sévérité des consignes. La bande de Benningsen entra la première, et se dirigea vers l'appartement de l'empereur ; celle de Pahlen resta à l'arrière-garde, prête à marcher au premier appel.

Jusqu'ici j'ai suivi, en ne faisant guère que l'abréger, le récit de M. Thiers, appuyé sur les témoignages les plus authentiques. Je vais maintenant raconter le meurtre de

LA MORT DE PAUL Ier

l'empereur Paul, d'après la tradition conservée dans la famille du comte Rostopchine, que ses relations intimes avec la cour de Russie mettaient à même de connaître mieux que personne les circonstances de cette nuit fatale. Le lecteur, en comparant ce récit avec celui de l'illustre historien, pourra constater qu'ils sont presque identiques et reconnaître ainsi qu'ils doivent être conformes à la réalité des faits.

Paul dormait, gardé par deux soldats de confiance qui veillaient à la porte extérieure de sa chambre à coucher. La troupe conduite par Benningsen arrive sans bruit, surprend les factionnaires, tue l'un, blesse l'autre qui s'enfuit, enfonce la porte et se précipite dans la chambre de l'empereur. Au bruit de la lutte, Paul, subitement réveillé, avait sauté hors de son lit et cherché un refuge chez l'impératrice, dont la chambre communiquait à son alcôve par un escalier intérieur. Mais, dans sa méfiance, le malheureux prince avait barricadé cette issue et s'était ainsi lui-même fermé la retraite. Éperdu, il court à la cheminée et s'y cache tant bien que mal à l'aide d'un paravent. Les conjurés marchent droit à son lit, le trouvent vide, et s'écrient avec stupeur : « L'empereur n'y est plus; nous sommes perdus ! » Déjà, ils s'apprêtent à fuir, quand l'un d'eux mieux avisé leur dit : « Le lit est encore chaud : il doit être ici ; cherchons. » Ils cherchent en effet, déplacent le paravent, aperçoivent les jambes du malheureux Paul, dont le corps était caché par la cheminée, et l'attirent au milieu de la chambre.

Alors se passa une scène indescriptible. « Que me voulez-vous ? Que vous ai-je fait ? s'écria l'empereur, reconnaissant parmi les conjurés plusieurs de ceux qu'il croyait ses amis. » Et recouvrant en présence de la mort la majesté de son rang, reprenant devant ces indignes courtisans l'attitude d'un souverain, il leur parla pendant quelques minutes avec une grandeur si simple, avec une éloquence si touchante, que plusieurs d'entre eux, émus jusqu'aux larmes, étaient prêts à se jeter à ses pieds et à lui demander pardon. « Il est trop tard ! Il ne peut plus nous pardonner ! Il faut qu'il abdique ! » répondirent tumultueusement les autres. Et serrant de plus près l'empereur, ils le pressaient de signer son abdication. Paul résiste, supplie. A dessein ou par hasard, la lampe qui éclairait cette scène lugubre tombe à terre et s'éteint. Benningsen, au dire de M. Thiers, sort et va en chercher une autre. A ce moment, un des conjurés frappe Paul au visage avec le pommeau de son épée, et lui brise à demi le front et le nez. Un autre veut le percer : le malheureux prince saisit le fer de sa main, et trois de ses doigts sont coupés. Il tombe renversé, les assassins le frappent de toutes parts. On l'étrangle, on lui coupe la carotide. Quand Benningsen rentra dans la chambre, il rendait le dernier soupir.

Le lendemain, on sut dans Saint-Pétersbourg que l'empereur Paul Ier était mort d'une attaque d'apoplexie foudroyante. Son corps fut exposé suivant l'usage, revêtu de son habit d'uniforme. Des gants recouvraient ses mains mutilées, et son visage était presque entièrement caché par une large cravate qui montait jusqu'à la bouche et par son chapeau qui s'abaissait jusqu'à ses yeux. Personne, ni en Russie ni en Europe, ne se méprit sur le genre de sa mort. Il fut regretté par beaucoup de ses sujets qui, plus heureux que son entourage, n'avaient pas souffert de ses folies, et l'horreur qu'inspira ce crime prouva combien les mœurs russes avaient fait de progrès depuis un demi-siècle.

Le grand-duc Alexandre fut au désespoir de ce dénouement fatal qu'il aurait dû prévoir, et la pensée qu'il avait contribué involontairement à la mort de son père attrista toute sa vie. Sa première punition, et la plus cruelle peut-être, fut d'être obligé de prendre pour ministres ceux qui avaient conduit cette détestable entreprise. On assure que le comte Pahlen, d'un si imperturbable sang-froid dans l'exécution du crime, ne sut pas garder cette impassibilité après le crime accompli, et qu'il connut jusqu'à la fin de sa vie le cruel et salutaire châtiment du remords.

Quant au comte Rostopchine, il pleura sincèrement celui qu'il avait profondément aimé et qu'il considéra toujours comme son bienfaiteur. Il dit tout haut, et dans sa bouche cette assurance ne parut point une vaine parole, que s'il eût été là le crime ne se fût pas accompli. Son malheureux maître le pensait comme lui, car, peu de jours avant la catastrophe, le fidèle serviteur, exilé dans une de ses terres au delà de Moscou, reçut une dépêche qui portait ces seuls mots rapidement tracés : « J'ai besoin de vous, revenez vite. — Paul. » Ému d'un pressentiment douloureux, il partit à l'instant même. En arrivant à Moscou il apprit que l'empereur venait de mourir subitement. Il comprit tout, et, rebroussant chemin, il reprit tout en larmes la route de son exil, cette fois volontaire.

CHAPITRE IV

Le comte Rostopchine se retire à Voronovo, près de Moscou. — Vie d'un grand seigneur russe dans ses terres. — Le comte Rostopchine s'occupe d'agriculture, construit des haras. — Ses hôtes à Voronovo, ses amis. — Extraits de sa correspondance avec le prince Tsitsianow, général en chef de l'armée russe en Géorgie. — Sa tendresse pour sa femme, pour ses enfants. — 1801 à 1807.

Le comte Rostopchine, favori disgracié de l'empereur Paul, aurait pu, s'il eût été un ambitieux vulgaire, se servir de cette disgrâce momentanée pour briguer la faveur d'Alexandre. Mais il conservait à son malheureux maître un souvenir trop fidèle, il flétrissait trop énergiquement ses assassins, quels qu'ils fussent, pour n'être pas suspect à la nouvelle cour. Lui-même d'ailleurs avait l'âme trop haute pour vouloir, après le meurtre du père, servir le fils soupçonné, même à tort, d'y avoir consenti, et la langue trop libre pour le pouvoir faire quand il l'aurait voulu. Aux derniers jours de son existence, il a pu dire, sans crainte d'être démenti : « Ma vie a été un mélodrame à grand spectacle, où j'ai joué les héros, les tyrans, les amoureux, les pères nobles, mais jamais les valets. »

C'est donc par une malveillance, ou du moins par une erreur toute gratuite, que certains historiens lui ont prêté, après la mort de Paul Ier, des démarches, des regrets et des désirs que toute sa vie dément. Si l'empereur Alexandre le nomma, au début de son règne, général en chef et grand chambellan, ce fut de lui-même, et par un sentiment de pudeur qu'expliquent trop bien les circonstances douloureuses de son avènement. Obligé de prendre pour ministres ceux que la rumeur publique désignait comme les assassins de son père, il ne pouvait moins faire, pour désavouer le crime et en témoigner son regret, que de récompenser les deux seuls hommes dont le dévouement pour le czar défunt n'était mis en doute par personne. Aussi donna-t-il au général Arachtschéieff une haute position à la cour.

Quant à Rostopchine, il ne demanda rien, n'exerça pas un seul jour les hautes fonctions dont le titre venait de lui être octroyé; il est même douteux qu'il parut à la cour d'Alexandre. La seule faveur qu'il sollicita et qu'il obtint sans peine, fut de se retirer de la politique et du monde. L'intérêt et le péril de la patrie purent seuls le faire rentrer dans la vie publique, après un repos qui dura plusieurs années, mais qui ne fut jamais de l'oisiveté.

Peu de temps avant la mort de l'empereur Paul, le comte Rostopchine avait acheté la terre de Voronovo, située à cinquante verstes (environ treize lieues) de Moscou. Le comte Alexis Voronsow y avait dépensé des sommes énormes et en avait fait une résidence splendide. Le château était fort beau et magnifiquement orné; le parc s'étendait à perte de vue; de grands étangs coupaient les prairies et les bois, et de larges routes, traversant des forêts, reliaient entre eux les villages qui faisaient partie de ce vaste domaine.

Soit dégoût d'une propriété où il ne trouvait plus rien à faire, soit gêne d'argent, résultat des dépenses exagérées qu'il y avait faites, le comte Voronsow n'avait pas pu ou voulu la garder. Rostopchine l'acquit à un prix bien inférieur à ce qu'elle avait coûté, et c'est là qu'il se retira quand la mort de son maître et de son ami l'eut pour longtemps éloigné des affaires. De 1801 à 1812, il passa dans cette résidence, qu'il affectionnait, la plus grande partie de son temps, et ne la quitta guère, à partir de 1805, que pour aller résider à Moscou pendant la mauvaise saison. Sa vie s'y partageait entre les douces jouissances de la famille et de l'amitié, et les soins d'une vaste et difficile administration.

C'est une grande existence que celle d'un seigneur russe à la campagne; mais, à qui en comprend les devoirs et veut en exercer équitablement les droits, elle impose une tâche laborieuse. Au temps dont je parle, alors que le servage existait encore, le seigneur digne de ce nom devait être pour ses paysans ce qu'est un père dans sa famille, ce qu'est un souverain dans son empire. Il devait pourvoir à leurs besoins spirituels et matériels, veiller à leur moralité comme à leur prospérité, faire la police de leurs villages, et il répondait de tous et de tout devant Dieu et devant l'empereur.

L'empereur Alexandre II a eu grandement raison d'abolir le servage, parce que des hommes ne doivent pas dépendre absolument de la volonté d'un autre homme, et que de bonnes institutions valent mieux et sont plus sûres que les bonnes intentions. Les bonnes intentions d'ailleurs sont trop souvent viciées et détruites par l'habitude d'une autorité sans contrôle, et si, comme le disait mélancoliquement le czar Alexandre Ier, les autocrates débonnaires sont des accidents heureux, ils sont encore plus rares. Mais il faut dire, pour être équitable envers un long passé, qu'en fait le servage a été souvent moins dur qu'en théorie, et qu'avec un seigneur juste, bon et craignant Dieu, la situation des paysans était quelquefois plus facile et plus douce que celle de beaucoup de nos paysans émancipés. Les pouvoirs discrétionnaires et absolus sont plus funestes encore à ceux qui les exercent qu'à ceux qui les subissent, et si tous les

cœurs droits ont dû applaudir à l'abolition du servage en Russie, c'est autant dans l'intérêt de la justice et de la dignité humaine et dans celui des maîtres, que dans l'intérêt des serfs eux-mêmes.

Rostopchine ne croyait pas à la possibilité, du moins immédiate, de l'émancipation absolue des serfs; il ne la désirait point, parce que, bon et juste pour ses paysans, il n'en voyait pas les inconvénients pratiques. Quant aux principes naturels, politiques et sociaux qui eussent exigé cette mesure, les folies et les crimes de la Révolution française les lui avaient rendus plus que suspects. Il partageait avec beaucoup d'hommes de son temps le tort d'envelopper dans une même réprobation tous les actes et toutes les doctrines de cette Révolution, aussi bien ce qu'elle avait pris dans la tradition et dans le christianisme que ce qu'elle avait enfanté d'elle-même. Il confondait les réclamations si sages et si modérées de beaucoup des cahiers des trois ordres, avec la déclaration des droits de l'homme, et les réformes rendues indispensables par les abus de l'ancien régime, avec les destructions radicales et insensées dont la France souffre encore après un siècle, et dont peut-être elle ne se guérira jamais.

Il croyait qu'entre le despotisme et l'anarchie il n'y a pas de milieu, et il était encouragé dans cette idée par le spectacle tout récent de la France se jetant éperdue aux pieds et dans les bras d'un soldat victorieux, et ne lui demandant que l'ordre et la sécurité, en échange de toutes ses libertés sanglantes et déshonorées. Il ne comprenait pas que le césarisme ou le czarisme et le gouvernement révolutionnaire, c'est tout un, et qu'entre Marat ou Robespierre et Ivan le Terrible, il n'y a guère qu'une différence de temps, de formule et de nom.

Il faut dire, pour expliquer cette erreur dans une intelligence aussi forte et aussi haute, que les temps et les circonstances y prêtaient singulièrement. La paix et la prospérité qu'il voyait régner en Russie constrastaient vivement avec les convulsions de la France bouleversée de fond en comble et bouleversant tout autour d'elle en Europe. Né sous le règne de l'impératrice Catherine, qui gouvernait ses peuples avec douceur et modération, il vivait alors sous le sceptre plus doux encore et plus modéré d'Alexandre. L'empereur Paul lui-même, qu'il jugeait avec l'indulgence du dévouement, n'avait jamais versé le sang, savait entendre les plus rudes vérités, et fut un maniaque plutôt qu'un tyran. En ce temps-là, la liberté de conscience régnait de fait en Russie. On pouvait quitter l'Église russe pour l'Église catholique, sans s'exposer à la persécution et à la perte de ses droits. Les Jésuites, chassés de France par le roi Très Chrétien, expulsés d'Espagne par Sa Majesté Très Catholique, trouvaient à Saint-Pétersbourg, sous Catherine, Paul et Alexandre, un asile honoré, un patronage bienveillant, et, ce qu'on leur refusait ailleurs, la liberté de vivre et de faire vivre les âmes. Enfin, les Polonais, conservant leur nom, leur langue, leurs institutions nationales, n'étaient pas forcés de choisir entre leur foi et leur honneur ou la Sibérie.

Rostopchine était donc excusable de soutenir le principe d'une autorité absolue dont il ne souffrait pas comme sujet, dont il faisait peu souffrir les autres comme maître et père de famille. Il aimait la justice, il prisait la vertu, méprisait le vice, et la bonté de son cœur était un refuge toujours ouvert contre sa violence naturelle. Ses emportements étaient fréquents, mais rapides ; sa femme, ses amis, le chérissaient. Ses paysans l'aimaient plus qu'ils ne le craignaient, et s'il eut des ennemis, ils lui vinrent, non pas de son cœur, qui était noble et tendre, mais de sa franchise même, de sa haine vigoureuse de la bassesse, et des circonstances extrêmes qui traversèrent sa vie. Ils lui vinrent aussi et surtout, il faut le dire, de la causticité de son esprit. « N'ayant pu jamais, a-t-il dit de lui-même, me rendre maître de ma physionomie, je lâchai la bride à ma langue, et je contractai la mauvaise habitude de penser tout haut. Cela me procura quelques jouissances et beaucoup d'ennemis. »

Ce fut en effet la principale cause de ces calomnies et de tous ces récits malveillants qu'on a imaginés sur son compte, et que les historiens ont propagés en les répétant. On a fait de lui une sorte de despote maniaque et sauvage devant qui tout tremblait, et cette opinion est si accréditée qu'on sera tenté de m'accuser de complaisance mensongère ou du moins de paradoxe, en m'entendant affirmer qu'il fut le meilleur et le moins barbare des hommes. Tel est cependant le témoignage unanime de ceux qui vécurent dans son intimité, de ses enfants, de ses amis et aussi de ses lettres, où ces sentiments vivent et éclatent à tout moment avec une énergie et un accent de vérité impossibles à méconnaître. Les années qu'il passa à Voronovo sont pleines de ces témoignages qui sont heureusement arrivés jusqu'à nous, et c'est en puisant à ces sources certaines que je chercherai à le montrer tel qu'il fut.

Le personnel de Voronovo était très considérable. Tout un monde de domestiques se partageait le service du château : la besogne n'en était que plus mal faite, chacun se renfermant strictement dans son ouvrage. Mais cette profusion de serviteurs oisifs est une des mille obligations de la coutume, véritables chaînes de ceux qui sont censés libres parce qu'ils sont maîtres. Le nombre des domestiques de Voronovo, à l'époque que je raconte, s'élevait à près de cent. Au-dessus d'eux et sans compter les intendants qui, dans cette cour au petit pied, jouaient le rôle de ministres, vivaient plusieurs autres personnes, hôtes du château à divers titres et à divers degrés, plus ou moins utiles, plus ou moins aimés des maîtres de la maison. Les lettres du comte Rostopchine les peignent en traits vifs et naturels qui font revivre tout ce monde évanoui.

C'étaient d'abord l'écuyer Rachvitz, appelé de Berlin pour diriger ses haras, et le vétérinaire prussien Reiner, préposé à la santé des chevaux et des immenses troupeaux qui remplissaientses fermes. Reiner, jeune homme aimable, instruit, était aussi agréable au salon qu'indispensable à l'écurie. Il causait bien, jouait du violon, et joignait à ces qualités une passion, très compatible d'ailleurs avec son flegme allemand, celle de la dissection. Il disséquait tout ce qui lui tombait sous la main : « Prévenez la comtesse N... d'être sur ses gardes, écrivait le comte Golovine à son ami, en lui envoyant de Berlin ce redoutable anatomiste. La lancette et le bistouri de Reiner ne respecteraient pas la petite fille du maréchal, et il pourrait la mettre en pièces. »

Cette comtesse N..., dont il est souvent question dans les lettres du comte Rostopchine, était un autre commensal de Voronovo. Recueillie chez lui par bonté depuis près de dix ans, elle rêvait innocemment le mariage, sans que jamais ce long rêve se réalisât. Agée alors de trente-quatre ans, douée de peu d'esprit, sentimentale comme une Allemande, dépourvue de toute fortune, elle semblait

L'INTENDANT DU CHATEAU DE VORONOVO

Peint à l'aquarelle d'après nature, par Monseigneur de Ségur.

destinée à mourir vieille fille. Elle se maria cependant, à Voronovo même, en l'année 1805, et voici comment :

Après beaucoup d'hésitations et de recherches, le comte Rostopchine avait fini par trouver pour son fils Serge un précepteur français qui semblait lui offrir toutes les garanties désirables : « Ce Français dont je t'ai parlé, écrivait-il à un de ses amis, est enfin arrivé, et nous prions Dieu tous les jours pour qu'il reste tel qu'il est maintenant. Il est très savant, a été élevé par son oncle qui était premier professeur du dauphin, et lui-même enseignait au prince la géographie et la géométrie. Il a amené avec lui sa fille, une charmante enfant de neuf ans, dont il fait l'éducation et qui ne l'a jamais quitté. Il a quarante et un ans et sa méthode d'enseignement est parfaite. »

Ce monsieur d'A... était l'époux que la Providence avait conduit de France en Russie pour combler les vœux de la petite-fille du maréchal N... Elle ne dérogeait pas en l'épousant, il était gentilhomme.

Un an après son arrivée à Voronovo, le comte Rostopchine écrivait : « Nous avons une singulière révolution dans notre maison. Ce même d'A... dont je t'ai si souvent parlé, homme véritablement d'esprit et de principes honorables, à la sourdine et sans que personne l'ait remarqué, est devenu amoureux, ou, pour mieux dire, s'est décidé à épouser la comtesse N... Cette vieille et pauvre créature a perdu l'esprit, si on peut dire cela d'elle. Ce qu'il y a de plus étonnant, c'est que ce Français, qui a de sa première femme une fille de onze ans, qui est plein de connaissances et qui connaît l'humanité à fond, est amoureux de cette folle, dit qu'il redoute d'avoir une vieillesse solitaire, qu'une femme n'a pas besoin d'esprit, etc. Enfin, pour ne pas avoir l'embarras de chercher encore un autre précepteur pour Serge, je me suis décidé à unir ce couple infortuné, et à le garder chez moi. »

On voit qu'il était de bonne composition et qu'il possédait à un haut degré la vertu d'hospitalité. Mais cette fois, à son grand regret, il ne put l'exercer longtemps. « La comtesse N... et son promis d'A..., écrit-il un peu plus tard, sont depuis trois semaines à Moscou. Ce sage, dans lequel la folie a pris le dessus, se fait sujet russe, sans doute en vue de quelques avantages. Cela retombe sur moi qui vais avoir des embarras imprévus pour trouver un nouveau gouverneur... Je croyais leur rendre un grand service en les gardant chez moi après leur mariage, car ils auraient eu où reposer leur tête, mais il est devenu de plus en plus susceptible, croyant toujours qu'on veut lui manquer.... » Bref, ils se marièrent, demeurèrent trois mois environ à Voronovo, puis un beau jour s'enfuirent *à la française* : « Quant au Français, il est parti pour Pétersbourg avec sa N..., sans dire même adieu ! »

En admettant que les ennuis causés au comte Rostopchine par ce mariage, ses préliminaires et ses suites, l'aient rendu trop sévère pour les nouveaux époux, il faut avouer qu'il n'eut guère à se louer de ce précepteur ni de cette protégée, et qu'ils répondirent par une étrange reconnaissance à toutes ses bontés. Les hôtes de Voronovo n'étaient pas tous de la même humeur et ne quittaient pas le château de la même façon. Le docteur Kraft, depuis longtemps médecin de la famille, était pour elle un véritable ami. Il habitait le château avec sa femme et ses enfants, et quand il quitta le comte Rostopchine, il fut doublement pleuré par lui, car ce fut la mort qui l'arracha de ses bras. C'était un homme excellent, Allemand de naissance, médecin distingué, que Rostopchine avait déterminé à s'attacher exclusivement à son service en l'installant à Voronovo. Quoique cette terre ne fût éloignée de Moscou que de treize lieues, il était impossible de s'y passer d'un médecin à demeure. En ce temps-là, la route qui mène de Voronovo à la vieille capitale était à peine tracée, et il fallait une grande journée pour faire ce trajet en voiture. La santé du comte Rostopchine, aussi bien que celle de sa femme et de ses enfants, nécessitait des soins continuels. Dès cette époque, il souffrait du foie, de l'estomac, et se plaignait de violents rhumatismes. Dans la plupart de ses lettres, il parle de ses misères physiques avec une certaine préoccupation, et jusqu'à la fin de sa vie, malgré sa constitution robuste, il traîna ce cortège de souffrances qui lui laissaient bien peu de répit. Ses habitudes étaient cependant sobres, et même rudes. Il ne couchait jamais que sur un canapé, et, comme plusieurs de ses compatriotes, il avait horreur d'entrer dans un lit. Il a raconté lui-même, dans son opuscule sur l'incendie de Moscou, qu'au moment de la crise suprême, il resta vingt nuits de suite sans se déshabiller, et, pour ainsi dire, sans prendre de repos.

Le bon Kraft était pour lui, non seulement un secours nécessaire, mais une société qu'il goûtait fort et un compagnon de tous les instants. Il parle souvent dans ses lettres de son brave docteur, et rien n'est plus touchant que la manière dont il raconte sa mort, qui arriva au mois de mars 1804. « Nous sommes tous, écrit-il le 28 février, plongés dans la plus grande inquiétude à cause de la maladie de Kraft. Il s'est refroidi, et n'étant pas encore remis, est sorti ; et maintenant il est couché avec une pleurésie. On l'a saigné deux fois, et malgré les médicaments et des transpirations abondantes, il va de plus en plus mal et s'affaiblit d'heure en heure. Tu connais l'homme, son savoir, son attachement pour nous tous, et tu peux facilement te représenter mon état et celui de ma femme. Tout homme a à subir des pertes dans sa vie; mais celle-là sera terrible pour moi. On peut se consoler de la mort d'un ci-devant ami, qui a trompé la confiance qu'on avait en lui. Mais perdre un ami respectable, spirituel et indispensable, qui de jour en jour nous devient plus cher et prend place dans notre âme, c'est un chagrin éternel. Enfin, c'est la volonté de Dieu ; nous oublions trop souvent que nous ne sommes que poussière et pensons être immortels ! »

Ses pressentiments se réalisèrent bientôt ; et dix jours après, le 9 mars, il écrivait : « .... Je ne suis pas en état de te donner des consolations, et j'aurais payé cher pour t'avoir ici, afin d'essuyer les larmes qui coulent de mes yeux. Voici cinq jours que j'ai perdu mon respectable Kraft ! Après neuf jours de souffrances atroces, causées par une inflammation des intestins, il a terminé une vie uniquement consacrée au bien de l'humanité. Ma femme et moi, nous le pleurons comme un ami, comme un homme dont l'existence nous était indispensable. Quoique j'aie tout de suite écrit à Pétersbourg et que j'en attende un médecin, pourra-t-il jamais posséder le savoir et avoir pour nous l'affection du vertueux Kraft ? Cet événement m'a tellement bouleversé (car ma femme lui doit la santé et Serge la vie) que j'ai pris la résolution de vendre mon somptueux Voronovo, et au printemps, ayant mis ordre à mes affaires, de m'en aller pour plusieurs années.... Ma femme ne se porte pas très bien, et moi, je suis à trembler pour elle, pour les enfants, et tout entier sous l'impression de la fin de cet homme estimable qui est mort dans mes bras et dont j'ai à consoler la femme et les enfants; je ne suis pas encore parvenu à me remettre un peu. Adieu ; sois persuadé que ta vie et ton amitié, dans ma position, sont ce qui m'est et me sera toujours le plus précieux. »

Ces lignes si simples et si touchantes n'ont pas besoin de commentaires, et suffisent, ce me semble, à faire connaître et aimer celui qui les a écrites, comme celui dont elles racontent la fin. Le bon Kraft eut des successeurs, mais ne fut jamais remplacé : Rostopchine ne retrouva dans aucun autre le même savoir, ni surtout le même dévouement. Il renonça cependant au projet extrême de vendre Voronovo, formé dans la première violence de son chagrin. Mais il acheta un hôtel à Moscou, et depuis cette époque jusqu'en 1812, il partagea son temps entre la campagne et la ville.

Son affection pour Kraft et les larmes que lui coûta sa perte montrent assez comment il comprenait l'amitié. Nul n'éprouva plus que lui les douceurs et les souffrances de ce sentiment qui ne se développe que dans les grandes âmes, et qui les console et les déchire tour à tour. Ses trois amis les plus chers furent le comte Simon Voronsow, le comte Golovine et le prince Tsitsianow, qu'il perdit longtemps avant les autres et qu'il paraît avoir le plus tendrement aimé. Les lettres qu'il lui écrivit de 1803 à 1806 ont été conservées, et c'est dans cette correspondance que nous avons puisé et que nous puiserons encore pour faire connaître ses sentiments, ses pensées et ses occupations à cette époque tranquille de sa vie. Son cœur, son esprit, son amour de la patrie, de sa femme et de ses enfants, la noblesse de son âme et l'élévation de son caractère, y éclatent à chaque ligne, et je voudrais pouvoir la publier tout entière : cette publication suffirait à l'éternel honneur de son nom.

Le prince Tsitsianow, dont malheureusement les lettres sont perdues, devait avoir une grande âme, à en juger par celles que lui adressait son ami. Nommé général en chef de l'armée du Caucase et gouverneur de la Géorgie, il remplit cette double tâche avec honneur et avec gloire, prit Ganja et périt au commencement de l'année 1806, victime d'une odieuse trahison. Rostopchine avait coutume de l'appeler son chevalier sans peur et sans reproche. A la fin d'une de ses lettres, il lui écrivait : « Adieu, mon Bayard, né trop tard ! »

En quittant Voronovo et en embrassant son ami pour la dernière fois, le prince Tsitsianow n'avait pu se défendre d'un douloureux pressentiment. Il avait par avance composé son épitaphe, et prié Rostopchine de la faire graver sur une pierre qui devait, le cas échéant, lui tenir lieu de tombeau. Cette pierre subsistait encore, il y a quelques années, dans le parc de Voronovo. En voici l'inscription traduite du russe en français ; elle a la double beauté de la sagesse antique et de l'espérance chrétienne :

J'ai voulu être honnête
Et marcher d'après la loi divine.
Ce n'est que la mort seule
Qui m'a donné le vrai bonheur.

Dans les premières lettres du comte Rostopchine à son ami, il est souvent question de ses expériences agricoles et de ses haras, si souvent même que Tsitsianow lui interdit, en plaisantant, de lui reparler de ce sujet. Incapable d'oisiveté, il avait voulu utiliser ses loisirs en développant l'agriculture dans ses vastes domaines et en donnant l'exemple de méthodes nouvelles et de progrès qu'il croyait

réalisables. Il fit venir des hommes et des machines d'Angleterre, d'Écosse et de Hollande, dépensa beaucoup d'argent, de temps et d'énergie à lutter contre les obstacles qui l'entouraient, mais en vain. Il fut obligé de se reconnaître vaincu, et recula devant deux ennemis tout-puissants : la routine et la nature. Ses haras réussirent mieux, et, avec son habituelle générosité, il en fit profiter gratuitement les contrées environnantes. Le prince Tsitsianow lui envoya, à plusieurs reprises, du Caucase, des juments et des étalons, et les nouvelles de ces belles et nobles bêtes tiennent une certaine place dans leur correspondance.

Il y est aussi question de politique, et nous y reviendrons.

Mais ce qui remplit ces lettres et déborde de toutes parts, c'est la tendresse profonde et inquiète de son âme. Il semble qu'en partant son ami lui ait laissé ses sombres pressentiments : « Je voudrais, lui écrivait-il, que ma main droite se desséchât, pour avoir signé la réunion de la Géorgie à la Russie, réunion que j'ai préparée étant ministre des affaires étrangères, et qui est la cause qui me fait trembler maintenant pour tes jours. »

Ouvrons et parcourons ces lettres ; nous y retrouverons dans presque toutes le même sentiment, en même temps que des révélations curieuses sur les mœurs et l'opinion publique en Russie, à cette époque.

Le 25 mars 1803, il lui écrit : « Voici trois postes que je ne reçois pas de lettres de toi. Je sais que tu es très occupé, accablé d'affaires, mécontent ; mais ayant pris l'habitude de me tourmenter toute ma vie sur le compte de mes amis absents, ton silence m'inquiète. Comme parmi les nombreux défauts dont la nature m'a gratifié, la fausseté heureusement n'a pas trouvé de place, je te dirai franchement que si deux postes se passent encore sans m'apporter de lettres, je serai forcé de souhaiter que tu aies été malade, car je ne pardonnerai pas à un ami en bonne santé de rester un mois entier sans trouver cinq minutes pour donner de ses nouvelles. Si je te connaissais moins, j'aurais pu attribuer ton silence aux affaires, au manque de temps, à l'éloignement, mais avec toi, c'est impossible. Quel profit peux-tu retirer de me brouiller avec le genre humain ? — On me dit que l'empereur parle souvent de toi avec intérêt et lit tes rapports avec plaisir. Dieu fasse que ces marques de faveur n'irritent point contre toi ceux desquels on ne dit rien, et qui sont à la recherche des approbations qu'ils ne méritent pas ! »

Le 28 avril : « Si nous parvenons à faire accepter à l'Imérétie de se ranger sous notre sceptre, non seulement tu auras fait une chose glorieuse pour le moment, mais tu auras rendu pour l'avenir un immense service à la Russie et à la Géorgie. J'avais toujours cette idée dans la tête, mais je t'avoue que je la considérais comme une chimère, connaissant la manière d'agir et de penser de tous ceux des nôtres qui gouvernent des provinces éloignées, où on n'a plus peur de la canne de Pierre le Grand. Que vont faire les Khans de Derbent et de Bakou ? Cette route-là est plus sûre que celle que le prince Potowski projeta d'édifier de la Tauride à Constantinople.... Le printemps a commencé de bonne heure, je suis fort affairé à la maison, dans les champs, avec les haras, et comme l'homme passe sa vie à s'agiter, je paye ce tribut à la nature. Travaille aussi, et trouve ta récompense dans le succès et dans l'approbation de six personnes, mais ne compte pas sur plus..... Dieu te garde ! »

Le 3 juin : « Voici encore trois postes que je ne reçois pas de lettres de toi, mon cher ami; cependant je ne m'inquiète pas beaucoup, sachant combien tu es occupé, car tu prends tout à cœur et tu ne ressembles pas à tant d'autres. La mort de l'infortuné Lazarow (tué au Caucase) n'a produit aucune impression : à Pétersbourg on était trop occupé du jubilé, et à Moscou d'un aérostat dans lequel devait s'envoler un Nubien. S'il est difficile de bien vivre, il est encore plus difficile de mourir à propos; si on ne choisit pas pour partir un moment où le monde est inoccupé, on se comporte envers vous comme avec un mendiant à qui chacun dit : « Tu m'ennuies, je n'ai pas « le temps de penser à toi.... » Adieu, mon ami, que Dieu te protège; tu as de l'honneur dans l'âme; de l'esprit dans la tête, de la vaillance dans le cœur, et le reste tu le trouveras dans ma maison. »

Le 2 juillet : « Enfin, ta lettre du 13 du mois passé a dissipé mes inquiétudes et m'a rendu joyeux en apprenant que tu te portes bien. Je ne sais s'il faut te féliciter ou non au sujet de l'ordre de Saint-Alexandre : Ewséef prétend avoir vu un courrier qui te portait une plaque en diamants. Cette marque de faveur, éclatante à la lumière, ne me satisfait cependant pas autant que si je voyais rendre enfin justice à ton esprit, à ta noblesse et à ton âme : excuse-moi de dire ce que je pense; c'est une habitude, et ce n'est pas pour la dernière fois. Cet animal d'O...., envoyé ou plutôt exilé au Caucase, a répandu à Moscou le bruit qu'il était chargé de faire une enquête sur la mort de Lazarow et que tu as agi fort légèrement dans toute cette affaire. Mais le chien aboie et le vent emporte, et le temps chez nous est à la tempête.... Adieu, ma femme et moi t'embrassons affectueusement; que Dieu te garde!

Pardonne à nos ministres de ne pas savoir la géographie; peut-être que leurs cartes sont mal faites, et ils ont honte de demander des renseignements : c'est naturel. »

Le 15 août : « J'ai reçu ta lettre du 20 juin. Tu sais bien, cher ami, que la dépravation des mœurs est arrivée à un tel point chez nous qu'il n'y a plus rien de sacré. Il en résulte qu'un honnête homme qui sert loyalement son souverain et sa patrie, et qui remplit les devoirs que lui impose sa conscience, ne peut s'attendre qu'à voir ses bonnes intentions méconnues, à éprouver en tout des refus et à être persécuté. On peut mépriser toutes ces avanies, mais alors il faut quitter le service, renoncer à être utile et faire le sacrifice de sa propre personne. Je n'avais pas besoin de ta lettre pour deviner les raisons qui te rendent les ministres hostiles; une seule chose peut te faire rester à ton poste, c'est le bien de la patrie de tes ancêtres. Mais sachant à présent dans quelle position tu te trouves, je n'ose pas, ou plutôt j'ai peur de te donner des conseils, pour n'avoir pas à regretter plus tard de t'avoir déterminé à rester au service.... »

Le 17 septembre : « Ta dernière lettre m'a tellement affligé que je suis toujours à réfléchir sur ta triste position. Ma femme, étant entrée dans ma chambre au moment même où je la lisais, a remarqué un changement dans mon visage et a voulu en connaître la cause. Je lui ai donné à lire ta missive et j'en ai été bien au regret, car cela la consterna tellement que pendant trois jours elle a eu mal à la tête et la fièvre. Ton espoir et le mien sont en Dieu : il t'a déjà sauvé des dangers, des assassins et des machinations de tes ennemis, il faut espérer qu'encore une fois il améliorera ta situation. J'écarte de moi toute idée d'un malheur, et je ne pense qu'à te revoir ici au printemps, libéré pour toujours du service, qui, pour quelques heures de satisfaction, t'a causé des désagréments continuels et a mis ta vie en péril. Je t'assure que je redoute une chose, c'est que, d'après tes principes, tu ne trouves honteux de demander ton congé quand le pays qui t'est confié est dans un état si malheureux. Je crains moins pour toi les maladies que les suites des sensations que tu dois éprouver et les souffrances physiques causées par les agitations de ton âme. Quand tu me seras rendu, et bien portant, je te demanderai alors si tu comprends quel devait être l'état dans lequel je me suis trouvé durant quatre années consécutives, pendant lesquelles j'ai eu continuellement à lutter contre l'envie, la jalousie et le manque d'honneur de mes collègues, et où j'avais encore à vaincre la haine de tout le monde contre le défunt monarque....

« Ma femme se dépêche de terminer l'arrangement des chambres du bel étage qu'elle te destine, et pour la consoler je la laisse dans la persuasion que tu arriveras au mois de décembre.... Z... a passé par Moscou et a dit qu'il n'allait pas à Tiflis parce que la peste y régnait : cet échappé de la potence n'a pas envie de mourir ; il désirait fort me voir, mais Dieu m'a sauvé d'une rencontre avec lui. Nous nous portons tous bien, l'automne est magnifique et je suis constamment occupé de mes essais agronomiques. Cela commence bien, et j'espère, outre que j'en retirerai du profit, être en cela utile à mon pays.... Adieu, rappelle-toi en Géorgie qu'à Moscou et à Voronovo tu as des parents et des amis, et que ton arrivée sera pour nous une vraie fête. »

Le 4 novembre : « Hier, j'ai été d'abord effrayé à l'apparition de ton courrier, mais ensuite j'ai été bien heureux d'apprendre que tu étais en vie. Pourquoi supposes-tu que j'aie cru possible d'empêcher la peste de s'étendre ? Je sais que quand l'homme se livre au sentiment de la peur, il n'écoute plus aucune voix et repousse tous les moyens qu'on veut employer pour le sauver, ne se fiant pour son salut qu'à sa seule personne. C'est un malheur que ce fléau ait apparu quand la contrée commence seulement à s'organiser, et ce qui m'effraye, c'est qu'occupé du bien public, tu ne prends pas de précautions pour toi-même. Cette dernière réflexion m'a été inspirée par les récits de ton courrier, qui m'a dit que chacun pouvait t'approcher, et que tu remplis en conscience le serment que tu as prêté de servir sans ménager ta personne. Mais s'il est rare de voir dans le siècle où nous vivons un pareil dévouement, il est honteux de penser qu'on ne lui rend pas justice ! Dans quelle triste position tu te trouves ! entouré de moribonds et de morts, n'ayant pour toute société qu'un botaniste ! Pourvu que ce dernier puisse du moins te distraire un peu et employer son savoir à chasser tes idées noires ! J'ai eu, étant malade à Hanovre, en 1787, un médecin qui était grand amateur d'anatomie, et qui m'a fait sentir qu'il serait très curieux de disséquer mon corps, parce que les hommes du Nord, disait-il, ont un système nerveux tout à fait particulier. En continuant d'interroger ton courrier, j'ai appris que tu manquais des choses les plus nécessaires et que souvent tu n'avais pas même de sucre !

.... Tu as beaucoup de volontaires chez toi, à ce qu'il me paraît, et parmi eux le fils de mon ancienne idole, le comte S... ; mais ayant vu depuis comment il s'est conduit à Pétersbourg, et ayant appris sur son compte plusieurs particularités secrètes, du rang de Dieu, je l'ai fait descendre à celui d'idolâtre. Son fils a passé par Moscou sans daigner visiter mon humble retraite. Autrefois, j'en aurais été chagriné, mais à présent, je me dis : « Le monde « est le monde, et les hommes sont des hommes.... » Adieu, mon ami, que Dieu te protège ! finis tes affaires et reviens au plus vite consoler tes parents et tes amis. J'ai un voisin fort ridicule, qui demeure chez moi, et je te procurerai le plaisir de faire sa connaissance. »

Le 16 décembre : « La journée d'hier m'a procuré la joie de recevoir de toi deux lettres à la fois. Dieu veuille que tu en finisses promptement et que tu prouves que ce que tu me proposes est possible pour qui se conduit avec honneur et zèle.... Les personnes qui arrivent de Pétersbourg prétendent que tu es en grande estime de la part de l'empereur, mais cela me rappelle le mot de Louvois, à qui un solliciteur présentait une pétition apostillée par Louis XIV : « C'est la plus mauvaise recommandation « que vous puissiez avoir. »

« Tout ce temps-ci, j'ai été troublé et agité par la maladie et la mort de Nébalsine : il avait confiance en moi, m'a recommandé sa femme, et j'ai été deux fois à Moscou lui offrir mes consolations. Il s'est éteint avec une force d'âme extraordinaire ; ne pensant plus à lui parce qu'il avait toute confiance en la miséricorde de Dieu, il ne s'occupait que de l'avenir de sa femme et du sort de ses gens ; les pleurs et les regrets de ces derniers remplaceront pour lui la plus belle des épitaphes.... Adieu ; moi, ma femme et les enfants, nous t'embrassons de tout notre cœur. Tout en étant ravie de tes succès, ma femme regrette bien que tu sois forcé de rester encore dans ce pays, pour y compléter l'œuvre commencée. La destinée de chacun sur la terre est tracée par Dieu, et on ne peut s'y dérober. Je te serre dans mes bras et j'aurais donné cher pour être avec toi, aimant à prendre ma part des souffrances de mes amis et à leur appartenir complètement. Que Dieu te garde ! »

Vers le commencement de l'année 1804, Rostopchine apprend que son ami a pris l'importante ville de Ganja, et qu'il a obtenu de ses troupes la modération dans la victoire et le respect des vaincus. Dans un transport de joie et d'admiration où sa grande âme se révèle tout entière, il lui écrit :

4 février 1804. « Gloire à Dieu, gloire à toi ! non parce que sans artillerie tu as pris le Gibraltar asiatique ; non parce qu'aux lauriers d'Ostchakow et d'Ismaël tu as ajouté ceux de Ganja ; mais parce que tes prières et les accents de ta belle âme et de ton noble cœur ont pénétré dans les esprits de tes soldats, et de tigres déchaînés en ont fait des êtres humains et sensibles ! Je suis persuadé que sur le champ de bataille tu pensais avec joie que tu pourrais bientôt quitter le service, et que, dans le fond de ton cœur, tu répétais avec la langue du grand Frédéric, ces paroles : « Mon Dieu, quand finirez-vous mon tourment ? » A présent, il s'agit de savoir comment sera accueillie ta supplique : recevras-tu un congé honorable, ou bien te forcera-t-on, par des récompenses, à rester à ton poste ? Ta lettre te ressemble, et je vois par la date qu'elle a été écrite avant l'assaut. Tant mieux, que tu quittes tes fonctions après un si bel exploit et que tu quittes à ton successeur, non le souci de s'emparer d'une forteresse, mais seulement le soin de la garder. J'aime beaucoup le style de ta relation ; on y reconnaît la plume qui a tracé le rapport sur la prise de Grodno, qu'on a tant vanté et dont on a dit : « C'est exemplaire et sans exemple. » Je trouve aussi très heureuse cette phrase : que la miséricorde du souve-

rain a pénétré dans le cœur des soldats, tout irrités qu'ils fussent. Si tu avais été présent quand je lisais ta lettre et ta relation, tu te serais convaincu que je te connais et que je te comprends. Mes pleurs auraient arrosé ton visage et ta main. Mais j'espère que nous aurons encore souvent dans la vie l'occasion de nous consoler et de nous faire pleurer mutuellement.

« .... Comment s'est comporté le jeune S... ? Je ne puis me déshabituer d'aimer son père, quoique depuis son retour dans notre patrie commune, il me semble toujours avoir glissé du sommet d'une montagne. Ma femme te félicite et est tout heureuse ; moi, j'ai fait chanter un *Te Deum ;* il ne te reste plus qu'à te bien porter. Notre santé à tous est bonne, mais quand je vais à Moscou, j'en reviens toujours chagriné par ce que j'ai vu et entendu. La dépravation des mœurs a atteint les personnes qu'on croyait les plus sages, et la folie s'est emparée de toutes les têtes. Des femmes mûres dansent tous les jours de la semaine en faisant vis-à-vis à leurs filles, et les vieillards ne font que se griser. Tout le monde crie et personne n'écoute.... Je crains bien que les idées philosophiques ne crèvent la digue de notre tranquillité et ne portent atteinte à la puissance de notre pays. Les mineurs sont en grand nombre, les trous sont profonds, et il n'y a personne qui soit capable de les combler.... Je ne sais vraiment quand tout cela finira, et je ne comprends pas comment, parmi toutes ces têtes grises et chauves, il ne s'en trouve pas une qui pense à l'empereur, et qui lui fasse comprendre nettement et catégoriquement à quoi tout cela aboutira...

« Adieu au vainqueur de Ganja ! Quand tu auras tout arrangé, procuré du bien-être à tes troupes, consolé les prisonniers, avalé ta gloire, digéré les compliments et craché sur l'envie, alors, rappelle-toi que tu as un ami qui aime les chevaux et que tu lui feras un grand plaisir en lui procurant des juments persanes et un étalon, soit arabe, soit turc, mais de basse taille et non soprano.... Que Dieu te garde. Je te félicite de nouveau et suis flatté que mon ami exécute ce que je supposais chimérique et impossible. J'ai fait le commencement sur le papier, et tu réalises mes projets en action : l'un n'est rien et l'autre est tout, et cependant notre fin sera la même : un congé et du repos, si Dieu le permet. »

Le 15 avril : « Ta dernière lettre, en me tranquillisant sur ta santé, m'a plongé dans de nouvelles inquiétudes, car je ne prévois pas de fin à tes entreprises. Je ne doute nullement que tu réussisses en tout, mais la conquête de l'Imérétie et de la Colchide exige des préparatifs comme pour la guerre de Sept ans, et ayant tout à organiser et manquant d'aides, j'appelle cela des travaux d'Hercule. Il nettoya, il est vrai, les écuries d'Augias, mais chez nous le fumier ne sert qu'à engraisser les employés qui écorchent la peau des honnêtes gens.

« .... Ta lettre à l'empereur est aussi sensée et digne que sont fortes les raisons qui te poussent à demander impérieusement ton congé, mais je crois qu'on ne te permettra pas de t'en aller, et je suis fondé à le croire d'après la lettre de Kotschoubey, qui parle de toi comme on doit en parler. Il ajoute que l'état de sa santé et de ses affaires demande qu'il aille au printemps dans ses terres, et la suite est facile à comprendre. Quand chez nous un homme en place se plaint continuellement de coliques, cela veut dire qu'on l'envoie à la garde-robe. Kotschoubey ne connaît pas assez la Russie pour être un bon ministre de l'inté-

UN GROUPE D'ENFANTS RUSSES

D'après une aquarelle de Monseigneur de Ségur.

rieur; mais, pour être juste envers lui, il faut avouer que son cœur et son âme sont nobles, et qu'avec ces qualités il peut être utile à son souverain et à sa patrie. »

Le 3 mai : « De nouveau, voici trois postes sans nouvelles de toi, et par conséquent deux semaines que je me tourmente. Quelquefois, malgré les avantages futurs que présente la réunion de la Géorgie à la Russie, je me blâme d'avoir accompli cet acte ; mais on ne peut tout prévoir d'avance, et je me console en me disant que, si tu es maintenant presque toujours exposé aux balles et aux flèches, tu aurais pu, dans toute autre position, être blessé par les turpitudes et les intrigues des fils des hommes. Je voudrais, pour toi et pour moi, que tu finisses aussi glorieusement que tu as commencé et que tu vinsses te reposer, mais cela me paraît problématique.... Ta dernière lettre m'a touché, mais tu dois convenir que mes raisons de partir pour l'étranger sont sensées ; ma femme est souffrante et ne se soutient que par une vie rangée et tranquille, les enfants ne vont pas très bien, et nous n'avons plus notre soutien et notre espoir, le bon Kraft. Il est de mon devoir de prendre mes précautions contre tout ce qu'il est donné à l'homme de prévoir. Si tu reçois ton congé, les eaux et les bains ne te feront pas non plus de mal, et mes projets peuvent s'accorder avec les tiens. Excepté les sept années que nous avons passées ensemble, tu as demeuré à la campagne, et moi, pendant ce temps, j'étais condamné aux travaux forcés à Pétersbourg ; ensuite, nos rôles se sont intervertis, et c'est toi qui fais maintenant le métier de galérien. Je suis heureux d'avoir en toi un ami qui, si l'heure de la mort sonne pour moi en premier, sera le soutien de ma femme et le protecteur de mes enfants. Mais, si le sort permet que nous nous réunissions à l'étranger, alors la Russie sera toujours avec nous. »

Le 12 juin : « Ta lettre a mis fin de la manière la plus agréable à mes inquiétudes, et le résultat final de tes expéditions a prouvé que l'empereur a eu la main heureuse en la mettant sur toi : tes envieux doivent maintenant chercher d'autres moyens pour te forcer à quitter le service, qu'ils savent rendre si désagréable pour ceux qui s'y dévouent comme toi. Je trouve que la façon dont tu tiens ton serment est la plus efficace. Pour beaucoup de gens, l'affût d'un canon est le plus bel autel, et un boulet la meilleure des éloquences, et tu t'en es servi avec succès contre le roi Salomon d'Imérétie ; mais il faut, après avoir conquis ce pays, assurer son bien-être, de façon que cela tourne à la gloire de la religion, et je désire vivement que cette tâche laborieuse, pour ne pas dire presque impossible, te soit confiée. Pour ceci, l'esprit et les forces humaines sont impuissants.... J'ai reçu ta lettre dans un de ces heureux instants où j'étais sain de corps et calme d'esprit, au milieu des champs, et j'ai pu lire ce que tu me disais sans que rien vînt empoisonner mon bonheur. J'ai remercié Dieu de toutes les façons, je suis rentré dans ma maison bénie, le visage encore humide de larmes, et je me suis empressé de faire partager ma joie à ma femme dont tu sais priser l'estime et l'affection. Je trouve ta lettre, par rapport aux récompenses, bien écrite et à propos. Plusieurs diront : A quoi bon demander quand on est sûr d'être refusé ? Mais il faut cependant faire la différence entre ce qui est grâce et ce qui est dû, et il vaut mieux qu'un homme honorable fasse sentir à l'empereur qu'il a méconnu le mérite, que de laisser penser qu'il veut offenser ses plus braves serviteurs.... »

Le 29 juin : « Ayant laissé tous les miens à Voronovo,

je suis parti pour faire une tournée dans ma terre de Livna ; j'y resterai encore trois jours et m'en retournerai directement vers mon lieu d'asile, où se trouvent ma femme, mes enfants, par conséquent tous les éléments du bonheur.... A dix verstes d'ici, trois jours avant mon arrivée, il s'est passé un événement tragique ; il est à souhaiter qu'il effraye nos propriétaires campagnards et qu'il corrige la dépravation de leurs mœurs. Un officier de la garde, en retraite, ne vivait pas avec sa femme, et avait pris à un paysan la sienne, à l'instigation de laquelle, depuis deux ans, il tourmentait ce malheureux de toutes les façons. Enfin ce pauvre homme perdit patience, se cacha dans le jardin, près d'un pavillon, et quand son seigneur y vint avec sa belle, il le tua et le mutila ; ensuite, malgré les supplications de sa femme, il lui coupa les deux seins, lui releva et lia sa jupe au dessus de sa tête, et l'assit au pied d'un arbre. Il a tout avoué, est fort gai, et ne cesse de répéter : « A un chien une mort de chien. »

« ..... Il est bien pénible pour moi, mon ami, que tu sois toujours si occupé que tu n'aies pas le temps de m'écrire plus souvent. Je suis presque toujours à me tourmenter sur ton compte, et quand je n'ai pas d'inquiétude je me demande quand je te reverrai et si ce sera pour longtemps ! Enfin, c'est la volonté de Dieu, à laquelle doit se soumettre tout être qui pense... Que Dieu te garde : ayant béni ton âme, il sauvera ton corps et te rendra à tes amis qui t'attendent impatiemment. »

Le 25 octobre : « La journée d'hier a été pour moi mémorable, en ce qu'on m'a apporté de Moscou l'heureuse nouvelle que tu es vivant et de retour à Tiflis, après avoir pris la forteresse d'Érivan ; à présent, étant tranquillisé sur ton compte, j'attendrai avec moins d'impatience que tu m'écrives. Tu peux te figurer les tortures que j'ai éprouvées, en n'entendant dire pendant six mortelles semaines que les phrases suivantes : « Il n'y a pas de nou-« velles du prince Tsitsianow ; toutes les communications « sont interrompues ; un régiment de cosaques a été taillé « en pièces dans les montagnes, le schah l'a battu, l'Imé-« rétie est en révolution, » etc. Voilà ce qui tuait ton sincère ami et ce qui m'a fait maudire bien des fois la minute où j'ai entrepris de réunir la Géorgie à la Russie... Enfin, gloire à Dieu qui t'a protégé! Tes envieux mordront leurs langues, les trompettes sonneront, les Allemands devront se borner à fumer leurs pipes, et tes amis auront le cœur et l'âme pleins de joie... Békleschow te défendait de toutes ses forces : je ne l'aime pas, mais cela ne doit pas m'empêcher de dire la vérité sur son compte....

« ... J'ai une prière à t'adresser ; tu m'as parlé avec compassion de ton cheval favori qui s'est estropié ; si tu ne penses plus t'en servir, mais qu'il soit en état de faire le trajet au printemps, fais m'en cadeau afin qu'il ait chez moi ses invalides. Je trouve que ce n'est pas assez d'être reconnaissant envers les hommes, il faut aussi l'être envers les animaux ; cette pauvre bête sera chez moi choyée et bien soignée, et finira dans mes écuries ses jours dont une partie t'a été utile. Adieu, je n'ai pas de conseils à te donner, car à présent tu es lié à jamais avec la Russie et avec son souverain, qui est un Crésus par ses bonnes intentions, mais un Lazare dans leur exécution. Que Dieu te protège ! »

Je dois abréger ces citations déjà bien longues, malgré les détails intéressants qu'on y trouve sur la conquête de la Géorgie, dans la crainte d'étendre outre mesure cette partie de mon récit, et je me contenterai de prendre quelques passages des dernières lettres de cette correspondance qu'interrompit la mort du prince Tsitsianow.

Le 30 mai 1805 : « On m'écrit de Moscou qu'on vient de t'envoyer un jeune prince Gagarine, officier aux chevaliers-gardes, en punition d'un duel. Je suis d'avis qu'envoyer un jeune officier en Géorgie, là où commande le prince de Tsitsianow, ce n'est pas une punition, mais une récompense. Je me rappelle qu'à vingt ans je me frappais la tête contre la muraille, parce que je ne parvenais pas à obtenir la permission d'aller assister au siège d'Otschakoff. Depuis quand être envoyé là où on se bat, passe-t-il pour une punition ? Si ce jeune homme est le fils du prince Serge, je t'en prie, remplace près de lui son père ; c'est un orphelin qui promettait beaucoup dans son enfance. »

Le 26 juin : « Il est aussi sûr qu'il n'y a pas sur la terre un individu auquel la nouvelle de tes succès ait fait plus de plaisir qu'à moi, qu'il est certain que je suis l'ami de mes amis et l'ennemi de leurs ennemis. La conquête de tout l'Indoustan n'ajouterait rien à ta gloire et à tes mérites, mais chacun de tes triomphes sert à fermer la bouche à la canaille qui aboie après toi... Maintenant le chevalier de Saint-Georges, comme son héroïque patron sur son cheval blanc, fera mordre la poussière à ses détracteurs, et les têtes se découvriront devant l'immortel guerrier. Pardon, je sais que tu n'aimes pas les compliments... Adieu, mon ami et celui de tous les gens honorables. Permets-moi de te laver la tête pour ce café que tu prends pendant la nuit : il vaut mieux avoir la tête lourde pendant une journée que de faire une maladie d'une semaine. »

Le 11 octobre : « J'ai reçu ta dernière lettre et je m'inquiète bien moins de ta maladie que de te savoir entre les mains de mauvais médecins, d'autant plus que, pour te guérir, il te faut du calme et du repos, et tu es dans la géhenne. Dieu seul peut te sauver et te consoler, et comme tu espères en lui, il te récompensera dans la vie éternelle pour ta vie d'ici-bas!... »

Le 15 décembre: « J'ai lu et relu plusieurs fois ta lettre avec attention, j'ai bien médité ma réponse, et je vais te dire mon opinion en vrai ami. Ton mécontentement est légitime et motivé par le désordre que tu trouves en tout, mais il ne doit pas te faire renoncer à la gloire que tu peux encore acquérir, et au bien que tu peux encore faire. Renoncer au commandement en te disant malade n'est pas digne de toi, et je suis persuadé que cette idée n'a pu entrer dans ta tête que dans un moment d'effervescence, ce que je conçois mieux que personne. Quand tu sauras complètement le triste état des affaires (c'était peu de jours après la bataille d'Austerlitz), tu reviendras sûrement sur ta résolution; car c'est le propre des grandes âmes de se sacrifier par amour pour la patrie, et jamais la nôtre n'a eu plus besoin de toi que dans ce moment... »

Enfin, le 24 janvier 1806, il lui adresse cette dernière lettre que le prince Tsitsianow ne dut recevoir que peu de jours avant sa mort: elle respire une tristesse patriotique et semble se ressentir de l'approche de la catastrophe qui allait lui ravir à jamais son ami:

« .... Si ton expédition réussit et que tu prennes la ville de Bakou, il me paraît que tu pourras redemander ton congé, car, alors même que tout ce que tu demandes te serait accordé, les affaires n'en marcheraient pas mieux. Araskischeff a gâté toute l'artillerie, et non seulement elle n'a pu agir à Austerlitz, mais elle a été prise; malgré cela, il est toujours en grande faveur... Parmi ceux qui ont été récompensés pour cette belle affaire, se trouvent quatre courriers. Mon Dieu ! Malgré que j'aime bien ma patrie et que le cœur me saigne en contemplant ce qui se passe, maintenant je suis devenu bien plus calme, car je vois que Dieu seul peut nous sauver. Tout tombe en ruines, et en s'écroulant écrasera la malheureuse Russie. La flotte n'existe plus. En temps de paix, l'année passée, il manquait quatre millions au budget. A l'armée, il n'y a ni généraux ni officiers, et l'esprit même des soldats n'est plus russe. Le sel manque dans trois gouvernements ; les paysans battent les gouverneurs, tout le monde vole, on en est revenu au point de recevoir pour procureurs des Allemands qui ne savent pas le russe, et l'empereur cependant ne pense qu'à faire du bien et serait incapable de faire du mal, même à une mouche... Je serais bien fâché que quelques-unes de mes lettres ne te parvinssent pas ; si tu les as toutes reçues, il me paraît que tu ne pourras m'accuser de paresse... Adieu, je te serre contre mon cœur et j'attends l'arrivée de ta démission ; ce sera le signe de la prise de Bakou et le commencement de ton repos. Adieu ! »

Ce repos dont Rostopchine était si avide pour son ami et qu'il lui souhaitait sans cesse, le prince Tsitsianow y touchait, mais c'était dans la mort qu'il allait le trouver. Avant de commander à ses troupes l'assaut de la citadelle de Bakou qu'il tenait assiégée, il voulut, pour prévenir l'effusion du sang, tenter une dernière démarche, et envoya sommer le khan de se rendre. Celui-ci feignit d'y consentir ; il lui indiqua, comme lieu de rendez-vous, une hauteur qui séparait la ville des troupes russes, lui demandant d'y venir sans escorte et promettant de s'y rendre de même. Tsitsianow, avec la confiance d'une grande âme, accéda à cette proposition, et se trouva à l'heure et au lieu indiqués, accompagné seulement d'un aide de camp et d'un interprète ; il était descendu de cheval à quelque distance et avait laissé ses chevaux à deux cosaques. Le khan arriva de son côté avec son neveu ; deux hommes les suivaient. A peine la conversation commençait-elle à s'engager, que ces deux misérables tirèrent sur Tsitsianow et son compagnon, les tuèrent sur place, et emportèrent leurs têtes à Bakou. Aucune lettre du comte Rostopchine n'ayant été conservée de cette époque à 1814, on ne peut savoir l'impression que lui causa cette fatale nouvelle : mais il est facile de la deviner ; il suffit pour s'en rendre compte de se rappeler cette phrase qu'il écrivait au prince Tsitsianow lui-même, à l'occasion de la mort de Kraft : « On peut se consoler de la mort d'un ci-devant ami qui a trompé la confiance qu'on avait en lui ; mais perdre un ami respectable, spirituel et indispensable, qui de jour en jour devient plus cher et prend place dans votre âme, c'est un chagrin éternel ! »

Est-il besoin, maintenant qu'on connaît son cœur, de dire de quelle tendresse passionnée celui qui aimait ainsi ses amis, entourait sa femme et ses enfants ? Nous pourrions en trouver mille témoignages touchants dans cette correspondance à laquelle nous avons déjà fait tant d'emprunts. Les délicatesses, les joies, l'enivrant orgueil de l'amour paternel et de l'amour conjugal y éclatent à chaque page ; parfois, il trouve des termes neufs et tout aimables pour les exprimer : « Les enfants grandissent et *charmantissent*, » écrit-il quelque part. Il s'étend sans cesse sur leurs grâces, sur leur esprit, sur leur bonté naissante. Voici le portrait qu'il envoie d'eux à son ami ; on sent qu'il est tracé avec une complaisance paternelle : « Serge fait des progrès étonnants en géographie et en histoire ; il connaît celle de

PAYSANS RUSSES: UN GROUPE DE JEUNES MARIÉS

la Russie, grâce à sa mère, comme le doit un Russe; il a des dispositions pour le dessin, est très fort en arithmétique et parle aussi couramment que le russe, le français, l'anglais et l'allemand. Il aime passionnément la lecture, mais on l'empêche de s'y trop livrer, vu qu'il est faible de constitution, et cela lui donne même un peu de timidité. Pour la figure, à l'exception de la couleur des yeux, c'est le portrait de sa mère. Il est entêté comme moi, quand on veut lui faire faire quelque chose de force, mais il est sensible aux raisonnements et a un cœur excellent. Natascha [1] a une très jolie figure qui pétille d'esprit, et raisonne souvent au-dessus de son âge; elle a un joli style, et, à l'exemple de sa mère, aime toujours à être occupée. Sophalette [2], ayant la santé d'une campagnarde robuste, remplit les fonctions de bouffon. Elle est remplie d'intelligence et aime à inventer des historiettes auxquelles personne ne comprend rien. Ayant fait une fois une faute en copiant dans un livre, elle s'imagina de corriger le livre même: mais l'encre fit une tache et son crime fut ainsi découvert. Sa mère lui disant un jour qu'on ne pouvait déchiffrer son écriture, elle lui répondit: « Mais qu'avez- « vous besoin de lire ce que j'écris? vous avez tant de livres! » Dans une maladie qu'elle a eue, Natascha nous touchait extrêmement. Chaque fois qu'on lui donnait une médecine ou qu'on arrangeait son oreiller, elle s'efforçait de nous baiser les mains, en disant: « Je vais mieux, allez « vous reposer! » Encore un trait de Sophie: ayant entendu la petite d'Alonville louer l'écriture de ma femme et dire: « Quand je serai grande, j'écrirai aussi bien, » elle devint toute rouge, se fâcha et lui répondit avec vivacité: « C'est

1. Depuis Mme Narischkine.
2. Depuis comtesse de Ségur.

« joli! vous êtes une petite fille, et vous voulez écrire comme maman, qui est une dame savante! » Il faut te dire que mes filles ont cela de commun avec moi, qu'elles sont emportées. Natascha sait se retenir, mais la cadette se laisse aller à des mouvements d'impatience, malgré les sermons qu'on lui prodigue. Une fois, elle laissa passer des mailles en tricotant un bas, en devint au désespoir, et se mit à dire : « A présent, je ne peux plus vivre, je dois « mourir, et je mourrai. » Sa sœur lui ayant fait remarquer que ce qu'elle disait était mal et un grand péché, elle lui répondit à travers ses larmes : « Dieu me pardonnera ; je « suis une malheureuse. »

Son âme inquiète tremblait toujours pour ces êtres si chers qui remplissaient sa vie. « J'ai tellement pris l'habitude, écrivait-il, d'être entouré de ma femme et de mes enfants, que c'est avec désespoir que je les quitte, quand je suis forcé, pour affaires, de m'absenter de quelques jours. » Dans une de ces courtes absences il fit un rêve qui l'éprouva cruellement : « Je vais te faire la confession de ce que tu appelleras faiblesse, sottise, comme tu voudras. Étant arrivé de bonne heure, je me suis aussitôt couché, et j'ai eu trois fois de suite un rêve dans lequel je recevais une lettre de mon père qui m'écrivait de Voronovo que ma femme avait été tuée dans une de ses promenades. J'ai été terriblement affecté de ce rêve, bien que mes songes ne veuillent jamais rien dire et ne soient jamais devenus des réalités. Mais il s'agissait ici de ce que j'ai de plus cher au monde, du plus grand bonheur que Dieu m'ait accordé sur la terre. Adieu, moque-toi de ma frayeur, mais plains-moi de l'avoir éprouvée. »

Enfin, dans des notes de voyage écrites vers cette époque, je trouve ces paroles singulièrement touchantes qui donnent la mesure de son affection et de son estime pour sa femme : « Il me fallut partir, puisque les médecins m'expédiaient aux eaux. Je ne pris congé de personne ; il est triste de dire adieu à ceux qui vous intéressent, on veut toujours ajouter : au revoir dans l'autre monde. Comme on peut mourir à chaque instant, il est naturel de former ce souhait chaque fois. Mon départ fut pénible ; ceux qui connaissent ma femme le concevront. Mais j'étais exempt d'inquiétudes sur le compte de mes enfants, ils restaient avec leur mère, qui est leur mentor, leur sauvegarde, leur exemple et leur protecteur auprès de l'Éternel ! »

Le lecteur me pardonnera de m'être étendu si longuement, trop longuement peut-être, sur cette période de la vie de Rostopchine, la plus ignorée et la plus heureuse, et d'avoir mis en lumière, autant que je l'ai pu, tout un côté inconnu ou, qui pis est, méconnu de sa grande âme. On sait maintenant, je l'espère, ce qu'il fut comme ami, comme époux et comme père, et de quelle manière il passa ces six années de retraite que plusieurs historiens ont supposé bien gratuitement avoir été si lentes et si lourdes à son ambition.

A partir de 1806 jusqu'à la fin de 1812, c'est le citoyen qui va reparaître et dominer. Nous allons le voir rentrer dans la vie politique, d'abord par ses écrits, ses démarches, son influence sur l'opinion publique, puis par ses importantes fonctions, enfin par son rôle décisif dans les événements qui ont fait de l'année 1812 une des dates les plus mémorables de l'histoire de l'Europe et du monde.

CHAPITRE V

Vues politiques du comte Rostopchine. — Politique étrangère. — Politique intérieure. — A partir d'Austerlitz et d'Iéna, il prévoit une guerre à outrance entre la Russie et la France et se prépare à rentrer dans la vie publique. — Écrits littéraires et politiques. — Sa comédie : *le Mort vivant*. — Pensées à haute voix sur le Perron rouge, pamphlet contre la France. — Son immense retentissement dans toute la Russie. — Conversion au catholicisme de la comtesse Rostopchine et de ses sœurs. — Faveur et disgrâce de Michel Speranski. — Le comte Rostopchine est nommé gouverneur général de Moscou. — 1807 à 1812.

Dans sa retraite de Voronovo, le comte Rostopchine ne regrettait rien de la cour. Il y avait passé près de dix années, dont les quatre dernières au centre de la faveur et des passions : c'était plus qu'il n'en fallait pour l'en dégoûter à jamais.

« Comprends-tu, écrivait-il au prince Tsitsianow, l'état dans lequel je me suis trouvé durant quatre années consécutives, pendant lesquelles j'ai eu continuellement à lutter contre l'envie, la jalousie et le manque d'honneur de mes collègues, et où j'avais encore à vaincre la haine de tout le monde contre le défunt monarque ? »

Et un peu plus tard, détournant son ami d'accepter une haute fonction près de l'empereur Alexandre : « Tu as bien une idée générale de cette machine qu'on nomme *la Cour*, mais tu n'as jamais été un de ses ressorts, et j'ai peur que, sans pouvoir être utile à ta patrie, tu ne te fasses des ennemis implacables qui t'assassineront par leur langue et par leurs actions. Il me semble déjà te voir lever un doigt en l'air et t'entendre me dire : « En voilà encore un qui est bien ! » Crois-en mon expérience, c'est une science douloureuse à acquérir que d'apprendre à mépriser les hommes. »

Mais s'il ne regrettait pas la cour, il ne pouvait se désintéresser de la politique ni de l'amour de son pays. Il aimait passionnément la Russie, il croyait à sa grandeur, à son avenir, à la force de ses générations. Il voyait l'Europe entière en travail de décomposition ou de reconstitution ; les destinées de sa patrie dépendaient, à ses yeux, du rôle qu'elle jouerait dans cette partie formidable. Sentant sa valeur personnelle, dans toute la force de l'âge (il avait trente-six ans à peine à la mort de Paul Ier), il était impossible que l'inaction ne finît point par lui peser, et il suivait les événements d'un regard et d'un cœur anxieux, attendant le moment où il pourrait mettre de nouveau au service de son pays sa haute intelligence et sa rare énergie.

A l'intérieur, les tendances libérales de l'empereur Alexandre l'inquiétaient. Il n'aimait pas les constitutions, il n'y croyait pas. Ne venait-il pas de voir la France en dévorer quatre ou cinq en moins de dix ans ? S'il se fût borné à croire que les constitutions ne s'improvisent ni ne s'importent, et qu'elles ne remplacent pas chez un peuple les mœurs et les vertus, son erreur n'eût pas été grande. Mais il allait plus loin, et il ne pensait pas qu'il y eût autre chose à changer dans la forme du gouvernement russe que la manière dont on s'en servait. Ou plutôt il eût bien accepté des institutions garantissant des droits politiques à la noblesse et la transformant en aristocratie ; mais il rejetait absolument les institutions démocratiques que la Révolution française venait d'inaugurer dans le crime et le sang. Dans une lettre, apocryphe ou non, peu importe, publiée par le *Moniteur* le 1er novembre 1812, comme adressée par Rostopchine à l'empereur Alexandre, et trouvée dans l'hôtel du gouverneur de Moscou, on lit cette phrase qui renferme bien l'expression véritable de sa pensée : « ... Toutes ces mesures, tous ces armements de la nation, inouïs jusqu'à présent, s'évanouiront en un clin d'œil, si le désir d'acquérir la prétendue liberté soulève le peuple pour la ruine des nobles, seul but de la populace dans tous les troubles et dans toutes les révolutions. Cette classe d'hommes se livrerait aujourd'hui d'autant plus facilement à des excès, qu'elle a l'exemple des Français et qu'elle y est préparée par ces funestes lumières dont la conséquence inévitable est la destruction des lois et des souverains. »

Rostopchine voulait donc que la Russie restât russe et qu'elle n'allât pas prendre des modèles de constitutions en France ni en Angleterre. Il la voulait chrétienne, pratiquant les vertus civiles et domestiques, fidèle au culte de l'honneur, énergique dans la guerre, soumise dans la paix : c'était là son rêve et son erreur. Car si les peuples peuvent se passer de constitution, ils ne peuvent se passer d'institutions, et la Russie n'en avait pas. Les lois, impuissantes à suppléer aux mœurs, contribuent à les garder et à les maintenir ; mais il n'y a pas véritablement de lois là où le souverain est le seul législateur et le chef suprême de la religion et des consciences. La Russie a vécu longtemps de la vieille foi et de la vieille moralité de son peuple. Le jour est venu, et elle le sent, où il lui faudra mettre cette foi et cette moralité mêmes avec toutes les choses de la patrie, sous la garantie d'institutions sérieuses.

A l'extérieur, Rostopchine avait aussi sa politique, fort raisonnable à mon sens, et conforme aux véritables intérêts de son pays. Elle ressort clairement de sa correspon-

PAYSANS DE MOSCOU

D'après une aquarelle de Monseigneur de Ségur.

dance avec le prince Tsitsianow, et peut se résumer en deux mots : neutralité armée entre la France et l'Angleterre, l'une et l'autre lui paraissant également dangereuses pour la Russie, la première par ses idées révolutionnaires, la seconde par sa puissance prépondérante et toujours croissante en Orient. Il ne poussa à la guerre contre la France qu'après les campagnes de Friedland et d'Eylau, quand il vit que la puissance et l'ambition de Napoléon menaçaient la grandeur et l'existence même de la Russie. Alors il devint son ennemi implacable, et sa colère ne tomba qu'avec l'Empire. Mais, dans les premiers temps du Consulat, il était plein d'admiration et de sympathie pour le premier consul ; en politique, il inclinait vers lui, et même après la mort du duc d'Enghien, malgré l'horreur que ce crime lui inspira, il fit des vœux ardents pour que la Russie ne se laissât pas entraîner dans une nouvelle coalition dont l'Angleterre seule devait retirer tous les fruits.

Ces sentiments apparaissent très nettement dans ses lettres au prince Tsitsianow, de 1803 à 1806, époque où la mort du prince mit fin à leur correspondance.

Le 3 juin 1803, il écrit : « Comme les prétentions de l'Angleterre sont folles, elle aura la guerre. Golovine m'écrit de Paris que les Français sont mécontents et voudraient la paix, ce que je crois. Il n'y aura pas moyen pour eux d'user de représailles, et ils seront forcés de regarder du rivage comment les Anglais pilleront sur mer. Bonaparte n'a rien à gagner avec eux. Le ministre anglais ne tient pas plus à la vie des hommes qu'à la queue des chevaux... »

Et un peu plus tard, le 4 novembre : « Les nouvelles de Pétersbourg sont à la guerre avec la France, et cela sera un sacrifice fait à l'amour du comte Voronsow pour le peuple anglais. Quel profit pouvons-nous retirer de cette guerre ? Si Bonaparte, en envahissant le Hanovre, a manqué à notre empereur qui avait garanti la constitution de l'Allemagne, c'est bien plus à son chef, l'empereur d'Allemagne, qu'à nous, qu'il appartient d'entrer en lice. En attendant, les Anglais ne veulent pas rendre Malte. La Prusse ou ne bougera pas ou nous trompera. Les Autrichiens seront battus à plat par les Français en une seule campagne, et nous nous battrons pour quoi ? pour qui ? C'est comme cela ! »

Le 30 mars 1804, en apprenant la démence du roi d'Angleterre et la conspiration de Georges Cadoudal, dont l'opinion faisait remonter la complicité jusqu'au gouvernement britannique, il écrit : « Tu verras par les gazettes dans quelle position critique se trouve l'Angleterre.... Cette crise fera peut-être époque et amènera la décadence de cette puissance qui ne fait que commettre des brigandages et qui défend de crier au voleur. Certainement Pitt n'aurait pas fait la paix d'Amiens, et s'il l'avait signée il n'aurait pas recommencé de sitôt la guerre. Remarque comme il est difficile de périr par la main des assassins, quand il n'y a pas de haine particulière contre l'homme : tout le monde en veut à Bonaparte, mais il n'a causé le malheur d'aucun individu personnellement, et tous ceux qui veulent l'assassiner par ambition pensent trop à leur sûreté personnelle... Je ne connais rien de plus révoltant que la politique anglaise ! »

L'établissement de l'empire en France ne l'étonne ni ne l'irrite.

« Je viens d'apprendre à l'instant, écrit-il le 3 mai, qu'il est arrivé à Saint-Pétersbourg un courrier avec la nouvelle de l'acceptation par Bonaparte du titre d'empereur des Français et de roi d'Italie... Il fait ainsi revenir les Français à leur première forme de gouvernement, les ayant déjà habitués à son despotisme. Je ris de ce que les hommes ne veulent jamais convenir qu'ils ont été fous, et cela ne valait pas la peine de faire périr deux millions d'individus, de décapiter toutes les autorités, de bouleverser tout et de commettre mille horreurs sacrilèges, pour faire d'un capitaine un empereur et un roi. »

La nouvelle du meurtre du duc d'Enghien l'indigne : « La mort du duc d'Enghien est un de ces coups de foudre qui abasourdissent ; elle impose le désir de faire des représentations à Bonaparte, pour l'empêcher de troubler la sécurité générale... On ne peut régner longtemps par la terreur, car elle engendre le désespoir ; c'est une maxime à laquelle les souverains ne veulent pas croire, malheureusement. »

Néanmoins, il n'appelle pas de ses vœux une guerre contre la France, il la redoute, au contraire : « Les événements en France, ajoute-t-il, le titre d'empereur pris par Bonaparte, la mort du duc d'Enghien et les préventions des deux frères Voronsow, tout cela nous entraînera inévitablement dans une guerre qui ne peut nous causer que du dommage. Semen Romanowitsch conclut ou a déjà conclu un traité avec l'Angleterre, dans un moment où il serait à désirer que cette puissance ainsi que la France fussent parfaitement convaincues de notre stricte neutralité, ce qui serait le seul moyen de faire cesser la guerre entre elles. »

Le 21 septembre 1804, sur la nouvelle d'une rupture imminente avec la France, il développe en ces termes ses regrets, ses désirs et ses craintes : « Il me paraît que nous aurons bientôt une autre guerre : notre chargé d'affaires à

Paris a quitté cette ville... En attendant, les têtes couronnées s'amusent entre elles à se donner de l'avancement. Un général de brigade a sauté d'emblée empereur, un autre a été déclaré héritier présomptif de la couronne. Le roi de Prusse veut aussi devenir de première classe. Tu vas voir quelles prétentions exhiberont tous ces courfistres et tous ces princillons allemands. Il faut s'attendre qu'à l'occasion de l'avènement au trône de Bonaparte, il y aura en Europe un avancement général. Je t'assure que je ne suis pas du tout tranquille, connaissant l'esprit turbulent de ce Napoléon : dans sa fureur, il inventera un moyen de se venger cruellement de nous. Nous pouvons sauver l'Angleterre, elle ne peut nous rendre le même service... Pourquoi casser les vitres, quand nous n'avons pas envie de nous battre ? Pourquoi aller au secours des Allemands, quand leur chef lui-même se tait et ne pense qu'à pêcher du poisson ? Pourquoi nous fâcher de la mort d'un prince français, quand nous avons consenti à la paix d'Amiens, par laquelle la moitié de l'Italie est assujettie à la France, et le roi de Sardaigne réduit à mendier, le sac au dos ? Mais tous les empires ont eu leur temps de gloire ; il paraît qu'il est passé pour nous et que celui de l'humiliation est venu... J'en reviens toujours à mon ancienne opinion que la Russie, la Prusse et l'Autriche peuvent forcer la France à rentrer dans ses anciennes limites, mais l'Angleterre jamais, si on se borne à lui faire la guerre en Europe. Pour atteindre l'Angleterre, il faudrait partager la Turquie d'après mon ancien plan, c'est-à-dire prendre pour nous la Moldavie et la Roumélie avec Constantinople ; donner le reste à la Prusse et à l'Autriche, qui feraient en même temps des échanges de territoires ; faire de la Grèce et des îles une république, et donner l'Égypte à la France.

Ensuite, envoyer cinquante mille hommes, sous ton commandement, à travers la Perse dans l'Inde, et y détruire de fond en comble toutes les possessions anglaises. »

Ce plan, comme on le voit, ne manquait ni de grandeur ni de portée politique : c'est celui de tous les vrais hommes d'État de la Russie depuis près d'un siècle. L'Orient étant leur objectif, l'Angleterre est leur première ennemie. Qui sait si le vingtième siècle n'en verra pas la réalisation !

Rostopchine revient sur cette idée, le 20 mars 1805 ; avec un remarquable esprit de prévision, il écrit à son ami : « D'après les paroles d'Adam (le prince Czartoryski, ministre d'Alexandre) : « Dans six mois nous saurons à quoi nous « en tenir au sujet de la Porte, » on peut supposer qu'on n'attend que le moment favorable pour commencer le partage de la pourriture ottomane : mais il est impossible que tous les gouvernements soient aveugles au point de ne pas s'apercevoir des desseins ambitieux de Bonaparte. On vient d'envoyer à Berlin le général Vinzengerode, pour y demander une réponse positive, et comme il est sûr que les Prussiens ne voudront pas se frotter aux Français, la Russie deviendra de nouveau un instrument de la politique anglaise et fera une guerre inutile. Ne voulant pas reconnaître Bonaparte comme empereur après l'avoir reconnu comme premier consul ; n'ayant pas soufflé mot à la maison d'Autriche qui d'une couronne élective a fait une couronne héréditaire, malgré que nous ayons été signataires et garants du pacte de l'empire, je crains que toutes ces menées ne produisent une conflagration générale. Bonaparte, laissant les Anglais continuer leurs brigandages sur mer, se jettera sur l'Italie et s'en emparera complètement. Le roi de Prusse voudra s'arrondir en Allemagne, et Cobentzel voudra prendre la Moldavie et la Valachie. Est-ce que ce ne serait

8

pas mieux de partager la Turquie sans guerre, en donnant à la France l'Égypte ? Mais il paraît décidé par la sagesse de Dieu que Bonaparte doit être le fléau des souverains. Il s'est couronné à Milan roi des Lombards, il ne tardera pas à s'oindre à Rome avec les saintes huiles. »

Le 11 octobre, l'entrée en campagne des Russes, le départ d'Alexandre pour l'armée, le remplissent de craintes patriotiques. Il s'écrie tristement et plaisamment à la fois : « La guerre est déclarée, Dieu veuille que cela finisse bien !... Notre empereur, qui a déjà eu la rougeole et la petite vérole, veut encore essayer des Anglais et des Autrichiens... Si Bonaparte n'est pas tué, ajoute-t-il, l'Europe changera encore de face, et il y aura un nouveau cadastre. »

Après la bataille d'Austerlitz, sa douleur et son indignation contre les auteurs de la coalition éclatent vivement : « La troisième coalition contre la France a été pour l'Europe plus désastreuse que les deux premières, et si Bonaparte voit la Prusse osciller, il la traitera comme l'Autriche et ne donnera pas à ses alliés le temps de venir à son secours... Il est pénible de voir comme les sottises des souverains font souffrir les peuples. Et ce François qui est parvenu à laisser périr une monarchie qui pendant deux siècles a été le centre de la politique européenne !... Je n'ai pas besoin de te dépeindre la consternation de toute la Russie ; l'insuccès, la trahison des Allemands ; le manque de nouvelles positives sur ce qui s'est passé, l'incertitude sur l'avenir, le recrutement, la mauvaise récolte, tout se réunit pour imprimer un cachet de tristesse sur la noblesse et sur le peuple. Tout le monde se tait, excepté les ministres qui se chamaillent entre eux et boivent pour s'étourdir. »

Et quelques jours plus tard, le 24 janvier 1805, dans sa dernière lettre à son ami, il s'écrie, avec un accent qui semble venir du fond de ses entrailles : « Mon Dieu ! malgré que j'aime bien ma patrie et que le cœur me saigne en contemplant ce qui se passe, maintenant je suis devenu bien plus calme, car je vois que Dieu seul peut nous sauver. Tout tombe en ruines et en s'écroulant écrasera la malheureuse Russie. »

C'est par ces douloureuses paroles que se termine sa correspondance avec le prince Tsitsianow. Cet accès de découragement fut de courte durée. La nature énergique du comte Rostopchine ne pouvait s'y arrêter longtemps. Il le domina bientôt, et loin de s'y laisser aller, il songea à le combattre autour de lui. Depuis deux ans déjà, il avait acheté un hôtel à Moscou ; il y passait les longs mois de la mauvaise saison. En rapport avec tous les personnages importants de la seconde capitale de l'empire, il se trouvait naturellement mêlé à la politique et porté à user, dans l'intérêt de son pays, de l'influence qu'il devait au grand rôle joué par lui à la cour de l'empereur Paul. Ce fut d'abord par des écrits qu'il rentra dans la vie publique, dont il vivait éloigné depuis cinq ans.

Il possédait plusieurs des grandes qualités de l'écrivain : la vivacité, l'élévation, l'originalité des pensées et du style. La mesure seule lui manquait. Il aimait à écrire, s'y était exercé souvent dans sa retraite, et se plaisait à composer des nouvelles, des comédies, habituellement satiriques, qu'il jetait au feu après les avoir lues à quelques amis. De ces nombreux écrits, deux seulement lui ont survécu : une comédie toute politique dont nous parlerons tout à l'heure, et une nouvelle, demeurée longtemps inédite, que son fils a traduite et qu'il consentira sans doute un jour à livrer à une publicité complète.

Cette nouvelle, intitulée : *Oh ! les Français !* date de 1806 ou des premiers jours de 1807. Elle est plus littéraire que politique. Cependant son titre même indique qu'elle est née de la pensée constante du comte Rostopchine de protester partout et toujours contre cette manie de ses concitoyens qui consiste à ne goûter que les choses françaises, à n'user que de la langue, des usages, des domestiques et des gouverneurs français. Je ne puis donner ici une analyse de cet ouvrage, profondément original, étincelant de verve, où l'émotion se mêle partout au sourire, et qui révèle les plus rares qualités de l'esprit et du cœur. J'en citerai seulement deux courts passages, parce qu'ils mettent en relief les sentiments intimes du comte Rostopchine, et qu'ils peignent avec une énergique simplicité deux types de ces vieux Russes dont il était si vivement épris et qui font la vraie grandeur comme la vraie force de la Russie.

DERNIÈRES VOLONTÉS D'UN PÈRE MOURANT

« Quand André Bogdanowitsch se sentit grièvement malade, il remplit ses devoirs de chrétien avec un cœur contrit, un esprit calme, une conscience nette, et possédant toute sa mémoire, il ne voulut pas prendre de remèdes, disant : « J'ai assez vécu, et il est trop tard pour me « traiter. » Ayant fait venir ses deux fils, il dit à l'aîné : « Écoute, mon cher Nicolas, tu as vingt-six ans, et tu « peux te passer de mes conseils, mais ton frère est encore « jeune. Votre mère ne restera pas longtemps avec vous, « elle me suivra de près au tombeau. Sers de père à ton « frère, fais-en un homme, surveille-le, et administre sa « fortune. Je vous laisse un bon morceau de pain et un « nom honorable. Je n'ai plus rien à t'ordonner. Priez « Dieu et observez ses commandements, vous serez honorés

LA PRIERE D'UN PAYSAN RUSSE

Dessiné d'après nature, par Monseigneur de Ségur.

« et vous ferez une fin chrétienne. » Ensuite, il bénit ses enfants, chacun avec une image, serra en soupirant sa femme dans ses bras, prit congé de ses gens, fit venir le prêtre, lui fit lire les prières des agonisants, et rendit son âme à son Créateur. La maison, le village se remplirent de gémissements, et on n'entendit plus que ces paroles : « Notre père à tous, André Bogdanowitsch est mort : « Nous avons perdu notre père ! » Ce fut son épitaphe.

ANASTASIA MATHVÉÉNA

« Cette femme respectable d'un mari vertueux vécut avec lui en paix pendant cinquante-deux ans, c'est-à-dire heureuse. Elle aimait son époux, ses enfants, et priait Dieu pour eux. Elle était à la fois grande dame, épouse, mère, amie, confidente, conseillère, ménagère, bonne et vraie chrétienne. Voyant son mari en danger de mort, elle s'alarma, perdit son sang-froid, et s'étant épuisée à force de le soigner nuit et jour, elle fut forcée de s'aliter, mais fit mettre son lit dans la même chambre que le mourant. Quant il eut expiré, elle prit la croix d'or avec des reliques qu'il portait au cou, la mit sur son cœur et se prépara à mourir. Ni les pleurs de ses enfants, de ses parents, de ses gens, ni les exhortations d'un prêtre sensé et respectable, rien ne put verser une consolation dans son âme plongée dans le deuil. Elle ne se plaignit pas, elle ne poussa pas de gémissements, elle n'éclata pas en sanglots, mais elle s'éteignit petit à petit pendant trois jours. Ses enfants furent sa seule occupation : elle les supplia d'être vertueux, de conserver la mémoire de leur père, et dit à l'aîné, en lui donnant son anneau nuptial : « Qu'il vous porte « bonheur et qu'il remplace, quand vous vous marierez, « la bénédiction que je vous donne, à vous et aux enfants

« que vous aurez. Que Dieu soit avec vous ! Il étend sa « miséricorde sur moi, pauvre pécheresse, en ne me laissant « pas seule sur la terre. » Ensuite elle regarda tendrement ses fils, mit ses mains sur leurs têtes, leva les yeux vers le ciel, prononça : « Je crois en un seul Dieu ; » mais ses forces faiblirent, son regard devint fixe et elle s'endormit du sommeil éternel.

« Les enfants étaient à genoux, leurs têtes inclinées sous ses mains. Ils se décidèrent enfin à la regarder, et virent qu'ils étaient devenus orphelins.

« Deux jours après, le même corbillard transporta deux cercueils à l'église. On ensevelit le même jour ce mari et cette femme, si dignes l'un de l'autre, et la même tombe recouvrit leurs corps. Paix éternelle, couple béni ! »

Voilà la famille russe telle que la rêvait le comte Rostopchine, telle que la lui montraient ses souvenirs d'enfance et l'expérience de son bonheur domestique. Heureuses les nations qui comptent dans leur sein beaucoup de familles de ce genre ! Leur force et leur prospérité reposent sur des bases inébranlables.

Vers la même époque, le comte Rostopchine composa et livra à la publicité une comédie qui fut jouée à Moscou avec un grand succès, et lui valut beaucoup d'ennemis et d'applaudissements. Cette comédie, intitulée : *les Nouvelles* ou *le Mort vivant*, était une vive satire d'un travers alors très répandu à Moscou, celui de propager dans les salons et dans tous les lieux publics des nouvelles inventées ou défigurées par l'exagération. On était au moment le plus critique de la lutte de la Russie contre la France, entre la bataille d'Eylau et celle de Friedland. Les bruits les plus contradictoires couraient la ville et la jetaient tantôt dans la joie, tantôt dans la consternation. Chaque jour apportait le bulletin d'une victoire ou d'une défaite imaginaires, et ces manœuvres agitaient le peuple et achevaient de troubler les têtes. La comédie du comte Rostopchine mettait en scène, sans autre déguisement que celui de leurs noms, les inventeurs et les colporteurs de nouvelles les plus accrédités, en même temps que les partisans outrés des modes françaises, qu'il poursuivait impitoyablement de ses sarcasmes. Au milieu de ces personnages odieux ou ridicules, rayonnait le type d'un vieux Russe, homme de cœur et de sens, qui flagellait les poltrons et les sots, et dont la voix, tour à tour enthousiaste et indignée, s'élevait comme celle de la patrie elle-même. Cette œuvre, non moins originale que la précédente, fut accueillie avec faveur par la grande majorité du public, et contribua à relever, dans le peuple et la société, le patriotisme et la confiance ébranlés par les revers de la coalition.

Mais des nouvelles et des comédies ne pouvaient suffire à l'ardeur du comte Rostopchine. L'amour de la Russie, le danger qui menaçait ses frontières, la pensée que ce territoire, qu'il considérait comme sacré, pouvait être foulé aux pieds par des étrangers, les terreurs et les folies qu'il voyait autour de lui, faisaient bouillonner son sang dans ses veines et l'exaltaient jusqu'à la passion. La violence de son patriotisme fit éruption et coula, comme une lave brûlante, dans un écrit emporté qui dut sortir d'un seul jet de sa plume et de son cœur, et qu'il fit imprimer à Moscou au mois de mars 1807.

Il parut sous ce titre : *Pensées à haute voix, sur le Perron rouge, de Sila Andrévitsch Bogatizew,* et se répandit rapidement dans toutes les provinces de l'empire. Il eut partout un immense retentissement, et sans doute il contribua à désigner Rostopchine au choix de la noblesse et de l'empereur, en 1812, quand il fallut donner à Moscou un gouverneur capable d'arrêter l'invasion et de sauver la patrie. Cependant, beaucoup d'hommes politiques blâmèrent la vivacité de cette brûlante improvisation et trouvèrent que l'auteur avait dépassé la mesure. Le comte Rostopchine pensait sans doute que, pour agir sur l'esprit du peuple, il est nécessaire de frapper rudement et qu'il faut ne reculer ni devant la violence de la pensée ni devant la brutalité de l'expression.

Voici, à quelques phrases près, que je supprime comme inutiles ou comme excessives, cet étrange document que le temps et les circonstances ont assez refroidi pour que je puisse le citer sans hésitation et que mes concitoyens puissent le lire sans colère.... Il ne faut pas oublier, en le lisant, que c'est un Russe qui parle à des Russes, au moment où leurs soldats sont battus à leurs portes et où le sol de la patrie est menacé d'une invasion française. J'appelle l'attention du lecteur sur le passage relatif à la Révolution et à Bonaparte : si je ne m'abuse, il atteint à la plus haute éloquence.

« Sila Andrévitsch Bogatizew, lieutenant-colonel en retraite, blessé à la guerre, chevalier des ordres de Saint-Georges et de Saint-Wladimir, trois fois choisi par la noblesse de son gouvernement pour être son maréchal, fut obligé, pour affaires de milice, de quitter la terre de Zagitovo et de venir à Toula. Là, ayant appris la nouvelle de la bataille de Pruss-Eylau, il se rendit à Moscou pour prendre des informations sur ses deux fils, son frère et son neveu, qui se trouvaient à l'armée. Ayant entendu pieusement la messe à la cathédrale de l'Assomption et fait chanter un *Te Deum* pour la prospérité de son souverain, il s'assit, par une belle journée, sur le Perron.

rouge, pour se reposer, et impressionné par les grands événements qui se passaient, préoccupé de la gloire de la Russie et par ses propres pensées, il mit ses coudes sur ses genoux, soutint sa tête vénérable avec ses mains, et se mit à dire tout haut :

« Mon Dieu, y aura-t-il une fin à tout ceci ? Reste-« rons-nous encore longtemps à imiter les singes ? N'est-« il pas temps de rentrer en nous-mêmes et de revenir à « la raison ?... Ayez pitié de nous, Seigneur ! N'avez-vous « donc créé la Russie que pour qu'elle nourrisse, engraisse « et enrichisse toute la canaille étrangère, et encore, sans « que personne dise merci à la nourrice ? Qu'il arrive un « Français échappé à la potence, aussitôt on se l'arrache ; « et lui, il fait des façons, se dit prince ou gentilhomme, « ayant perdu sa fortune pour la cause de la fidélité ou « de la foi, et il n'est en réalité qu'un laquais ou un bou-« tiquier, ou un commis de la gabelle, ou un prêtre in-« terdit, qui s'est sauvé, par peur, de sa patrie. Il fait le « dédaigneux pendant deux semaines, puis il se livre à « des opérations commerciales ou se fait précepteur, quoi-« qu'il sache à peine lire.

« Dieu miséricordieux ! Mais comment donc est-ce que « nos aïeux se passaient de la langue française ? Et ce-« pendant ils servaient avec honneur et fidélité leur sou-« verain et leur patrie, répandaient pour eux leur sang, « laissaient à leurs enfants un nom honoré, pratiquaient « les commandements du Seigneur, et tenaient leurs ser-« ments. Aussi gloire à eux et béatitude dans l'éternité !

« Qu'enseigne-t-on aujourd'hui aux enfants ? à bien « prononcer le français, à tenir les pieds en dehors et à « se friser les cheveux. Celui-là seul est spirituel et char-« mant qu'un Français prendra pour son compatriote.

« Comment peuvent-ils aimer leur patrie, quand ils sa-« vent mal même leur propre langue ! Comment feront-« ils pour défendre leur foi, leur souverain, leur pays, « si on ne leur enseigne pas la loi de Dieu, et s'ils trai-« tent les Russes d'ours ? Leur cervelle est à l'envers, « ils ont leur cœur sur la main et tout leur esprit au « bout de la langue.... Ce sont des enfants par l'esprit « et par le corps, et tels ils resteront toujours.

« Leur patrie est le pont des maréchaux et Paris leur « paradis. Ils n'ont aucun respect pour leurs parents, « méprisent les vieillards, et n'étant capables de rien, se « croient propres à tout. Dieu éternel, il est temps d'en « finir. Qu'y a-t-il de mieux que d'être Russe ? Nous ne « pouvons éprouver de honte à nous montrer ; marchons « la tête haute ; nous avons de quoi raconter. Quelles « sont ces gens qui viennent chez nous, et à qui est-ce « que nous confions nos enfants ? Pourvu qu'ils pronon-« cent bien le français, le reste nous importe peu ; nous « les laisserions souiller nos images sans sourciller. N'est-« ce pas une honte ? Dans tous les pays on apprend le « français aux enfants, mais seulement pour qu'ils le sa-« chent et non pas pour qu'il remplace leur langue ma-« ternelle. Ne nous paraîtrait-il pas étrange que la langue « russe devînt aussi à la mode dans d'autres pays que le « français l'est chez nous, et que le cuisinier Klimka, le « palefrenier Abraschka, le laquais Vovil, la blanchis-« seuse Grouschka et la fille Louschka, devinssent insti-« tuteurs et institutrices, et enseignassent à pratiquer la « vertu ? Et voilà cependant ce qui se fait chez nous de-« puis trente ans et ce qui ne finira pas bientôt. Cela nous « mènera inévitablement à mal.

« Mon Sauveur ! Mais que désirent donc les pères et

« les mères ? Nous avons tout et pouvons tout avoir : un « souverain clément, une noblesse généreuse, des mar- « chands riches, un peuple laborieux, et la Russie est « connue depuis cent cinquante ans. Elle a eu et a ses « grands hommes;... tous, ils savaient ou savent le fran- « çais, mais aucun d'eux n'a tâché de le savoir mieux « que le russe.

« Seigneur du ciel ! Vous trouvez que c'est peu ; eh « bien, écoutez encore et sachez ce que c'est que la Rus- « sie. Notre souverain a témoigné le désir d'avoir une « milice, et elle est apparue. Mais quelle milice ? vingt « mille hommes, cinquante mille hommes ? — Non, mais « six cent douze mille, habillés, chaussés, équipés, armés ! « — Et quels sont ses chefs ? — les nobles Russes, à la poi- « trine en avant, à la main ferme ! Ils ont fait tressaillir « d'orgueil les âmes de leurs ancêtres, qui ont versé leur « sang à Kazan, à Poltava, sous Moscou. Des millions « furent déposés sur l'autel de la patrie, tout le monde « s'arma, et depuis la mer de Glace jusqu'à la mer Noire, « de cœur et d'âme, tous s'écrièrent : « Nous sommes « prêts, allons et vainquons ! »

« .... Le malheur, c'est que notre jeunesse lit Faublas « et non l'histoire. S'il en était autrement, elle se serait « aperçue que toute tête française n'est qu'un moulin à « vent, un hôpital et une maison de fous... Deux maxi- « mes servent de gouverne aux Français : Tout ce qui « réussit est bien ; Tout ce qui peut se prendre est bon à « garder. Lâchez-leur les rênes, aussitôt, ils vous feront « une révolution. Que n'ont-ils pas fait pendant ces vingt « dernières années ? Ils ont tout détruit, ruiné et brûlé. « D'abord ils ont commencé par raisonner, ensuite ils « se mirent à se disputer, à s'injurier, à se battre. Ils

« ne laissèrent rien en place, foulèrent aux pieds la loi,
« exterminèrent le gouvernement, souillèrent les temples,
« firent mourir leur roi, et quel roi ! un père ! Les têtes
« se coupèrent comme des choux, tout le monde com-
« manda, les plus misérables en tête. Ils disaient que
« c'était l'égalité, la liberté, et personne n'osait ni mon-
« trer son nez, ni ouvrir la bouche. Il n'y avait que
« deux décisions : à la lanterne ou à la guillotine. Mais
« cela ne leur suffit pas d'égorger, de fusiller, de noyer,
« de torturer, de griller et de manger les leurs. Ils se
« sont mis à piller et à battre les Allemands, les Hol-
« landais, les Suisses, les Italiens et les Espagnols, leur
« disant : « Après, vous direz merci ! » Et puis vint Bona-
« parte, qui s'échappa d'Égypte, dit *chut !* et tout se tut.
« Il chassa le Corps législatif, prit tout le pouvoir en
« main, mit le harnais sur les militaires, et sur les civils,
« et sur les prêtres, et fouette cocher ! D'abord on mur-
« mura, ensuite on chuchota, puis on branla la tête, et
« l'on se mit à crier : « Assez de république, vive l'Em-
« pereur ! » Et de nouveau régnèrent la liberté et l'éga-
« lité pour tous, c'est-à-dire que chacun put également
« gémir et soupirer. Quant à lui, il se mit à courir d'un
« coin de l'Europe à l'autre, et jusqu'à présent il est
« toujours enragé. Il pilla l'Italie, détrôna deux rois,
« battit les Autrichiens, mit à nu les Prussiens ; mais il
« trouve que ce n'est pas assez et veut conquérir la terre
« entière. Quel Alexandre le Grand ! Il veut se mesurer
« avec nous ! qu'il vienne donc, il verra à qui il a
« affaire !... A Eylau, il croyait nous étonner avec sa
« garde, et nous ne lui en avons laissé de vivants que
« des échantillons.

« Gloire à toi, victorieuse armée russe, portant le glaive

« au nom du Christ! Gloire à notre empereur et à notre « mère la Russie! Salut à vous, héros russes : Tolstoy, « Kojine, Galitzine, Dochtovow, Wolkowsky, Dolgo- « rouky! Paix éternelle dans le ciel, à toi, jeune et va- « leureux Galitzine! Les jeunes gens tâcheront de t'imi- « ter, tes frères seront jaloux de toi, les vieillards pense- « ront à toi en soupirant et verseront des larmes avec « ton père et ta mère sur ton sort funeste. Triomphe, « empire russe! L'ennemi du genre humain recule de- « vant toi, il ne peut lutter contre ta force invincible. Il « est venu comme un lion furieux, croyant tout dévorer ; « il fuit comme un loup affamé et grince des dents... La « victoire est devant toi, Dieu avec toi, et la Russie der- « rière toi ! »

« Ayant ainsi épanché ce qu'il avait sur le cœur, Sila Andrévitsch leva avec enthousiasme vers le ciel ses yeux qui se remplirent de larmes au souvenir de celles qui avaient été versées pendant deux cents ans dans ce même lieu par les enfants de sa patrie. Ensuite, il se leva, jeta un regard sur le Kremlin, tira de sa poche une tabatière sur le couvercle de laquelle était incrustée une médaille frappée en commémoration de la bataille de Poltava, fit le signe de la croix, et s'en retourna chez lui, en passant par la porte du Sauveur. Que la paix soit avec toi, Sila Andrévitsch, et que Dieu t'accorde encore de longues années pleines de prospérité! »

Dans cette sorte de proclamation adressée à tout un peuple par un de ses plus illustres citoyens, la grandeur, comme on voit, se mêle à la trivialité, et l'on y rencontre, à côté des plus hautes pensées rendues avec une éloquente émotion, des sentiments et des expressions qui feraient sourire, si l'on ne se souvenait que le comte Rostopchine agit comme il avait parlé, et que le tribun de 1807 devint le gouverneur de Moscou de 1812. J'ose dire que l'incendie de Moscou est déjà en germe dans ces pages brûlantes que ses flammes semblent colorer, et certes, l'homme capable de les écrire et de les penser pouvait être dès lors jugé capable de sauver son pays, au prix même du sacrifice de toute une capitale.

Un écrivain russe, bibliophile distingué, M. Serge Poltaraski, qui a publié en 1852 une notice littéraire et bibliographique très intéressante sur le comte Rostopchine, rapporte une anecdote assez curieuse au sujet de la publication de cette brochure en 1807. Il paraîtrait qu'elle fut d'abord imprimée à Saint-Pétersbourg, à l'insu de l'auteur, par quelque libraire auquel le manuscrit avait sans doute été communiqué. Or, l'éditeur, remarquant que le nom de Benningsen ne figurait point parmi ceux des généraux russes cités comme l'honneur de la patrie, crut devoir suppléer à cette omission, et de son autorité privée ajouta ces mots : « Gloire à toi, brave Benningsen ! »

C'était à dessein que le comte Rostopchine avait passé sous silence le nom du général hanovrien. Fidèle à la mémoire de l'empereur Paul, il eût brisé sa plume plutôt que d'écrire avec éloge le nom d'un des meurtriers de son maître. Il fut très irrité de la double indiscrétion de l'éditeur de Saint-Pétersbourg, et dans l'édition, la seule authentique, qu'il publia lui-même à Moscou, il supprima le nom de Benningsen. Il ne se doutait pas que, dix ans plus tard, une susceptibilité jalouse et moins légitime que la sienne proscrirait son portrait de la galerie du palais de l'Ermitage, où figurent tous les généraux russes ayant fait la campagne de 1812. Qui oserait affirmer que, dans cette exclusion, honteuse pour ses seuls auteurs, il n'y avait point, comme dans la première, un ressentiment lointain de la catastrophe du 23 mars 1801 ?

La paix de Tilsitt, l'entrevue d'Erfürt, transformèrent pour quelque temps en alliés les Français et les Russes. Ce fut comme une poignée de main échangée entre deux combats. Ni la cordialité ni la sincérité peut-être ne manquèrent à cette tentative de réconciliation, à laquelle plusieurs crurent, en Russie comme en France. Le comte Rostopchine n'y crut jamais, et s'il cessa d'écrire pour exciter ses concitoyens à la guerre, il ne cessa pas de s'y préparer. Dans la brochure qu'il publia plus tard, en 1823, sur l'incendie de Moscou et la campagne de 1812, je trouve le passage suivant qui résume admirablement son opinion sur l'empereur Napoléon, et qui explique toute sa conduite à l'égard de la France.

« Jusqu'à la guerre de 1806, je n'avais pas plus de haine pour Napoléon que le dernier des Russes ; j'ai évité d'en parler tant que j'ai pu, car je trouve qu'on a écrit sur son compte trop et trop tôt. Les peuples de l'Europe se rappelleront longtemps les maux qu'il leur a fait éprouver par la guerre, et, dans la classe éclairée, deux générations existantes se partageront entre l'enthousiasme pour le conquérant et la haine pour l'envahisseur. Je ferai même ici franchement ma profession de foi à son égard : Napoléon a été à mes yeux un grand général après ses campagnes d'Égypte et d'Italie; bienfaiteur de la France quand il enchaîna la révolution pendant le Consulat; despote dangereux pour l'Europe, dès qu'il se fut fait empereur ; conquérant insatiable jusqu'en 1812 ; homme enivré de gloire et aveuglé par la fortune, dès qu'il entreprit la conquête de la Russie ; génie abattu à Fontainebleau et après Waterloo; et à

Sainte-Hélène, prophète Jérémie. Enfin, je pense qu'il mourut de chagrin d'avoir cessé de troubler le monde et de se voir relégué sur un rocher, pour y être dévoré par le souvenir du passé et les tourments du présent, sans pouvoir accuser personne que lui-même, ayant été lui seul l'auteur de son élévation et de sa chute. »

Avec de pareils sentiments sur le maître de l'empire français, Rostopchine ne pouvait avoir qu'une politique à l'égard de la France : attendre en silence une guerre inévitable, et préparer son pays à en sortir victorieux à tout prix. Mais, avant de raconter les graves événements qui amenèrent sa rentrée aux affaires et sa nomination au poste de gouverneur de Moscou, je dois rapporter un événement de famille qui l'émut vivement et qui faillit détruire la paix de son heureux ménage.

La comtesse Rostopchine était la joie et l'orgueil de son mari. Sa fécondité bénie ajoutait presque chaque année un lien nouveau à ceux qui les unissaient déjà. Mais une vertu manquait à ces vertus de mère et d'épouse, dont elle est d'ordinaire la sauvegarde et la couronne. Élevée à la cour de l'impératrice Catherine, sous la direction d'une tante mondaine et frivole pour laquelle la religion n'était guère qu'une affaire d'habitude et d'étiquette, elle était presque étrangère à toute conviction religieuse. La lecture des philosophes du dix-huitième siècle, très goûtés et vantés par cette cour dissolue, avait ébranlé sa foi dans la divinité du christianisme; et trop élevée d'esprit et de cœur pour n'en pas comprendre les grandeurs et les beautés, elle se bornait à regretter de n'y pas croire, et à se redire en soupirant : « Quel dommage que cette doctrine si belle ne soit pas vraie ! »

Le cours de la vie, l'épreuve qu'elle fit de bonne heure

de la fragilité des honneurs et de la vanité des choses humaines, l'influence mystérieuse et profonde de la maternité, la ramenèrent peu à peu au seuil de la foi. Des relations avec des chrétiens éminents avaient aussi préparé son retour. A Saint-Pétersbourg, elle avait reçu dans son intimité le comte Joseph de Maistre, et les *Soirées de Saint-Pétersbourg* de ce grand penseur et de ce grand écrivain renferment plus d'une page qui n'est que le souvenir et le résumé de leurs graves entretiens. Les Jésuites, qui, chassés de l'Europe catholique, avaient trouvé un accueil hospitalier près de Catherine et une bienveillance plus marquée encore près de l'empereur Paul, étonnaient alors la société russe du spectacle de leur science et de leurs vertus; la comtesse Rostopchine, comme ses sœurs, n'avait pu échapper à la sainte contagion de leur foi et de leur charité. Des études sérieuses, des lectures de philosophie chrétienne, méditées dans la solitude de Voronovo, avaient continué cet heureux mouvement de retour vers la source unique de l'espérance et de la vie surnaturelles.

Un volume apologétique assez insignifiant, que lui prêta le curé catholique de Moscou, fut la goutte d'eau qui fit déborder dans le sein de Dieu le vase déjà plein de son cœur. Le dernier voile qui recouvrait ses yeux se déchira tout à coup; la vérité du christianisme lui apparut dans sa lumineuse évidence, et son esprit droit et ferme allant d'un seul bond au terme de cette vérité, elle se dit avec une absolue certitude : « La foi chrétienne est la vraie foi, et cette foi n'est pleine et entière que dans l'Église catholique. »

Pour une âme comme la sienne, voir la lumière et la suivre était une seule et même chose. La pensée des combats et des souffrances que lui vaudrait sans doute cette résolution ne pouvait l'arrêter un instant. Les conseils et l'ordre même du prêtre qui l'avait convertie la déterminèrent seulement, malgré sa vive répugnance, à tenir sa conversion secrète pendant quelque temps, même aux yeux de son mari. Elle acheva de s'instruire, abjura la religion grecque, et fit sa profession de foi catholique entre les mains du curé de Moscou.

Elle garda le secret de sa foi nouvelle pendant huit ou neuf mois, et d'après son propre témoignage, cette époque fut une des plus heureuses de sa vie. Rien de plus curieux que le récit des précautions qu'elle devait prendre pour pratiquer sa religion sans en révéler le mystère : on croirait lire une page de l'histoire des premiers siècles de l'Église. Le curé de Moscou venait, une fois par semaine, dîner chez le comte Rostopchine, qui recevait beaucoup de monde à la ville et tenait un grand état de maison. Après dîner, la comtesse marchait avec lui comme pour causer, allant et venant d'un bout à l'autre de ses vastes appartements, et, tout en se promenant, elle se confessait. Quand ils étaient loin des regards, le prêtre lui donnait une custode en or renfermant sept hosties consacrées, qu'il avait apportées avec lui et qu'il tenait cachées sur son cœur. Elle lui rendait en échange une custode vide qu'il devait lui rapporter remplie, la semaine suivante. Munie du divin trésor, la comtesse montait seule dans sa chambre à coucher, entrait dans son oratoire qu'ornaient les images de la Vierge et des saints, suivant l'usage russe, conforme en cela à l'usage catholique, et où des lampes brûlaient nuit et jour. Elle posait la custode devant son prie-dieu, adorait le Dieu trois fois caché dont la présence changeait sa chambre en tabernacle, puis redescendait au salon, où elle reprenait, avec son esprit et sa grâce habituels, son rôle de maîtresse de maison. Chaque matin, comme les premiers chrétiens, elle consommait une hostie et se communiait elle-même; c'est dans ce commerce intime et quotidien avec son Dieu qu'elle acquit cette force inébranlable qui lui fit confesser partout et toujours sa foi, non seulement sous le règne débonnaire de l'empereur Alexandre, mais sous le sceptre terrible de l'empereur Nicolas.

Elle commença par la confesser devant son mari, et ce fut de toutes les épreuves la plus cruelle pour son courage. Elle connaissait l'attachement patriotique du comte Rostopchine pour la religion de son pays, la violence de ses premiers mouvements; la pensée qu'elle allait blesser cruellement au cœur celui qu'elle aimait, doublait l'angoisse comme le mérite de son aveu. Mais elle se sentait incapable de retenir davantage cet aveu qui brûlait ses lèvres, et elle s'accusait tout bas comme d'une lâcheté d'avoir pu cacher sa foi pendant si longtemps.

Un matin donc, après s'être fortifiée par la communion et la prière, elle entra chez son mari, et lui dit simplement : « J'ai un secret à vous apprendre. Je vais vous faire une grande peine; mais je n'ai pas été libre de vous l'éviter, car j'obéissais à la volonté de Dieu. Je suis catholique. » Il demeura immobile, silencieux, comme frappé de stupeur, et elle se retira sans qu'il eût ouvert la bouche. Pendant huit jours, il ne lui adressa point une parole, mais son œil sombre et son regard irrité disaient assez sa colère et le trouble de son âme. Au bout de ces huit jours, elle le vit tout à coup entrer chez elle avec son visage ordinaire. Il lui prit la main, l'embrassa et lui dit : « Tu m'as déchiré le cœur; mais puisque ta conscience t'ordonnait de te faire catholique, tu as eu raison de lui obéir. C'est la volonté de Dieu; n'en parlons plus. » Et en effet, il ne lui en reparla jamais.

Ce fut le seul dissentiment grave qui ait jamais troublé leur union. Dix ans plus tard, en 1816, faisant allusion à sa conversion et à celle d'une de ses filles [1], qui, de sa propre volonté, avait suivi l'exemple de sa mère, il lui écrivait cette phrase singulièrement touchante : « Tu m'as fait de la peine deux fois en vingt-deux ans, et encore, était-ce la volonté de Dieu. » Et au moment même de cette conversion, dans la *Nouvelle* dont j'ai parlé plus haut, il lui rendait ce témoignage, le plus complet que jamais femme ait reçu de son mari :

« Béni et cent fois heureux l'homme à qui Dieu a accordé une femme honnête, sensée, d'un bon caractère et sensible : elle est pour lui une maîtresse, une épouse, une amie, une confidente, une conseillère ; elle sert à ses enfants de guide et d'exemple. Elle double son bonheur, elle augmente ses joies, elle lui procure le repos, elle est sa consolation et embellit sa vie. En quittant ce monde, le mari d'une femme pareille la plaint davantage qu'il ne se trouve à plaindre lui-même. Un demi-siècle de bonheur lui a paru durer une minute, et n'ayant pas d'inquiétude sur le sort de ses enfants auprès desquels elle le remplacera en tout, il ne demande à Dieu qu'une seule grâce, c'est qu'elle vive encore longtemps. Voilà une union où tous les jours sont marqués par le contentement mutuel et par de communes actions de grâces envers le Seigneur. Exemple digne d'envie, mais rare, bien rare ! Cependant, il s'en trouve chez nous, et je l'ai décrit sans sortir de ma maison. »

Une fois le secret de sa conversion connu de son mari, la comtesse Rostopchine n'eut pas de cesse qu'elle n'en eût fait part à ses sœurs. Une d'elles, la comtesse Vassiltchikow, était morte récemment. Des trois autres, deux, la princesse

1. Sophie, depuis comtesse de Ségur.

Galitzine et la comtesse Tolstoï, étaient mariées : la comtesse Barbe Protassow, ne se maria jamais. Dans un voyage que la comtesse Rostopchine fit à Saint-Pétersbourg, elle pria ses trois sœurs de venir chez elle, pour recevoir une communication importante qu'elle avait à leur faire. Quand elles furent réunies, elle leur révéla le secret et le bonheur de sa foi nouvelle. Elle s'attendait à des récriminations ou à des larmes de joie. Au premier mot qu'elle prononça, la princesse Galitzine se jeta dans ses bras en disant : « Et moi aussi, je suis catholique! » — « Moi de même! » s'écria la comtesse Barbe. Des quatre sœurs, la comtesse Tolstoï seule n'avait point abjuré. Quand leurs premiers transports furent calmés, la comtesse Rostopchine dit en soupirant : « Quel malheur que notre pauvre sœur Vassiltchikow n'ait pas fait comme nous! — Elle a fait comme nous! répliqua la princesse Galitzine; réjouissez-vous et ne pleurez pas sur elle. Trois mois avant sa mort, elle s'était faite catholique. »

Ainsi, par une étrange et merveilleuse coïncidence, ces quatre sœurs, élevées à la cour de Catherine, éloignées depuis longtemps les unes des autres, sans s'être concertées, sans avoir jamais échangé leurs pensées à ce sujet, étaient arrivées à la même foi par des routes probablement bien différentes. Pour qui voudra y réfléchir avec sincérité et sans prévention, il y a là un témoignage bien frappant de la vérité de cette foi et de la facilité avec laquelle la Russie reviendrait au catholicisme, si les consciences y étaient libres. Cette journée fut une des plus douces qui aient consolé la vie de la comtesse Rostopchine, et jusqu'à la fin de sa longue existence, elle en garda précieusement le souvenir.

Les années de tranquillité relative qui s'écoulèrent entre

la paix de Tilsitt et la guerre de 1812 furent employées par l'empereur Alexandre à des tentatives de réformes intérieures qui pour la plupart ne purent aboutir, par suite de l'indécision de caractère du souverain, de la chute du favori qui les inspirait, et aussi à cause de l'invasion française qui, méditée et pressentie longtemps d'avance, mit en question l'existence ou du moins la grandeur politique de la Russie.

Ce favori d'Alexandre, qui avait le pouvoir d'un premier ministre sans en porter le titre, était Michel Spéranski, fils d'un pope, que sa rare intelligence, aidée de circonstances heureuses, avait élevé de degré en degré jusqu'à l'intimité de son maître. Déjà écouté et influent en 1808, conseiller privé en 1809, il reçut en 1810 le titre de secrétaire de l'empire, qui, de fait, mettait tous les ministres dans sa dépendance et toutes les affaires dans ses mains. Ses intentions paraissent avoir été toujours pures et élevées, et sa politique, dégagée d'ambition personnelle, tendait à substituer à l'arbitraire qui régnait partout en Russie un état légal sur lequel on pût appuyer des institutions durables. Le comte de Maistre, qui le connut à Saint-Pétersbourg, parle de lui avec estime et même avec une certaine admiration pour son talent. Mais, d'après ses biographes et les écrits qui restent de lui, il manquait de la qualité la plus nécessaire aux réformateurs, le sens pratique des affaires et des hommes. Il n'avait pas assez médité le mot profond de l'impératrice Catherine répondant à Diderot, qui lui proposait des réformes universelles et des constitutions toutes faites : « Vous autres, philosophes, vous écrivez sur le parchemin qui reçoit tout et ne sent rien; mais les souverains écrivent sur la peau humaine, qui est infiniment plus chatouilleuse et plus délicate. » Spéranski avait un penchant marqué pour le mysticisme allemand, pour les rêveries des sectes religieuses et politiques qui pullulaient en Europe, et surtout en Russie. Il avait même formé le bizarre projet de réunir entre elles les sociétés secrètes, pour améliorer les hommes par leurs efforts combinés, et il finit par donner sa confiance à des aventuriers étrangers qui le trahirent en révélant à l'empereur les doutes peu respectueux que Spéranski avait exprimés devant eux sur la capacité et la force de caractère du souverain.

La noblesse ne pouvait le souffrir, à cause de son origine et de ses tendances démocratiques; le peuple, à cause des impôts écrasants qu'il avait établis pour la réorganisation des finances. L'irritation d'Alexandre qui, malgré sa douceur, ressentait vivement les offenses personnelles, trouva donc un écho redoutable et universel dans les diverses classes de l'empire, et la disgrâce du favori, naguère tout-puissant, fut aussi complète que subite. Le 29 mars 1812, il fut mandé chez l'empereur, en sortit deux heures après, déchu, dépouillé de tous ses honneurs, et partit le soir même pour un exil qui devait être sans rappel.

Cette chute coïncidait d'ailleurs avec des événements qui la rendaient inévitable. La France, entraînant à sa suite une partie de l'Europe, se préparait à faire à la Russie une guerre d'extermination ; or, le moment où le territoire de la patrie va être foulé aux pieds n'est point pour les peuples le moment des réformes. Le comte Rostopchine, au dire de plusieurs historiens, ne fut pas étranger à la ruine de Spéranski. Les démarches qu'on lui attribue à cet effet, près de l'empereur Alexandre, signalèrent sa rentrée dans la vie politique. On cite même une lettre qu'il écrivit à Alexandre le 29 mars 1812, le jour de la disgrâce du favori, dans laquelle il insiste en termes véhéments sur la nécessité d'écarter des affaires cet ennemi des institutions nationales. Si les termes et la date de cette lettre sont authentiques, elle fut écrite par Rostopchine, moins en son nom personnel qu'au nom de la noblesse et de la population de son gouvernement, car elle était signée : « Rostopchine et les habitants de Moscou ».

Quoi qu'il en soit, la lettre et les sentiments attribués au comte Rostopchine à l'égard de Spéranski n'ont rien d'invraisemblable. Il redoutait et détestait les idées démocratiques, les constitutions d'importation étrangère et les rêveries des illuminés, dont Spéranski était le fervent adepte et le propagateur convaincu. A tous ces titres, il devait le regarder comme funeste à son pays, et chercher à l'écarter du pouvoir. Je n'ose assurer qu'en cela il eût tout à fait tort : un réformateur mystique me paraît un des plus dangereux ennemis de la prospérité des empires. Il fait aux réformes utiles et possibles le tort souvent irréparable de les perdre dans l'opinion, en les associant à des rêves chimériques dont l'impopularité rejaillit sur elles et les tue dans leur germe.

A l'époque où Spéranski fut exilé du pouvoir et de la cour et remplacé dans ses fonctions de secrétaire de l'empire par l'amiral Chisktow, il y avait un mois environ que le comte Rostopchine était gouverneur de Moscou. Alexandre avait dû vaincre ses répugnances personnelles pour lui confier ces graves fonctions; car l'ancien ministre de son père lui était profondément antipathique. La franchise de ses propos, rapportés au czar, l'avait plus d'une fois offensé. On assure même qu'après la bataille d'Austerlitz, une lettre du comte Rostopchine écrite à l'une de ses belles-sœurs, et qui portait ces mots : « Comment Dieu pourrait-il bénir les armes d'un mauvais fils ? » avait été connue d'Alexandre, qu'elle dut blesser au cœur et qui ne l'oublia jamais.

Mais il fallait à Moscou, à la tête de la seconde capitale de l'empire, de la ville sainte qui avait été le berceau de la Russie et qui devait être son rempart, un homme énergique, considérable, influent sur la noblesse et sur le peuple. Or, le peuple connaissait et aimait le comte Rostopchine, la noblesse le demandait avec instances. L'empereur, cédant à tant de vœux réunis, et ajournant ses ressentiments personnels, nomma Rostopchine gouverneur général de Moscou, titre qui lui donnait toute autorité sur les provinces environnantes comme sur la ville. C'était au mois de février 1812. Il était temps. Les projets de Napoléon n'étaient plus un secret pour personne. Encore quelques mois, une armée de 400 000 combattants allait passer le Niémen, et cette lutte, la plus formidable des temps modernes, allait commencer.

DEUXIÈME PARTIE

CHAPITRE PREMIER

Invasion de la Russie par l'empereur Napoléon. — 400 000 hommes passent le Niémen. — Organisation et tactique de l'armée russe. — Prise de Smolensk. — Koutouzow. — Bataille de la Moskowa ou de Borodino. — Alexandre à Moscou. — Patriotisme du comte Rostopchine et de la population. — Il prépare l'évacuation de la ville et l'incendie, en cas de nécessité. — Ses proclamations. — Son entretien avec Koutouzow. — Sa colère contre le généralissime. — Ses dernières mesures avant de quitter Moscou. — Exécution de Vérestchaghine. — Ses adieux à la capitale. — 1812.

La guerre de 1812 était méditée depuis longtemps par Napoléon. Il avait successivement battu, affaibli, brisé les puissances continentales de l'Europe. Il voyait dans la Russie la seule nation qui pût soutenir l'Angleterre dans sa lutte contre lui, et menacer la France et l'Europe elle-même quand son génie et sa main de fer viendraient à manquer à l'une et à l'autre. Le besoin d'étonner les peuples par de nouvelles entreprises, d'appuyer sa dynastie par de nouvelles victoires, le sentiment que le temps lui manquerait trop tôt et qu'il lui fallait se hâter pour achever l'œuvre gigantesque que rêvait son génie, tous ces motifs où l'ambition de l'homme, celle du prince et celle du patriote avaient chacune leur part, précipitèrent cette aventure inouïe qui l'attirait par sa grandeur et son étrangeté même.

Dans son impatience déjà maladive, il n'attendit pas que la guerre d'Espagne fût achevée et lui laissât la disposition de ses meilleures troupes. Dès le mois d'août 1811, ses paroles respiraient la guerre. Dès les premiers jours de 1812, l'empereur Alexandre comprit qu'elle était inévitable. Au mois de mai, Napoléon quittait les Tuileries; il courait à Dresde où l'attendaient, au milieu d'une cour de rois, les suprêmes enivrements de la toute-puissance; et le 24 juin, après avoir repoussé la dernière proposition de paix qu'il dût recevoir d'Alexandre, il franchit le Niémen et posa le pied sur ce territoire de la vieille Russie, qui devait dévorer ses armées, son pouvoir et sa fortune.

Dans cette lutte gigantesque entre deux nations que la politique a si souvent divisées malgré leur sympathie naturelle, Napoléon avait pour lui son génie militaire, le prestige de cent victoires, son incomparable armée et la force matérielle des troupes européennes qu'il entraînait à sa suite. Contre lui, il avait l'affaissement prématuré de sa santé, le frémissement de ses alliés, ses vaincus de la veille qui le servaient à contre-cœur, le désespoir et la colère d'un grand peuple qui défend son territoire envahi, enfin la nature, c'est-à-dire l'espace et le climat. De là sans doute, chez l'empereur, ce qu'il n'avait jamais connu : l'indécision. A Vitepsk, à Borodino, à Moscou, il hésita. Ces hésitations lui furent fatales. La première et la dernière lui firent perdre six semaines et donnèrent à son plus redoutable ennemi, l'hiver, le temps d'arriver; la seconde sauva les restes de l'armée russe.

Cette armée, commandée par le général Barclay de Tolly jusqu'à Smolensk, le fut ensuite par le prince Koutousow. Barclay, par système et par nécessité, temporisait, se dérobant à l'ennemi qui croyait toujours l'atteindre et ne l'atteignait jamais, et l'attirant dans des plaines désolées que le feu et l'émigration des habitants avaient changées

ALEXANDRE Ier

en déserts. L'armée française, jusqu'à Smolensk, ne trouva que des campagnes dévastées qu'elle peupla de ses malades, des villages et des villes en cendres. Smolensk même, quand elle y pénétra après un combat meurtrier, ne lui offrit que des murailles tombantes et des ruines. La seule tentative de résistance sérieuse des Russes, la seule grande bataille de cette campagne fut la terrible journée de la Moskowa. Elle eût suffi à anéantir l'armée russe, malgré la valeur prodigieuse des chefs et des soldats d'Alexandre, si Napoléon ne se fût obstinément refusé à laisser donner sa jeune garde.

Koutouzow venait de remplacer Barclay de Tolly dans les fonctions de généralissime. Ce vainqueur de 1812 fut vaincu partout en détail, mais il eut pour lui le succès final dû à deux causes indépendantes de son talent : le patriotisme russe, qui alla jusqu'au sacrifice de Moscou, et le climat. Les flammes de Moscou, les neiges et les glaces prématurées d'un terrible hiver : voilà les puissances qui triomphèrent de Napoléon. Le grand homme sembla ne les avoir prévues ni les unes ni les autres. Tels sont les aveuglements du génie et de la toute-puissance, qui se croient maîtres de tout, même de la liberté des âmes, des décrets de la Providence et de la force des éléments.

A mesure que Napoléon approchait de Moscou, le patriotisme des Russes croissait avec le danger. Les seigneurs voyaient dans les Français les ennemis de leurs droits et les émancipateurs de leurs serfs; les paysans, excités par leurs popes, détestaient en eux les destructeurs de leurs autels et de leur culte; tous les maudissaient comme les envahisseurs impies de leur pays et les dévastateurs de leurs villes et de leurs villages. Chez quelques-uns, ces sentiments allaient jusqu'au désespoir. Après Smolensk, un seigneur vint se jeter au milieu de nos soldats, les cheveux en désordre, les yeux égarés. Il s'écriait qu'il avait tout perdu, que son village était incendié, son château détruit, ses enfants ruinés, qu'il n'avait plus qu'à mourir. On chercha à le calmer, à l'épargner; il n'écoutait rien, saisissait les armes de ceux qui l'entouraient, pour les frapper ou se frapper lui-même : on finit par le tuer, pour le satisfaire ou pour se débarrasser de lui.

Mais ce n'étaient point là les sentiments dominants du peuple russe. Ce qui remplissait toutes les âmes, c'était l'indignation, une fureur qui faisait taire l'épouvante, et la soif de la vengeance. Il faut entendre le comte Rostopchine raconter, dans sa brochure sur l'incendie de Moscou, l'état des esprits et des cœurs pendant cette fatale campagne de 1812 qui fut le défi le plus audacieux que l'orgueil et le génie aient jamais jeté à la fortune, à la nature et à la Providence.

« Napoléon, dit-il, aveuglé par ses succès précédents, crut que la Russie serait subjuguée tout entière dès qu'il serait le maître de la capitale, et que l'empereur Alexandre lui proposerait la paix.... Mais il ne connaissait pas la fermeté de caractère de l'empereur de Russie et n'avait aucune idée de l'*homme russe* qui se montra à cette époque dans tout son éclat. Il a fallu à celui-ci un grand danger pour déployer un grand caractère. L'ignorance de la langue du pays fait que les étrangers ne connaissent du peuple russe que son costume et sa figure : on a jeté du mépris sur la barbe et traité de sauvages tous ceux qui la portaient. Mais le peuple russe a prouvé qu'il était au-dessus de plusieurs autres peuples, parce qu'il est inaccessible à la crainte et incapable de trahison. Il porte dans son énergie morale et dans sa force physique l'assurance du succès. Il ne connaît pas d'obstacles ni de danger. Il dit : « Tout est possible. Pourquoi pas ? On ne meurt pas deux fois ! » Et avec ces mots, il entreprend tout, succombe ou réussit. Souvent il devient héros sans le savoir et sans tirer aucune vanité de ses actions. Quand on lui prodigue des louanges, il vous répond : « Dieu m'a aidé ; ce n'est pas une merveille : je suis un homme tout comme un autre. »

« L'empereur Alexandre ayant dit : « Guerre à mort ! » Les Russes répondirent : « Nous sommes prêts. » On n'a pas eu besoin de les stimuler par des promesses et des récompenses. On n'avait qu'à dire : « Allons ! » et ils vous suivaient ; « Donnez ! » et ils apportaient tout ce qu'ils avaient. La population de Moscou avait été exaspérée la première, en apprenant, même avant la prise de Smolensk, que rien n'était épargné par l'ennemi ; que les maisons étaient pillées, les femmes outragées, les églises converties en écuries. Ils jurèrent vengeance sur les tombeaux de leurs pères, et exterminèrent tout ce qu'ils purent. Dans les environs de Moscou, les paysans possédaient plus de dix mille fusils ennemis. Combien de maraudeurs et d'hommes désarmés tombèrent sous leurs coups ! Ils mettaient le feu à leurs maisons pour faire périr les soldats qui s'y renfermaient.

« J'ai vu beaucoup de paysans, venus de cent cinquante lieues, bien montés, armés d'un sabre et d'une lance, pour combattre à côté des paysans du gouvernement de Moscou. Ceux-là donnaient pour toute réponse à qui les questionnait sur le motif qui les avait amenés de si loin : « Les nôtres étaient en danger ! » On connaît l'histoire du paysan de Smolensk marqué à la main pour être reconnu, qui se la coupa d'un coup de hache. Une vieille femme, d'un des villages des environs de Moscou, m'amena ses deux petits-fils pour les envoyer à l'armée, et posant ses mains sur leurs têtes, les yeux levés vers le ciel, prononça ces mots : « Allez, mes bons amis, et ne revenez « chez moi que lorsqu'il n'y aura plus d'ennemis sur le sol « de la Russie ; autrement, ma malédiction vous attend. »

Un vieux soldat, estropié dans la guerre d'Italie et retiré dans son village, se faisait attacher à la selle de son cheval, pour mener les paysans au combat. Un jeune paysan, que son maître avait fait venir à Moscou, perdit l'appétit et le sommeil après la prise de Smolensk : il demandait à se battre ; je l'envoyai à l'armée, et il périt à la bataille de Borodino... Enfin, dans cette lutte, courte mais terrible, de la Russie contre tout le continent de l'Europe ayant Napoléon pour chef, tous les Russes ont rivalisé de zèle, de dévouement et de fidélité. »

Ces sentiments dont le comte Rostopchine se montre si justement fier pour son pays, lui-même les portait en son âme au plus haut degré, et il contribuait à les développer chez les autres. On peut dire qu'il personnifia, pendant cette mémorable campagne, toutes les grandeurs comme toutes les passions du patriotisme, et qu'il mérita cet éloge que lui adressait le comte Woronsow, longtemps ambassadeur de Russie en Angleterre, dans une lettre datée de Londres le 7 mars 1813, lettre qui exprime l'opinion de tous les hommes marquants de l'époque en Angleterre et dans l'Europe entière :

« Permettez-moi de recommander à vos bontés le colonel Scott.... Il part pour voir de près et pour admirer la nation qui a surpassé toutes les autres dans les temps présents en générosité, en fermeté et en patriotisme. A qui pourrais-je mieux l'adresser qu'à celui qui a été la cause principale du développement de toutes ces vertus ? Elles

existaient dans l'âme de la nation russe comme le feu dans toute la matière qui compose le monde ; mais quoique cet élément soit plutôt concentré dans le nitre, le charbon et le soufre, il resterait éternellement caché dans cette combinaison, s'il n'était obligé de paraître dans sa toute-puissance éclatante par le contact d'une étincelle. Vous avez été cette étincelle salutaire qui développa en l'excitant le caractère sublime de nos chers compatriotes, de ceux qu'on appelle Russes pur sang, parlant la même langue et professant la même religion. Je ne puis vous comparer qu'au prince Pojarsky ; mais votre tâche était plus difficile que la sienne. Les temps où il vécut passent pour être ceux de l'ignorance et de la simplicité, et les nôtres, qu'on qualifie des titres pompeux de siècle de lumière et de philosophie, sont plus barbares que ceux-là, car nos misérables demi-lumières et nos fausses lumières, l'égoïsme et la dépravation des mœurs que depuis cinquante ans le gouvernement n'a cessé de propager, auraient déjà éteint tout esprit de patriotisme chez nous, comme il est éteint chez les autres nations, si la nôtre n'eût pas su résister à la dépravation mieux que son gouvernement gouverné lui-même par des Allemands et des Livoniens. Votre ouvrage était difficile à faire, mais vous y avez réussi à la gloire et pour le salut du pays. »

Quand l'empereur Alexandre arriva à Moscou le 23 juillet, cette action du comte Rostopchine s'était déjà fait sentir dans toutes les classes de la société. Alexandre en fut si frappé que, malgré son peu de sympathie pour l'ancien ministre de son père, il lui donna son chiffre en diamants et l'attacha à ses épaulettes en lui disant d'un ton de gracieux reproche : « A présent, il faudra que tu me portes sur tes épaules. »

Le 30, l'empereur publia un manifeste énergique par lequel il appelait aux armes toute la nation et demandait au patriotisme de tous des sacrifices sans réserve. La noblesse, les marchands, le peuple répondirent avec enthousiasme à l'appel du souverain. Le comte Rostopchine a raconté lui-même ces scènes émouvantes dans des mémoires inédits qu'il écrivit en 1823 sur la campagne de 1812. Ces mémoires, séquestrés avec tous ses papiers au moment de sa mort, par l'ordre de l'empereur Nicolas, sont renfermés dans les archives de la chancellerie impériale, d'où ils ne sortiront peut-être jamais. Heureusement, une des filles du comte Rostopchine avait pris copie de quelques passages de ce précieux écrit. Ces fragments que je citerai soit ici, soit un peu plus loin, montreront quel intérêt eût présenté la publication intégrale de ce document historique sur une des époques les plus mémorables des temps modernes.

L'assemblée de la noblesse et celle des marchands avaient été réunies dans deux galeries au Kremlin. On donna lecture, dans l'une et dans l'autre, du manifeste de l'empereur. Après quoi, le maréchal de la noblesse proposa la levée d'un homme sur vingt paysans, équipé et approvisionné pour trois mois.

« Au moment où le maréchal de la noblesse eut fini son discours, écrit le comte Rostopchine, quelques voix s'écrièrent : « Non, non, ce n'est pas un sur vingt, c'est « un sur dix, équipé et approvisionné pour trois mois ! » Cela fut répété à grands cris par la majeure partie de l'assemblée. L'empereur remercia dans les termes les plus flatteurs. Mais il faut expliquer les motifs de cette générosité extraordinaire.

« La proposition du maréchal était juste et raisonnable ;

les deux premières voix qui voulurent renchérir sur celle du chef de la noblesse appartenaient à deux personnages fort différents l'un de l'autre. Un de ces messieurs était plein d'esprit et proposait une mesure qui ne lui coûtait rien, car il n'avait aucune propriété dans le gouvernement de Moscou. L'autre personnage, aux forts poumons, était bas, stupide et mal en cour; il m'avait offert sa voix pour avoir l'honneur d'être invité à dîner avec l'empereur. Voilà comment on mène souvent les assemblées, et comment elles votent et agissent par entraînement et sans réflexion. Il y a tel homme que les gazetiers et les biographes ont porté aux nues pour une action ou pour un mot, et qui s'est peut-être repenti aussitôt après avoir agi ou parlé.

« Dans la seconde galerie, où étaient les marchands, je fus frappé de l'impression que produisit sur eux la lecture du manifeste. D'abord on écouta avec la plus grande attention, puis on donna quelques signes d'impatience et de colère; mais lorsque Schischklow en vint à cette phrase qui annonçait que l'ennemi venait *avec la flatterie sur les lèvres et les fers dans les mains*, alors l'indignation éclata entière : on se frappait la tête, on s'arrachait les cheveux, on se tordait les mains; on voyait des pleurs de rage couler le long de ces figures qui rappelaient celles des anciens; je vis un homme qui grinçait des dents. On ne pouvait, dans ce tumulte, distinguer les paroles qu'ils proféraient, mais on entendait des cris de fureur et des gémissements; c'était un spectacle unique dans son genre. L'homme russe manifestait en ce moment ses sentiments en liberté, et, oubliant qu'il était esclave, s'indignait à la pensée de subir le joug de l'étranger. On retrouvait dans cette occasion les véritables Russes; ils en avaient conservé le costume et le caractère : leurs barbes leur donnaient un aspect vénérable et imposant. Tels que leurs ancêtres, ils n'avaient d'autres principes, d'autres règles que ces quatre proverbes qui renferment le motif de leurs bonnes et mauvaises actions :

« Le Dieu russe est grand. »

« Servir le czar avec foi et loyauté. »

« On ne meurt pas deux fois. »

« Ce qui doit être sera. »

« Le maire de la ville, n'ayant que cent mille roubles de capital, souscrivit le premier pour cinquante mille roubles. Il fit le signe de la croix, en disant : « Je le tiens de Dieu, « je le donne à ma patrie...

« Je retournai au Kremlin pour annoncer cette bonne nouvelle[1] à l'empereur ; je le trouvai dans son cabinet, avec Balaschew et Araktscheew. Sa Majesté me dit qu'il était bien heureux d'avoir eu la pensée de venir à Moscou et de m'en avoir nommé gouverneur général ; puis, au moment où je me retirais, il m'embrassa affectueusement. Lorsque je fus sortis, Araktscheew me félicita d'avoir reçu la plus haute marque de faveur de l'empereur : « car, ajou- « ta-t-il, moi qui le sers depuis qu'il règne, je n'ai jamais « été embrassé par lui. » Balaschew me pria d'être persuadé que le comte n'oublierait et ne me pardonnerait jamais cet embrassement. J'en ris dans le moment, mais j'ai acquis depuis des preuves certaines que le ministre de la police disait vrai et qu'il connaissait le comte Araktscheew mieux que moi. »

Alexandre quitta Moscou peu de jours après, ému et charmé de l'accueil qu'il y avait reçu. Dans son entretien avec le gouverneur de la vieille capitale, fut-il question des menaçantes éventualités de l'avenir ? La possibilité de

1. La levée de 32 000 hommes et une offrande de 2 400 000 roubles.

UN MARCHAND DE MOSCOU ET SA FEMME

l'évacuation de Moscou, de l'incendie même, fut-elle entrevue ? Le monarque, ne voulant ni autoriser ni interdire de semblables mesures, garda-t-il un silence volontaire ? Le baron Fain raconte que dans l'assemblée du Kremlin, l'empereur aurait dit : « Les désastres dont vous êtes menacés ne doivent être considérés que comme des moyens nécessaires pour consommer la ruine de l'ennemi. » Mais c'est là une parole trop vague pour qu'on en puisse tirer aucune conjecture sérieuse. D'une autre part, le comédien français Domergue, alors à Moscou et témoin oculaire, rapporte comme un bruit public qu'Alexandre aurait, par conviction, par faiblesse ou par indécision de caractère, laissé au comte Rostopchine la faculté d'adopter toutes les mesures qu'il jugerait nécessaires, en un mot, qu'il lui aurait donné *carte blanche*. Mais Domergue offre si peu de consistance historique que son assertion est sans valeur, n'étant corroborée par aucun autre écrivain. Qui sait d'ailleurs si à ce moment, près d'un mois avant la prise de Smolensk, Rostopchine lui-même avait conçu un autre projet que celui d'une résistance désespérée ? Quoi qu'il en soit, le fils et le favori de l'empereur Paul, pour la première et la dernière fois, se quittèrent satisfaits l'un de l'autre.

A la nouvelle désastreuse de la prise et de l'incendie de Smolensk, Rostopchine redoubla d'activité et d'énergie. « Trois motifs, écrit-il dans sa brochure sur l'incendie de Moscou, réchauffaient sans cesse mon zèle à cette époque fatale : c'étaient la gloire de mon pays, l'importance du poste qui m'avait été confié par mon souverain, et la reconnaissance pour les bienfaits de l'empereur Paul Ier. On était si occupé qu'on n'avait pas le temps de tomber malade, et je ne comprends pas comment j'ai pu résister à tant de fatigues. Depuis la prise de Smolensk jusqu'à ma sortie de Moscou, pendant vingt-trois jours, je n'ai pas dormi dans mon lit. Je me couchais tout habillé sur un canapé, continuellement réveillé pour lire les dépêches qui m'arrivaient de toutes parts, pour causer avec les courriers et les réexpédier souvent sur-le-champ. J'ai acquis la certitude qu'il y a toujours moyen d'être utile à sa patrie, lorsqu'on entend sa voix qui crie : « Sacrifie-toi pour mon salut. » Alors on méprise le danger, on brave les obstacles et on ferme les yeux sur l'avenir ; mais dès l'instant qu'on s'occupe de soi-même et qu'on commence à calculer, on ne fait rien qui vaille et on rentre dans la classe vulgaire.

« J'avais, poursuit-il, deux objets importants en vue, dont je faisais dépendre la destruction de l'armée française : c'était de maintenir la tranquillité à Moscou et d'en faire partir les habitants. Je réussis au delà de mon espérance ; le calme se maintint jusqu'au moment de l'entrée de l'ennemi, et sur deux cent quarante mille habitants, il ne resta que douze ou quinze mille hommes, qui étaient ou des bourgeois, ou des étrangers, ou des gens de la lie du peuple, mais personne de marque, soit de la noblesse, du clergé ou des marchands. Le sénat, les tribunaux, tous les employés avaient quitté la ville, quelques jours avant son occupation par l'ennemi. J'ai voulu ôter à Napoléon toute possibilité de former des relations, de communiquer de Moscou avec l'intérieur de l'empire et de mettre en usage l'influence que le Français s'est acquise en Europe par sa littérature, ses modes, sa cuisine et sa langue. Par ces moyens, on aurait produit un rapprochement avec les Russes, on aurait obtenu de la confiance, et ensuite on aurait exigé des services. Mais au milieu des gens qu'on trouva à Moscou, la séduction fut sans effet, comme envers des sourds et des muets. »

Ce plan était profondément conçu, et pour le mettre à exécution l'incendie était le moyen à la fois le plus sûr et le plus radical. Cette éventualité formidable dut se présenter dès ce moment à la pensée du comte Rostopchine, et la destruction de Smolensk par les Russes avant l'entrée des Français mettait devant ses yeux un exemple qu'il ne pouvait pas ne point voir. On sait que, dans son écrit sur l'incendie de Moscou, il a déclaré n'être point l'auteur de cette immense catastrophe qui sauva la Russie et perdit Napoléon. Je reviendrai plus tard sur cette grave question, après que j'aurai raconté les événements tels qu'ils m'apparaissent d'après les nombreux documents publics et les quelques renseignements intimes que j'ai pu recueillir. Mais je puis affirmer dès maintenant, et personne ne me contredira sur ce point, que si Rostopchine n'a point connu, ordonné et exécuté l'incendie de Moscou, il est certain qu'il l'a prévu et qu'il a pris les mesures nécessaires pour que, le cas échéant, il pût s'effectuer comme de soi-même. Au fond, les deux hypothèses ne diffèrent pas sensiblement, et, dans l'une comme dans l'autre, il a et il conservera toujours la part principale de la responsabilité comme de la gloire de cette action unique dans l'histoire.

Comment d'ailleurs ne l'eût-il pas prévu, quand tout le monde le prévoyait, soit à Moscou, soit à l'armée, soit à Saint-Pétersbourg? Après la prise de Smolensk, le comte de Maistre écrivait de Pétersbourg: « Si l'ennemi met le pied à Moscou, attendez-vous à quelque scène antique dans le genre de Sagonte ou de Numance. » Le général baron de Wolzogen assure dans ses mémoires que la même attente régnait dans l'armée russe, et qu'entre autres propos, il entendit, après la bataille de la Moskowa, un colonel comte Zokrepski s'écrier, avec un accent singulier : « Eh bien, si la victoire nous fait défaut, un autre *Pojarski* viendra à notre aide ! » *Pojarski* est le nom du libérateur de Moscou en 1612, mais en même temps ce mot, dérivé de *pojar*, « incendie », signifiait un incendiaire.

D'après Domergue, témoin oculaire, et le marquis de Chambray, les mêmes bruits circulaient dans Moscou et jetaient par avance l'épouvante dans une partie de la population. Enfin, le comte Rostopchine lui-même, dans sa brochure sur l'incendie de Moscou, raconte que beaucoup de paysans des environs mirent le feu à leurs chaumières pour faire périr les soldats français qui y étaient endormis, et il ajoute ces paroles significatives : « Le trait principal du caractère russe est le désintéressement et la tendance à détruire plutôt que de céder, en terminant par ces mots : « Cela ne sera donc à personne. » Dans les conversations fréquentes que j'ai eues avec les marchands, les artisans et les gens du peuple, je leur entendais dire souvent, lorsqu'ils exprimaient avec douleur leur crainte que Moscou tombât entre les mains des ennemis : « Il vaut mieux la brûler. »

Un fait dont parlent tous les historiens vint donner à ces bruits une consistance nouvelle. Un mécanicien allemand, nommé ou surnommé Schmidt, fut envoyé officiellement, de Pétersbourg à Moscou, pour travailler à la construction d'un ballon gigantesque qui devait contribuer à la destruction de l'armée française, en faisant pleuvoir sur elle un déluge de feu et de matières enflammées. Rostopchine l'installa dans une maison près de Moscou, lui donna de l'argent, des ouvriers, et, quand plusieurs essais infructueux eurent démontré l'inanité du projet, il l'employa, d'après le bruit qui se répandit dès lors dans le public, à confectionner des torches, des fusées, des mèches et d'autres matières incendiaires. « Moscou elle-même, dit éloquemment le général Philippe de Ségur, après avoir rapporté ces faits, devait être la grande machine infernale dont l'explosion nocturne et subite dévorerait l'empereur et son armée. »

Un des premiers soins de Rostopchine fut d'écarter de Moscou les Français qui y étaient établis et qui lui étaient connus comme particulièrement remuants et dangereux. C'était là une mesure indiquée par le plus vulgaire bon sens, et l'on s'étonne de la partialité des historiens qui ont pu lui reprocher comme une brutalité sans motif cet acte élémentaire de légitime défense. On devrait plutôt s'étonner de son excessive modération en cette circonstance, car sur 3 600 Français établis à Moscou, il n'en fit saisir et expulser que quarante. Les autres furent libres de rester, mais le plus grand nombre s'éloigna volontairement, craignant avec raison les effets des passions populaires que surexcitait chaque jour davantage la nouvelle de l'approche de l'armée française.

Il est des hommes qui parlent sans agir, d'autres qui agissent sans parler. Rostopchine, dans les circonstances suprêmes où il se trouvait placé, sut joindre une parole infatigable à une infatigable activité. Par ses ardentes proclamations, il tenait sans cesse en haleine le patriotisme de ses concitoyens, voulant qu'ils fussent prêts, au besoin, à se précipiter en masse sur l'armée des envahisseurs, et en même temps il préparait tout, par des mesures secrètes ou publiques, pour qu'en cas de revers Moscou fût évacuée avant l'arrivée de l'ennemi.

Sa première proclamation est datée du 24 août, avant

que la nouvelle de la prise de Smolensk fût encore arrivée à Moscou. Elle respire l'espoir et la confiance.

« Dieu merci ! tout va bien à Moscou et tout est tranquille ; le pain ne renchérit pas, et la viande baisse de prix. Nous sommes tous animés d'un seul désir : battre l'ennemi ; cela viendra. Prions Dieu, équipons nos guerriers et envoyons-les à l'armée. Nos protecteurs sont : devant le Seigneur, sa sainte Mère et les saints qui reposent à Moscou ; devant le monde, notre miséricordieux souverain Alexandre, et devant les hordes impies, nos pieux soldats. Mais pour en finir plus vite, plaire à notre empereur, bien mériter de la patrie et donner du fil à retordre à Napoléon, il faut écouter avec respect et confiance les paroles de vos chefs, et remplir leurs ordres avec zèle ; ils ne demandent pas mieux que de vivre ou de mourir avec vous. S'il s'agit de marcher, je me mettrai devant vous ; de se reposer, je le ferai après vous. Ne craignez rien ; il est survenu un orage, nous le dissiperons ; le grain se moudra et deviendra farine. Gardez-vous seulement des ivrognes et des imbéciles ; ils ont les oreilles larges et soufflent des sottises dans celles des autres. Il y en a qui croient que Napoléon vient pour notre bien, tandis qu'il ne pense qu'à nous écorcher ; il promet tout et ne fera rien. Il fait espérer aux soldats le bâton de maréchal, aux mendiants des montagnes d'or, aux peuples la liberté, et en attendant il prend tout le monde au collet et l'envoie à la mort. Et pour cela, je vous prie, si quelqu'un des nôtres ou des étrangers se met à le louer ou à compromettre en son nom ceci ou cela, empoignez-le, quel qu'il soit, et menez-le à la police. Honneur, gloire et récompense à qui le prendra, et quant au coupable, je saurai lui faire entendre raison, fût-ce un géant : j'ai pour cela l'autorité nécessaire, et notre souverain m'a bien recommandé de veiller sur Moscou. Qui donc aurait soin d'elle, notre mère, si ce n'est ses enfants ? Je vous jure, mes amis, que l'empereur a aussi confiance en vous que si vous étiez les murs du Kremlin, et je suis prêt à engager ma parole pour vous ; ne m'en faites pas repentir. Quant à moi, je suis un sujet dévoué à mon souverain, un gentilhomme russe et un chrétien orthodoxe. Voici ma prière :

« Seigneur, Dieu du ciel ! prolonge les jours de notre vertueux souverain sur cette terre ! Sois miséricordieux pour la Russie très chrétienne, bénis les efforts de sa pieuse armée, soutiens le zèle dont est animé le vaillant peuple russe ! Que nos ennemis soient détruits par nos guerriers ; décuple leur force, et que, protégés par ta sainte croix, ils soient victorieux par elle et pour elle ! »

Ce mélange de simplicité presque triviale et d'élévation ; cette énergique familiarité d'un général qui cause avec ses soldats, d'un père qui s'explique avec ses enfants ; cet enthousiasme à la fois patriotique et religieux, devaient faire une impression profonde sur les âmes ardentes et naïves auxquelles s'adressait Rostopchine, et qui vibraient à l'unisson de la sienne. Mais ce n'est point seulement à son esprit qu'il en faut faire honneur, c'est aussi à son cœur ; ce qu'il disait au peuple de Moscou, il le pensait, il le sentait, sa vie tout entière en est un sûr garant, et ce que j'admire le plus en ces proclamations où beaucoup n'ont vu que de l'habileté, c'est la sincérité.

On ne peut se défendre d'une émotion douloureuse en songeant à l'accueil qu'eussent fait à une proclamation de ce genre les soldats de Napoléon, et dans le contraste des deux armées, on peut lire par avance le secret de leur destinée. D'un côté, c'est une multitude pleine de valeur militaire, mais sans convictions et sans principes, un composé de vingt peuples sans patriotisme, qui ne combattent point pour défendre leurs autels et leurs foyers, mais pour satisfaire la cruelle ambition d'un conquérant, et qui n'ont d'autre lien, d'autre unité, d'autre patrie que la gloire; une immense agglomération d'hommes sans prêtres, sans culte officiel, sans prières publiques, qui n'ont pour la plupart d'autre foi, d'autre Dieu qu'un homme, homme de génie sans doute et capitaine incomparable, mais sujet à toutes les misères, à toutes les faiblesses de l'humanité. De l'autre côté, c'est une armée unie et unanime, parlant la même langue, croyant au même Dieu, et tout entière confondue dans une seule pensée, la défense du sol, de l'indépendance, de la sainteté de la patrie; c'est une armée qui croit et qui prie, qui s'avance au combat, précédée des images de ses saints, des insignes de sa foi, suivie des prières et des bénédictions des ministres de la religion. Entre deux armées comme celles-là, quelles que soient les différences du nombre, du génie militaire, des soldats et des armes, le résultat final ne saurait être douteux, et la campagne de 1812 en est, après tant d'autres exemples, une preuve d'une terrible et impitoyable éloquence.

On voit, en lisant les proclamations du comte Rostopchine, qu'il avait fait ces réflexions et qu'il y puisait une invincible espérance. Le 30 août, il n'adresse au peuple de Moscou que ces courtes paroles:

« Le quartier général est entre Gjatsk et Mojaysk; notre avant-garde est devant Gjatsk; la position que nos troupes occupent est très forte, et c'est là que Son Altesse le prince Koutouzow veut livrer une bataille. A présent nous sommes égaux en nombre aux ennemis; mais nos troupes sont toutes russes, ont la même foi, le même souverain, défendent l'Église du Seigneur, leurs maisons, leurs femmes, leurs enfants et les sépultures de leurs pères. Quant à l'ennemi, il se bat pour avoir de quoi manger et périt en maraudant. S'il perd la bataille, il se dispersera et il n'en restera plus de traces. »

Quelques jours après, il continue avec la population cette espèce de causerie familière qui prouve et qui accroît son ascendant sur elle.

« Il court ici des bruits (et il y a des gens qui y croient et qui les répètent) que j'ai défendu de quitter la ville. Si cela était vrai, il y aurait des postes aux barrières, et elles ne seraient pas encombrées par des milliers de voitures, de calèches et de charrettes qui en sortent pour se diriger dans toutes les directions. Je suis au contraire satisfait de ce que les dames et les femmes des marchands se mettent en lieu de sûreté : moins il y aura de peureux, moins il se débitera de contes. Mais on ne peut louer les maris et les frères qui, sous prétexte de les sauvegarder, s'en vont pour ne plus revenir : s'il y a du danger, ce n'est pas convenable, et s'il n'y en a pas, c'est honteux. Je réponds sur ma tête que le méchant n'entrera pas à Moscou, et voici sur quoi je me base... (suit une énumération des forces russes sous les ordres de Koutouzow). Que si cela ne suffit pas, alors je dirai à mon tour : « En avant la cohorte moscovite, marchons aussi ! » Et nous serons cent mille braves. Nous prendrons avec nous l'image de la sainte vierge d'Ywersk, 150 canons, et nous finirons l'affaire tous ensemble. Quant à l'ennemi, il a, tant des siens que d'étrangers, 150 000 hommes ; ils se nourrissent de seigle bouilli et de viande de cheval. Voilà ce que je pense, et je vous le dis afin que vous vous réjouissiez et vous tranquillisiez, d'autant plus que ces jours-ci notre empereur viendra visiter sa fidèle capitale. Lisez, tout est compréhensible, et il n'y a pas matière à discussion. »

La proclamation suivante renferme à la fois un reproche et une recommandation.

« Vous savez que je n'ignore rien de ce qui se passe à Moscou ; ce qui s'est passé hier n'est pas bien, et il y a de quoi vous gronder. Deux Allemands sont venus changer de l'argent, et la foule s'est mise à les frapper ; l'un d'eux même est mort. On les a pris pour des espions ; mais il fallait d'abord les interroger, et c'est mon affaire. Vous savez que je ne serai tolérant pour personne, quand ce serait un Russe. Mais qu'est-ce qu'il y a de merveilleux, pour une centaine de personnes, à battre un Français malade ou un Allemand en perruque ? C'est se déshonorer, et celui qui le fait, dans une occasion sérieuse ne sera bon à rien. Si vous croyez avoir affaire à un espion, amenez-le moi, mais n'exposez pas le nom russe à des reproches.

« On a amené ici des blessés, ils sont dans le palais Golovine. Je les ai vus, leur ai donné à boire et à manger et les ai fait coucher. Ils se sont battus pour vous ; soyez-leur reconnaissants ; allez les voir et les consoler. Vous faites l'aumône, même aux forçats ; or, ceux-ci sont des serviteurs dévoués à notre souverain, vos amis ; comment ne pas chercher à alléger leurs souffrances ? »

Voilà par quels encouragements, quels reproches amicaux et quels conseils il se maintenait en communication constante avec le peuple de Moscou, et soutenait toutes les âmes au niveau de la sienne.

Dès le 8 septembre, le comte Rostopchine reçut la nouvelle de la sanglante bataille qui s'était livrée la veille à

Borodino, près de la Moskowa. Sur la foi de Koutouzow, il crut d'abord, comme tout le monde, à une victoire, sinon décisive, du moins incontestable, et il fit chanter un *Te Deum* à Moscou, comme l'empereur Alexandre à Saint-Pétersbourg[1]. En même temps, il fit afficher la proclamation suivante sur les murs de la vieille capitale.

« 8 septembre. Hier, 7 septembre, il y a eu une chaude et sanglante bataille ; avec l'aide de Dieu, l'armée russe n'a pas cédé un pouce de terrain, quoique l'ennemi ait combattu avec acharnement. Demain, j'espère, mettant ma confiance dans le Seigneur et dans la protection de nos saints moscovites, que le prince Koutouzow, avec de nouvelles forces, combattra de nouveau. La perte de l'ennemi est incalculable : dans son ordre du jour, il avait défendu de faire des prisonniers et il ordonnait aux Français de vaincre ou de mourir. Aujourd'hui, il sera battu encore une fois, le maudit, et ses satellites périront par la faim, le feu et le glaive. J'envoie d'ici 4000 nouveaux soldats, des munitions pour 250 canons et des provisions. Soyez tranquilles, le sang de nos braves soldats coule pour la défense de la patrie : nous sommes prêts à verser aussi le nôtre, et s'il le faut, nous irons les renforcer ! Dieu nous aidera, et les envahisseurs laisseront leurs os sur la terre russe. »

Je n'ai pas besoin d'excuser devant mes compatriotes les expressions violentes qui se trouvent dans ces proclamations d'un loyal ennemi. Pour les lui pardonner, ils n'ont qu'à se souvenir de ce qu'ils ont ressenti naguère quand l'Allemagne en armes a passé sur notre malheureuse France, comme un torrent de sang et de feu dont les traces ne sont

1. On sait qu'à l'occasion de cette prétendue victoire, Alexandre nomma Koutouzow feld-maréchal et lui fit un don de cent mille roubles.

pas encore effacées ! Le patriotisme n'a qu'une langue, et quiconque aime sa patrie excusera et comprendra tous les transports de haine et de colère que cet amour inspire à ses enfants contre l'envahisseur qui foule son sol sacré et qui menace son indépendance et sa vie.

Quant à la seconde bataille que Rostopchine annonçait comme devant suivre immédiatement celle de Borodino, il y croyait positivement d'après les dépêches de Koutouzow ; quoiqu'il n'eût ni sympathie pour le général en chef de l'armée russe, ni confiance en ses talents militaires, il se reposa sur ses assurances formelles et s'attendit jusqu'au bout à un nouvel effort de sa part, pour sauver la vieille capitale de la Russie. Il ne pouvait croire qu'il abandonnât sans nouveaux combats Moscou, la ville sainte. « Il est certain, dit le général de Ségur, que Koutouzow trompa le gouverneur jusqu'au dernier moment, et qu'il lui jurait sur ses cheveux blancs qu'il se ferait tuer avec lui devant Moscou. » Cela explique la nouvelle proclamation que Rostopchine fit afficher le 11 septembre, et qui renfermait cet ardent et suprême appel de la Russie à tous ses enfants :

« Frères, nous sommes nombreux et prêts à sacrifier nos vies pour le salut de la patrie, et pour empêcher le méchant d'entrer à Moscou ; mais il faut pour cela que vous m'aidiez. C'est un péché d'abandonner les siens. Moscou est notre mère, elle nous a abreuvés, nourris et enrichis. Au nom de la sainte Vierge, je vous convie à la défense des temples du Seigneur, de Moscou, de la Russie ! Armez-vous de tout ce que vous pouvez, à pied, à cheval ; prenez du pain seulement pour trois jours ; allez avec la croix, précédés par les bannières que vous prendrez dans les églises, et rassemblez-vous à l'instant sur les trois montagnes ; je serai avec vous, nous exterminerons ensemble les envahisseurs. Gloire dans le ciel à ceux qui iront ; paix éternelle à ceux qui mourront ; punition au jugement à ceux qui reculeront. »

Rostopchine s'attendait donc à une bataille imminente et il se préparait à y prendre part avec tous les hommes de cœur qui se trouvaient encore à Moscou. Néanmoins il avait prévu la possibilité d'une défaite, et il continuait à prescrire les mesures nécessaires pour cette éventualité. Par ses ordres et ses soins, le Sénat et toutes les administrations publiques avaient déjà quitté la ville avec leur matériel ; les trésors du Kremlin, les richesses de tout genre accumulées dans Moscou, avaient été emportés, et toute la partie de la population incapable de porter les armes s'était éloignée. Il fit partir pour le nord de la Russie sa femme et ses enfants, qui jusqu'alors étaient restés près de lui : leurs adieux furent douloureux, car il s'attendait à ne jamais les revoir ; mais en même temps ils se ressentirent de la grandeur solennelle des circonstances. Au moment du départ, il réunit ses enfants, et s'agenouillant en leur présence devant sa femme, il leur dit : « Mes enfants, peut-être ne nous reverrons-nous plus en ce monde. J'ai voulu, avant de vous dire adieu, vous bénir et demander pardon, devant vous, à votre mère, des peines que j'ai pu lui causer. C'est une sainte, et j'aurais dû suivre toujours ses conseils. Souvenez-vous de ce moment, et si je meurs, obéissez-lui comme à moi-même. » Alors il se releva, bénit ses enfants, embrassa sa femme qui pleurait, et ordonna le départ. C'est ainsi que savait s'humilier devant la vertu et la piété ce fier descendant des Tartares qui ne s'abaissa jamais devant ses souverains ni devant ses ennemis.

11

Cependant le temps s'écoulait, et Rostopchine attendait d'heure en heure le signal du combat annoncé et promis par Koutouzow. La journée du 12 septembre se passa dans cette attente impatiente ; déjà les avant-postes de l'armée russe touchaient aux portes de Moscou, et la bataille ne commençait pas. Mais Rostopchine apprit que le généralissime avait fait élever des retranchements à Mamonovo, et qu'il avait annoncé par un ordre du jour qu'il allait tenter de nouveau avec pleine confiance le sort des combats. Le lendemain 13, malgré les préparatifs de la veille, Koutouzow recula encore jusqu'à une demi-lieue des faubourgs de Moscou, et prit position à Setoun, en avant du village de Fili. Le matin de ce même jour, il fit demander au gouverneur de Moscou de venir s'entendre avec lui au sujet de la défense de la ville, et le convoqua même au conseil de guerre qu'il devait tenir à cinq heures du soir, pour prendre une résolution définitive. Ses forces, malgré les affirmations peut-être sincères, mais erronées, du comte Rostopchine dans ses proclamations, étaient inférieures à celles de Napoléon, et de plus, mal armées et démoralisées ; de là ses indécisions et ses hésitations.

Le gouverneur quitta dans la matinée la vieille capitale, que l'arrivée d'un immense convoi de blessés venait de remplir de pitié et d'épouvante, et il se rendit au camp de Koutouzow. Voici le récit de leur entrevue, raconté par lui-même dans un des fragments de ses mémoires heureusement copiés par sa fille.

« Je trouvai le prince Koutouzow assis, se chauffant auprès du feu ; il était entouré de généraux, d'aides de camp qui demandaient des ordres. Il renvoyait les uns et les autres tantôt à Barclay, tantôt à Benningsen, quelquefois au colonel Toll, quartier-maître, son favori et digne de son protecteur. Il me reçut avec une grande politesse et me prit à l'écart. Nous restâmes à deux pendant une demi-heure. J'eus alors avec cet homme[1] une conversation bien curieuse et qui montre la bassesse, l'incapacité et la poltronnerie du chef de nos armées, auquel on confia le salut de la patrie et qui ne fit pourtant rien pour mériter le titre de sauveur de la Russie qu'on lui décerna.

« Il me déclara qu'il était décidé à livrer bataille à Napoléon dans ce même endroit. Je lui fis observer que le terrain derrière sa position allait en pente assez rapide jusqu'à la ville, et que si l'ennemi faisait reculer un peu notre ligne, elle entrerait pêle-mêle avec lui dans les rues de Moscou; il n'y aurait pas moyen de retirer de là notre armée, et il risquait de la perdre entière. Il continua à m'assurer qu'on ne le forcerait pas à quitter cette position, mais que si par hasard il devait se retirer, il se porterait sur Twer. Sur mon observation qu'il manquerait de vivres, il lui échappa de dire : *Mais il faut nous occuper du nord et le couvrir.* Il avait en vue la résidence de l'empereur et il ne faisait pas attention à deux choses : c'est que si le corps de Wittgenstein était détruit, Saint-Cyr serait à Saint-Pétersbourg bien avant lui; et secondement, que Napoléon ne pouvait avoir le projet, après avoir occupé Moscou, de marcher au mois de septembre, pendant six semaines, pour s'emparer de Pétersbourg à la fin d'octobre. D'ailleurs, en suivant la route de Twer, Koutouzow se serait séparé de ses renforts, et l'ennemi devenait maître du pays jusqu'à la mer Noire. Je lui demandai s'il ne songeait pas à se

1. Je dois rappeler ici, pour expliquer la sévérité de ce récit, qu'une inimitié profonde régnait entre Rostopchine et Koutouzow, et que le gouverneur ne lui pardonna jamais l'abandon de Moscou après tant de promesses de la défendre jusqu'à la mort.

porter sur la route de Kalouga, sur laquelle se dirigeaient les approvisionnements de l'intérieur ; il me répondit évasivement. La raison en était que le corps du roi de Naples avait pris cette direction après la bataille de Borodino, et qu'il voulait éviter sa rencontre. Il se mit à bavarder sur le combat qu'il allait livrer, me priant de venir le surlendemain avec l'archevêque et les deux images miraculeuses de la sainte Vierge ; il voulait, à ce qu'il disait, les faire passer le long de la ligne, avec le clergé en tête, récitant des prières et aspergeant les combattants d'eau bénite. Il me pria de lui envoyer quelques bouteilles de vin, et me prévint que le lendemain il n'y aurait rien, parce que, disait-il : *Je connais la méthode de Napoléon; il s'arrêtera ce soir, laissera reposer ses troupes un jour, fera une reconnaissance après-demain et viendra m'attaquer le jour d'après.*

« Nous revînmes avec lui près du feu, où les généraux étaient réunis et se disputaient. Dochtorow, qui devait commander l'aile gauche, vint annoncer qu'il n'y avait pas moyen de faire passer l'artillerie, à cause de l'escarpement des bords de la rivière et d'une montagne à pic. Je parlai à Barclay, qui me dit : *Voyez ce qu'on veut faire; la seule chose que je désire c'est d'être tué, si on veut faire la folie de se battre où nous sommes.* Benningsen, que je n'avais pas vu depuis la mort de l'empereur Paul, vint à moi ; je surmontai l'horreur que m'inspirait le chef des bourreaux de mon bienfaiteur, et j'appris de lui qu'il ne croyait pas à la bataille que Koutouzow annonçait ; qu'ils ne savaient pas eux-mêmes combien d'hommes ils avaient sous les armes, et que la retraite, qui était indispensable, devait être suivie de l'occupation de Moscou par l'ennemi. Les soldats étaient mornes, les officiers abattus; un chaos terrible; chacun donnait son avis, on se disputait partout. »

« .... A onze heures du soir, poursuit Rostopchine, on m'annonça le duc de Wurtemberg et le prince Auguste d'Oldenbourg, l'un général en chef, l'autre lientenant-général, attachés à l'armée. Ils venaient m'engager à aller ensemble chez le prince Koutouzow, pour le décider à ne pas abandonner Moscou et à livrer bataille. Mon explication ne fut pas longue. Je leur demandai s'ils avaient insisté au conseil sur la nécessité de se battre; ils me répondirent qu'ils n'y avaient même pas été invités. Je fis alors observer à Leurs Altesses qu'étant, l'un oncle et l'autre cousin germain de l'empereur, ils avaient bien plus de droits que moi de faire changer d'avis au prince Koutouzow, et que d'ailleurs j'avais tant à faire jusqu'au matin, que je ne voulais pas sacrifier cinq heures à un voyage que je prévoyais devoir être inutile. Les princes me déclarèrent qu'ils s'étaient présentés chez le maréchal, mais qu'il dormait et qu'on ne les avait pas laissés entrer. Après s'être beaucoup lamentés et avoir blâmé vivement le commandant en chef de l'armée, ils me quittèrent pénétrés de douleur et stupéfaits de l'abandon de Moscou. »

Les deux princes n'apprenaient rien à Rostopchine en lui annonçant la résolution de Koutouzow. Il avait perdu tout espoir en quittant le maréchal, et ce qu'il avait entendu de sa bouche, ce qu'il avait vu de l'état de l'armée l'avait rempli, non de découragement, mais de colère. Il avait refusé d'assister au conseil de guerre dont il prévoyait trop l'issue, et qui se termina en effet par l'ordre de battre en retraite sans livrer bataille. « Quand il revint en ville, dit Domergue, on remarqua la pâleur de son visage et l'agitation convulsive de ses traits. » L'homme et le citoyen étaient également révoltés, l'un d'avoir été joué, l'autre d'être trahi avec la capitale dont il répondait à l'empereur, à la patrie et à Dieu. S'il n'avait pas conçu jusque-là la résolution ou du moins la pensée de l'incendie de Moscou comme l'unique voie qui restât ouverte pour le salut et l'honneur de la Russie, il dut la concevoir en ce moment.

Aussi, dans son entretien avec le prince Eugène de Wurtemberg, rapporté dans les mémoires du prince sur la campagne de 1812, il lui dit avec émotion : « Si on me consultait, je n'hésiterais pas à dire : « Brûlez la capitale « plutôt que de la livrer à l'ennemi ! » Telle est l'opinion du comte Rostopchine. Quand au gouverneur de la ville, qui a la mission de veiller à son salut, celui-là ne peut donner ce conseil. »

Cette distinction entre l'homme privé et le personnage officiel jette un grand jour sur les sentiments de Rostopchine, sur sa conduite dans ces moments suprêmes et sur ses dénégations futures. Quand nous examinerons la question à fond, nous trouverons là, peut-être, le mot de l'énigme et la solution du problème. Quoi qu'il en soit, cette communication émut vivement le prince de Wurtemberg, qui comprit sans doute que l'opinion du gouverneur céderait devant la conviction du citoyen. Il répondit à Rostopchine : « Je ne suis pas Russe, et il n'y aurait qu'un Russe qui fût en droit de donner un tel conseil ! » Et, de retour au camp, il s'écria plusieurs fois, au grand étonnement de ceux qui l'entouraient : « C'est incroyable ! Ce serait un acte colossal, et pourtant le remède héroïque dans cette terrible crise. »

Dans cette même soirée du 13 septembre, le comte Rostopchine reçut une dépêche de Koutouzow qui l'informait officiellement de l'abandon de Moscou et lui demandait des officiers de police pour guider l'armée jusqu'à la route de Riaisan, à travers la ville. Il prit aussitôt la plume, et, frémissant de colère, écrivit à l'empereur Alexandre la lettre suivante, qui parvint à Saint-Pétersbourg le 18 :

« Un aide de camp du prince Koutouzow m'a apporté une lettre par laquelle le prince me demande des officiers de police pour guider l'armée jusqu'à la route de Riaisan. Majesté! la conduite de Koutouzow décide du sort de la capitale et de tout votre empire. La Russie frémira quand elle apprendra l'évacuation de la ville où se concentre toute la grandeur de l'État et où repose la poudre des ancêtres de Votre Majesté. Je suis l'armée; j'emmène tout; il ne me reste qu'à pleurer sur la patrie. »

Alexandre était resté sans nouvelles de Koutouzow depuis le 10 septembre, et il croyait encore, sur la foi de ses dépêches, à la victoire de ses troupes à Borodino. Cette lettre de Rostopchine, en lui révélant d'un mot l'étendue d'un désastre qu'il ne soupçonnait même pas, le remplit de douleur, de colère et de désespoir. Mais il se remit vite de cette première et terrible émotion, et il fut assez maître de lui pour ne pas enlever à Koutouzow le commandement de ses armées. Il eut raison, car, le plus souvent, le changement d'un général en chef après une bataille perdue équivaut à une nouvelle défaite.

Après avoir expédié cette lettre à l'empereur, Rostopchine s'occupa, avec une activité que centuplait sa colère, des dernières mesures à prendre pour l'évacuation de Moscou. Parmi ces mesures, il en est une que tous les historiens ont considérée comme la preuve la plus certaine de son parti pris de faire incendier la capitale, c'est l'enlèvement des pompes à feu, qu'il fit partir de Moscou avec tout leur personnel. Le général Wolzogen, que nous avons déjà cité, raconte qu'au sortir de Moscou, il rencontra le long convoi de ces pompes, et, qu'étonné de ce spectacle, il demanda au comte Rostopchine qui chevauchait près de lui, pourquoi il les avait emmenées. « J'ai eu de bonnes raisons pour cela, » lui répondit le gouverneur, qui se hâta d'ajouter : « Toujours est-il que pour ma personne, je n'ai emporté que le cheval que je monte et l'habillement dont je suis vêtu. » Cette anecdote, dont je ne vois aucun motif de suspecter la véracité, suffirait seule à prouver qu'en éloignant de Moscou les pompes à incendie, Rostopchine avait un autre but que de les enlever à l'ennemi.

Il avait fait également évacuer les prisons de la ville, et les condamnés qu'elles renfermaient, au nombre de huit cents, avaient été dirigés sur Nijni-Novogorod. Il n'y restait plus, le 14, que quelques vagabonds, comme la police de toutes les grandes villes en ramasse à toutes les heures du jour et de la nuit, qu'il fit mettre en liberté, et deux détenus, l'un français et l'autre russe. Ce dernier était le fils d'un marchand de Moscou, nommé Véreschtchaghine, qui, d'après le comte de Maistre, avait été élevé dans un collège de Paris; il était accusé d'avoir composé ou traduit une proclamation de Napoléon que le gouvernement russe voulait cacher aux habitants de Moscou. « Ce jeune marchand, dit Rostopchine lui-même dans la brochure sur l'incendie de Moscou, qu'on prétend être une victime de son étourderie, avait composé et non traduit une proclamation de Napoléon. Il voulut compromettre d'autres personnes, fut trouvé coupable par le Sénat et jugé digne du dernier supplice. Il fut le seul traître de toute la ville de Moscou. Son esprit avait été perverti par un précepteur allemand, membre d'une société secrète. Le père de ce jeune homme était si indigné de sa conduite qu'il voulait le tuer de sa propre main. »

Le comte Rostopchine aurait pu en dire plus encore sur ce point, car d'après les souvenirs très présents des membres de sa famille, une scène dramatique et qui peint vivement le patriotisme farouche des vieux Russes s'était passée entre lui et ce malheureux père, peu de jours avant l'exécution de son fils. Un soir, le gouverneur de Moscou était à table quand on vint lui dire qu'un vieillard demandait à lui parler : c'était le marchand Véreschtchaghine. Il s'attendait à des prières, à des larmes, à des supplications impossibles à exaucer, mais qui par avance troublaient profondément ses entrailles paternelles. Son émotion fut non moins grande, mais bien différente, en entendant le vieillard protester avec indignation contre le crime de son fils et s'écrier que, s'il était reconnu coupable d'avoir trahi Moscou, la ville sainte, la mère de tous les Russes, il venait, tout le premier, demander qu'il en fût fait une justice exemplaire. On voit que la race des Brutus n'est pas morte encore dans ces populations plus jeunes et plus énergiques que les nôtres.

La mort du malheureux jeune homme a été racontée diversement par les historiens ; en voici le récit le plus véridique, à mon jugement, d'après les souvenirs du comte Serge Rostopchine, fils aîné du gouverneur, et du maître de police Broher, témoins oculaires de l'événement : il concorde avec celui des historiens les plus dignes de foi, et spécialement du pieux curé catholique de Moscou, l'abbé Surugues, qui a laissé sur cette époque un écrit très estimé.

Quelques minutes avant de quitter son hôtel, vers quatre heures du matin, le comte Rostopchine donna l'ordre d'amener au bas de son perron Véreschtchaghine et un Français, accusés tous deux d'avoir distribué des proclamations de Napoléon. Au moment de monter à cheval, Rostopchine, s'adressant au Français, lui dit : « Allez vers votre maître, et racontez-lui que vous avez vu punir le seul traître qu'il y ait eu en Russie. » Puis il dit aux soldats de police qui se trouvaient là, en leur désignant le jeune Russe : « Sabrez-le. » Un d'eux lui donna un coup de sabre sur la nuque, et il tomba sans connaissance. Une centaine de gens du peuple regardaient par la grille de la cour. Aussitôt que le gouverneur se fut éloigné, ils se précipitèrent sur le malheureux qui respirait encore, et le mirent en pièces.

On a vivement reproché à Rostopchine cette exécution, qu'on a qualifiée d'acte de cruauté inutile; plusieurs ont été jusqu'à la considérer presque comme un assassinat. Il y a là une étrange exagération et un oubli complet des nécessités de la guerre comme des droits de la justice. On peut et l'on doit regretter la forme sommaire et, pour tout dire en un mot, révolutionnaire de cet acte de rigueur, mais au fond, ce n'était que la juste exécution d'une sentence régulière. A moins de contester sans motif les allégations du comte Rostopchine, qu'aucun historien n'a démenties, et de lui supposer l'iniquité gratuite d'avoir voulu immoler un innocent, il faut admettre que Véreschtchaghine avait été accusé de trahison, convaincu de ce crime, jugé et condamné par le Sénat de Moscou, et que sa mort fut le juste châtiment de sa faute. Rostopchine, au moment de quitter Moscou et de la livrer à un ennemi détesté ou à l'incendie, ne crut pas devoir laisser impuni un tel crime, le seul de cette nature que cette guerre eût produit, et il ne voulut pas que le coupable pût survivre à la vieille capitale. On peut trouver cette conduite rigoureuse, il me semble difficile qu'on la trouve criminelle.

Au moment où s'accomplissait cette scène sanglante, l'armée russe traversait Moscou, et les restes éperdus de la population se pressaient à sa suite aux portes de la ville. Je ne chercherai pas, après tant d'autres, à peindre le tableau de cette foule fuyant épouvantée à l'approche de l'ennemi, le désordre de la fuite, les cris des enfants, les gémissements des femmes et des hommes eux-mêmes, abandonnant avec leur asile tout ou partie de ce qu'ils possédaient. Hélas! nous n'avons pas à remonter bien loin dans notre histoire pour trouver dans nos souvenirs une peinture de ces misères, plus éloquente que toutes les descriptions. Je me bornerai à rapporter les circonstances du départ du comte Rostopchine, racontées par lui-même dans le dernier de ses mémoires, échappé au secret de la chancellerie de Saint-Pétersbourg. On sent dans ces lignes, écrites plus de dix ans après la catastrophe, l'amertume et la tristesse toujours vivantes que le souvenir de cette terrible guerre avait déposées dans son cœur.

« Mon ordonnance revint me dire que Milaradowitsch, avec notre arrière-garde, avait traversé la rue de l'Arbate, et que l'avant-garde de l'ennemi le suivait immédiatement. Je montai à cheval et me dirigeai du côté de la barrière de Rézan; près du pont de la Yaousa, je trouvai le prince Koutouzow avec son escorte. Je le saluai et ne voulus pas lui adresser la parole; mais lui, en me donnant le bonjour (ce qui pouvait être pris pour un sarcasme), me dit : *Je puis vous assurer que je ne m'éloignerai pas de Moscou sans livrer bataille*. Je ne lui répondis rien, car la réponse à une bêtise ne peut être qu'une sottise.

« Avant d'arriver au pont, je fus arrêté par une douzaine d'officiers blessés et à pied; ils me prièrent de leur donner de l'argent. Je vidai mes poches, mais mon offrande ne fut pas proportionnée au désir que j'avais de leur être utile. Ils me remercièrent, les larmes aux yeux; les miennes coulèrent aussi; j'étais attendri de voir des officiers mutilés, réduits à demander l'aumône pour ne pas mourir de faim.

« Arrivé à la barrière, j'eus de la peine à passer, à cause de la grande quantité de voitures et de troupes qui se pressaient pour sortir de la ville. Au moment où je dépassai la porte, on tira trois coups de canon pour dissiper la populace. Ces coups étaient le signal de l'occupation de la capitale, et m'annoncèrent que j'avais cessé d'en être le chef. Je retournai mon cheval et saluai cette première cité de l'empire russe, où j'avais vu le jour et dont j'avais été le gardien. Mon devoir était rempli, ma conscience était pure; mais la douleur m'oppressait et je me voyais réduit à porter envie aux Russes tués à la bataille de Borodino : ceux-là du moins ne furent pas témoins du triomphe de Napoléon! »

A ce récit poignant, je n'ajouterai, pour le compléter, qu'une circonstance significative, empruntée à des souvenirs de famille. Au moment où le comte Rostopchine envoyait un adieu suprême à la ville sainte, son fils aîné, Serge, qui s'était engagé au début de la campagne, quoiqu'il ne fût âgé que de seize ans, était à cheval auprès de lui. En se découvrant, le gouverneur dit avec émotion à son fils : « Salue Moscou pour la dernière fois : dans une demi-heure, elle sera en flammes! »

Ces paroles solennelles n'ont pas besoin de commentaires. Tels furent les adieux du comte Rostopchine à Moscou : c'était le 14 septembre 1812, vers onze heures de la matinée.

CHAPITRE II

Entrée de Napoléon et de son armée à Moscou. — Incendie de la ville. — Retour de Napoléon au Kremlin. — Pillage de Moscou. — Situation critique de Napoléon. — Examen du rôle de Rostopchine dans cette catastrophe. — Discussion de sa brochure sur l'incendie de Moscou. — Jugement de l'événement en lui-même. — Le comte Rostopchine met le feu de sa main à son château de Voronovo. — Ses lettres à Alexandre contre Koutouzow. — Il rentre à Moscou après le départ de Napoléon. — Ses mesures pour réparer les désastres de l'incendie. — Sentiments de la population à son égard. — Arrivée d'Alexandre. — Disgrâce du comte Rostopchine. — Il donne sa démission. — 1812 à 1814.

Au moment même où le comte Rostopchine sortait de Moscou, les éclaireurs de l'armée de Napoléon y entraient par le côté opposé, et le gros de ses troupes, couronnant les hauteurs qui les séparaient encore de la ville, apercevaient la vieille cité moscovite et la saluaient de mille acclamations. Cette capitale de la Russie, qu'ils ne croyaient jamais atteindre, que l'empereur leur avait représentée comme le terme de leur périlleuse et lointaine aventure, et dont la conquête devait être le commencement de leur gloire, elle était là devant eux, avec ses sept collines, comme Rome, et ses innombrables églises surmontées de huit ou neuf cents clochers dorés ou peints de brillantes couleurs, qui étincelaient aux feux d'un beau soleil de septembre. Aucun obstacle, aucune troupe ennemie, aucune distance à franchir, ne les séparaient plus de cette dernière conquête où ils allaient trouver le repos, une vie abondante et facile et bientôt une paix glorieuse. Ce fut un beau moment où l'espérance, l'orgueil et l'enthousiasme, affaiblis dans toutes les âmes, éteints dans plusieurs, se rallumèrent plus ardents que jamais, et brillèrent d'un éclat qui devait être le dernier.

Napoléon lui-même, à l'aspect de l'antique cité, de cette illustre capitale, la seule de l'Europe continentale qui n'eût point encore reçu sa visite victorieuse, tressaillit d'une orgueilleuse joie. Ce premier sentiment fut vif mais court : « La voilà donc enfin, cette ville fameuse! » Tel fut son premier cri. Le second, qui suivit immédiatement, fut : « Il était temps! » Ce mot qui révèle les secrètes inquiétudes et les angoisses auxquelles son âme était livrée depuis Smolensk et même depuis Wilna, renfermait encore une profonde illusion. Il avait compté sans le patriotisme des Russes, sans l'énergie de Rostopchine, et s'il eût pu entrevoir l'avenir prochain, immédiat, qui l'attendait à Moscou, au lieu de dire : « Il était temps! » il se serait écrié : « Il est trop tard! »

Un premier désappointement vint dissiper son ivresse : il s'attendait à voir les autorités de la capitale, le comte Rostopchine en tête, s'avancer au devant de lui, comme celles de Vienne, de Berlin ou de Madrid, et lui offrir les clefs de la ville, en implorant sa clémence. Personne ne vint. Deux heures se passèrent dans cette attente, calme d'abord, puis impatiente et irritée. Enfin, quelques officiers qui s'étaient aventurés dans les faubourgs accoururent apporter cette étonnante nouvelle, qui se répandit en un instant dans toute l'armée : « Moscou est déserte. » Napoléon repoussa d'abord cette annonce avec colère, refusant d'y croire comme à tout ce qui contrariait ses plans et déconcertait son génie : mais il fallut bien se rendre à l'évidence. Il comprima son irritation, et voulant cacher son désappointement à ceux qui l'entouraient, peut-être même donner le change à ses propres inquiétudes, il haussa les épaules, et poussa son cheval vers les portes de la ville en disant avec dédain : « Ah! les Russes ne savent pas encore l'effet que produira sur eux la prise de leur capitale! »

Il faisait sombre quand l'empereur entra dans Moscou; il passa la nuit dans une maison du faubourg de Dorogomilow, et dès le soir même nomma le maréchal Mortier gouverneur de la ville : « Surtout, lui dit-il, point de pillage! Vous m'en répondez sur votre tête. Défendez Moscou envers et contre tous. »

Dès cette première nuit, des bruits sinistres arrivèrent jusqu'à lui. Vers deux heures du matin, le feu éclata au palais marchand, au centre de la ville : on le combattit énergiquement, et on s'en rendit maître. Au point du jour, l'empereur prit possession du Kremlin, et il eut encore, en pénétrant dans le vieux palais des czars, un rapide mouvement d'orgueil. Mais son front assombri et ses regards inquiets décelaient les secrètes préoccupations de son âme. Cette journée du 15 se passa sans incidents nouveaux : les incendiaires restèrent cachés; on put encore douter de leurs projets, et même de leur existence. Mais dans la nuit du 15 au 16, l'incendie éclata dans toute son horreur. Je ne chercherai pas, après tant d'autres, à en faire la description. Il faut avoir vu ces choses pour les bien raconter. J'emprunterai donc le récit du général Philippe de Ségur, qui forme une des plus belles pages de son beau livre sur la campagne de 1812. Je l'ai choisi entre tous les autres parce qu'il émane d'un témoin oculaire, spectateur et acteur dans le drame qu'il raconte, puis parce que nul ne me paraît l'avoir décrit d'une façon plus vraie et plus saisissante, enfin parce que je lui suis uni par des liens d'affection et de respect que sa mort n'a pas rompus.

« Deux officiers s'étaient établis dans un des bâtiments du Kremlin. De là, leur vue pouvait embrasser le nord et l'ouest de la ville. Vers minuit, une clarté extraordinaire les réveille. Ils regardent, et voient des flammes sortir des palais, dont elles illuminent d'abord et font bientôt écrouler l'élégante et noble architecture. Ils remarquent que le vent du nord chasse directement ces flammes sur le Kremlin... Ce vent augmentait à chaque instant d'impétuosité. L'élite de l'armée et l'empereur étaient perdus, si une seule des flammèches qui volaient sur nos têtes s'était posée sur un seul caisson. C'est ainsi que, pendant plusieurs heures, de chacune des étincelles qui traversaient les airs, dépendit le sort de l'armée entière.

« Enfin le jour, un jour sombre, parut; il vint s'ajouter à cette grande horreur, la pâlir, lui ôter son éclat. Beaucoup d'officiers se réfugièrent dans les salles du palais. Les chefs et Mortier lui-même, vaincus par l'incendie qu'ils combattaient depuis trente-six heures, y vinrent tomber d'épuisement et de désespoir.

« Ils se taisaient et nous nous accusions. Il semblait à la plupart que l'indiscipline et l'ivresse de nos soldats avaient commencé ce désastre et que la tempête l'achevait. Nous nous regardions nous-mêmes avec une espèce de dégoût. Le cri d'horreur qu'allait jeter l'Europe nous effrayait. On s'abordait les yeux baissés, consternés d'une si épouvantable catastrophe; elle souillait notre gloire, elle nous en arrachait le fruit; elle menaçait notre existence présente et à venir; nous n'étions plus qu'une armée de criminels dont le ciel et le monde civilisé devaient faire justice. On ne sortait de cet abîme de pensées et des accès de fureur qu'on éprouvait contre les incendiaires, que par la recherche avide des nouvelles, qui toutes commençaient à accuser les Russes seuls de ce désastre.

« En effet, des officiers arrivaient de toutes parts, tous s'accordaient. Dès la première nuit, celle du 14 au 15, un globe enflammé s'était abaissé sur le palais du prince Troubetskoï et l'avait consumé; c'était un signal. Aussitôt le feu avait été mis à la Bourse; on avait aperçu des soldats de police russes l'attiser avec des lances goudronnées. Ici, des obus perfidement placés venaient d'éclater dans les poêles de plusieurs maisons; ils avaient blessé les militaires qui se pressaient autour. Alors, se retirant dans des quartiers encore debout, ils étaient allés se choisir d'autres asiles; mais, près d'entrer dans ces maisons, toutes closes et inhabitées, ils avaient entendu en sortir une faible explosion; elle avait été suivie d'une légère fumée, qui aussitôt était devenue épaisse et noire, puis rougeâtre, enfin couleur de feu, et bientôt l'édifice entier s'était abîmé dans un gouffre de flammes.

« Tous avaient vu des hommes d'une figure atroce, couverts de lambeaux, et des femmes furieuses errer dans ces flammes et compléter une épouvantable image de l'enfer. Ces misérables, enivrés de vin et du succès de leur crime, ne daignaient plus se cacher; ils parcouraient triomphalement ces rues embrasées; on les surprenait armés de torches, s'acharnant à propager l'incendie; il fallait leur abattre les mains à coups de sabre pour leur faire lâcher prise. On se disait que ces bandits avaient été déchaînés par les chefs russes pour brûler Moscou, et qu'en effet, une si grande, une si extrême résolution, n'avait pu être prise que par le patriotisme, et exécutée que par le crime.

« Aussitôt l'ordre fut donné de fusiller sur place tous les incendiaires. L'armée était sur pied. La vieille garde, qui tout entière occupait une partie du Kremlin, avait pris les armes ; les bagages, les chevaux tout chargés remplissaient les cours ; nous étions mornes d'étonnement, de fatigue, et du désespoir de voir périr un si riche cantonnement. Maîtres de Moscou, il fallait donc aller bivouaquer sans vivres à ses portes !

« Pendant que nos soldats luttaient encore avec l'incendie et que l'armée disputait au feu cette prise, Napoléon, dont on n'avait pas osé troubler le sommeil pendant la nuit, s'était éveillé à la double clarté du jour et des flammes. Dans son premier mouvement, il s'irrita, et voulut commander à cet élément ; mais bientôt il fléchit et s'arrêta devant l'impossibilité. Surpris, quand il a frappé au cœur d'un empire, d'y trouver un autre sentiment que celui de la soumission et de la terreur, il se sent vaincu et surpassé en déterminations.

« Cette conquête pour laquelle il a tout sacrifié, c'est comme un fantôme qu'il a poursuivi, qu'il a cru saisir, et qu'il voit s'évanouir dans les airs en tourbillons de fumée et de flammes. Alors une extrême agitation s'empare de lui ; on le croirait dévoré des feux qui l'environnent. A chaque instant il se lève, marche et se rassied brusquement. Il parcourt ses appartements d'un pas rapide ; ses gestes courts et véhéments décèlent un trouble cruel : il quitte, reprend et quitte encore un travail pressé, pour se précipiter à ses fenêtres et contempler les progrès de l'incendie. De brusques et brèves exclamations s'échappent de sa poitrine oppressée : « Quel effroyable spectacle ! Ce « sont eux-mêmes ! Tant de palais ! Quelle résolution « extraordinaire ! Quels hommes ! Ce sont des Scythes ! »

« Entre l'incendie et lui se trouvait un vaste emplacement désert, puis la Moskowa et ses deux quais ; et pourtant les vitres des croisées contre lesquelles il s'appuie sont déjà brûlantes, et le travail continuel des balayeurs, placés sur les toits de fer du palais, ne suffit pas pour écarter les nombreux flocons de feu qui cherchent à s'y poser.

« En cet instant, le bruit se répand que le Kremlin est miné ; des Russes l'ont dit, des écrits l'attestent ; quelques domestiques en perdent la tête d'effroi : les militaires attendent impassiblement ce que l'ordre de l'empereur et leur destin décideront, et l'empereur ne répond à cette alarme que par un sourire d'incrédulité.

« Mais il marche encore convulsivement, il s'arrête à chaque croisée, et regarde le terrible élément victorieux dévorer avec fureur sa brillante conquête ; se saisir de tous les ponts, de tous les passages de sa forteresse ; le cerner, l'y tenir comme assiégé ; envahir à chaque minute les maisons environnantes ; et, le resserrant de plus en plus, le réduire enfin à la seule enceinte du Kremlin...

« Déjà nous ne respirions plus que la fumée et des cendres. La nuit approchait et allait ajouter son ombre à nos dangers ; le vent d'équinoxe, d'accord avec les Russes, redoublait de violence. On vit alors accourir le roi de Naples et le prince Eugène : ils se joignirent au prince de Neuchatel, pénétrèrent jusqu'à l'empereur, et là, de leurs prières, de leurs gestes, à genoux, ils le pressent, et veulent l'arracher de ce lieu de désolation. Ce fut en vain.

« Napoléon, maître enfin du palais des czars, s'opiniâtrait à ne pas céder cette conquête, même à l'incendie, quand tout à coup un cri : « Le feu est au Kremlin ! »

passe de bouche en bouche, et nous arrache à la stupeur contemplative qui nous avait saisis. L'empereur sort pour juger le danger. Deux fois le feu venait d'être mis et éteint dans le bâtiment sur lequel il se trouvait; mais la tour de l'arsenal brûle aussi. Un soldat de police vient d'y être trouvé. On l'amène, et Napoléon le fait interroger devant lui. C'est ce Russe qui est l'incendiaire; il a exécuté sa consigne, au signal donné par son chef. Tout est donc voué à la destruction, même le Kremlin antique et sacré. L'empereur fit un geste de mépris et d'humeur; on emmena ce misérable dans la première cour, où les grenadiers furieux le firent expirer sous leurs baïonnettes.

« Cet incident avait décidé Napoléon. Il descend rapidement cet escalier du Nord, fameux par le massacre des Strélitz, et ordonne qu'on le guide hors de la ville, à une lieue sur la route de Pétersbourg, vers le château impérial de Pétrowsky. Mais nous étions assiégés par un océan de flammes: elles bloquaient toutes les portes de la citadelle et repoussèrent les premières sorties qui furent tentées. Après quelques tâtonnements, on découvrit une poterne qui donnait sur la Moskowa. Ce fut par cet étroit passage que Napoléon, ses officiers et sa garde, parvinrent à s'échapper du Kremlin. Mais qu'avaient-ils gagné à cette sortie? plus près de l'incendie, ils ne pouvaient reculer ni demeurer; et comment avancer, comment s'élancer à travers les vagues de cette mer de feu? Ceux qui avaient parcouru la ville, assourdis par la tempête, aveuglés par les cendres, ne pouvaient plus se reconnaître, puisque les rues disparaissaient dans la fumée et sous les décombres.

« Il fallait pourtant se hâter. A chaque instant croissait autour de nous le mugissement des flammes. Une seule

rue étroite, tortueuse et toute brûlante, s'offrait plutôt comme l'entrée que comme la sortie de cet enfer. L'empereur s'élança à pied et sans hésiter dans ce dangereux passage. Il s'avança au travers du pétillement de ces brasiers, au bruit du craquement des voûtes et de la chute des poutres brûlantes et des toits de fer ardent qui croulaient autour de lui. Ces débris embarrassaient ses pas. Les flammes, qui dévoraient avec un bruissement impétueux les édifices entre lesquels il marchait, dépassant leur faîte, fléchissaient alors sous le vent et se recourbaient sur nos têtes. Nous marchions sur une terre de feu, sous un ciel de feu, entre deux murailles de feu ! Une chaleur pénétrante brûlait nos yeux, qu'il fallait cependant tenir ouverts et fixés sur le danger. Un air dévorant, des cendres étincelantes, des flammes détachées, embrasaient notre respiration courte, sèche, haletante, et déjà presque suffoquée par la fumée. Nos mains brûlaient en cherchant à garantir notre figure d'une chaleur insupportable, et en repoussant les flammèches qui couvraient à chaque instant et pénétraient nos vêtements.

« Dans cette inexprimable détresse, et quand une course rapide paraissait notre seul moyen de salut, notre guide incertain et troublé s'arrêta. Là, se serait peut-être terminée notre vie aventureuse, si des pillards du premier corps n'avaient point reconnu l'empereur au milieu des tourbillons de flammes ; ils accoururent, et le guidèrent vers les décombres fumants d'un quartier réduit en cendres dès le matin.

« Ce fut alors que l'on rencontra le prince d'Eckmühl. Ce maréchal, blessé à la Moskowa, se faisait rapporter dans les flammes pour en arracher Napoléon ou y périr avec lui. Il se jeta dans ses bras avec transport : l'empereur l'accueillit bien, mais avec ce calme qui dans le péril ne le quittait jamais.

« Pour échapper à cette vaste région de maux, il fallut encore qu'il dépassât un long convoi de poudre qui défilait au travers de ces feux. Ce ne fut pas son moindre danger, mais ce fut le dernier, et l'on arriva avec la nuit à Pétrowsky. »

Le lendemain, 17 septembre, Napoléon tourna ses premiers regards sur Moscou, espérant voir l'incendie se calmer. Il le revit dans toute sa violence : toute la cité lui parut une vaste trombe de feu qui s'élevait en tourbillonnant jusqu'au ciel, et le colorait fortement. Absorbé par cette funeste contemplation, il ne sortit d'un morne et long silence que pour s'écrier : « Ceci nous présage de grands malheurs ! »

L'incendie se prolongea jusqu'au 19 dans toute son intensité ; à partir de ce jour, il alla en diminuant, faute d'aliments, mais pendant longtemps encore, on vit des flammes jaillir par moments des amas de débris calcinés qui fumaient de tous côtés. Ce même jour, l'empereur, après mille hésitations, mille projets contradictoires qu'enfantait son orgueil et qui se brisaient contre la réalité, se décida à retourner au Kremlin, qui avait été préservé : il espérait y recevoir sous peu de jours la réponse favorable de l'empereur Alexandre aux propositions de paix qu'il lui avait envoyées. Sa marche, de Pétrowski au vieux palais des czars, fut pénible, attristée et embarrassée par mille obstacles. Il dut traverser les camps de ses soldats, qui offraient le plus étrange spectacle ; des feux entretenus par des meubles précieux, des débris de fenêtres et de boiseries dorées ; des officiers et des soldats, les uns étendus sur une paille humide qu'abritaient mal quelques planches ; d'autres tachés de boue et noircis de fumée, assis sur des fauteuils ou des canapés de soie ; partout des amas d'objets de prix, châles de cachemire, étoffes orientales tissées d'or, vaisselle d'argent, dans laquelle les troupes affamées mangeaient un pain noir cuit sous la cendre et de la chair de cheval à demi grillée : assemblage inouï de luxe et de misère qui prêchait avec une terrible éloquence la vanité des richesses humaines.

Au milieu des soldats français et alliés, on voyait un certain nombre d'habitants de Moscou, et même des soldats russes, traînards ou déserteurs, qui se chauffaient à leurs feux et partageaient leur misérable munition. Dans le désordre de l'incendie, on ne fit pas attention à leur présence, et quand plus tard on voulut les saisir, ils avaient presque tous disparu. Ces hommes, au nombre de huit ou dix mille, furent au premier rang parmi les pillards.

« En entrant dans la ville, dit le général de Ségur, qu'il faut encore citer, l'empereur fut frappé d'un spectacle non moins étrange : il ne retrouvait de la grande Moscou que quelques maisons éparses, restées debout au milieu des ruines. L'odeur qu'exhalait ce colosse abattu, brûlé et calciné, était importune. Des monceaux de cendres, et, de distance en distance, des pans de muraille ou des piliers à demi écroulés, marquaient seuls la trace des rues.

« Les faubourgs étaient semés d'hommes et de femmes russes, couverts de vêtements presque brûlés. Ils erraient comme des spectres dans ces décombres ; accroupis dans les jardins, les uns grattaient la terre pour en arracher quelques légumes, d'autres disputaient aux corbeaux des restes d'animaux morts que l'armée avait abandonnés. Plus loin on en aperçut qui se jetaient dans la Moskowa : c'était pour en retirer des grains que Rostopchine y avait fait jeter, et qu'ils dévoraient sans préparation, tout aigris et gâtés qu'ils étaient déjà. »

Au moment où l'empereur rentra dans Moscou, le pillage était commencé ; les circonstances étaient telles, les besoins si grands, le désordre, suite de l'incendie, si universel, la vue des richesses, abandonnées par leurs propriétaires et condamnées par eux à la destruction, si pleine de tentations, qu'il parut impossible de le réprimer, et qu'il fallut, pendant les premiers temps, fermer les yeux. Le butin, jeté dans les rues par les fenêtres des maisons restées debout, encombrait le passage et gênait les pas de l'empereur. Les places, comme les camps, étaient devenues des marchés où chacun venait échanger le superflu contre le nécessaire. Des soldats, assis sur des ballots de marchandises, sur des amas de sucre et de café, cherchaient à troquer ces inutiles denrées contre un morceau de pain. D'autres, plongés dans une ivresse qu'augmentait l'inanition, tombaient près des flammes qui les atteignaient et les étouffaient sur place.

Néanmoins, ces excès honteux, mais inévitables à la suite de toutes les conquêtes, n'étaient que trop excusables dans les circonstances affreuses où se trouvait l'armée de Napoléon; ils ne durèrent que peu de jours, et, d'après les historiens les plus autorisés et les moins favorables à nos armes, ils doivent être imputés aux soldats alliés, surtout aux Allemands, plutôt qu'aux nôtres. Le général de Wolzogen, témoin oculaire que nous avons déjà cité, est on ne peut plus explicite sur ce point.

Après avoir déclaré que « personne n'a reproché, soit aux généraux, soit aux maréchaux, soit à *Buonaparte* lui-même, d'avoir détourné la moindre chose pour leur compte personnel », il ajoute : « Je dois rendre hommage à la vérité et dire que, de tous les peuples qui composaient l'armée d'invasion, les Français se montrèrent les moins acharnés au pillage. La justice seule m'arrache cet aveu, car j'ai sucé avec le lait, pendant la guerre de Sept ans, la haine des Français, et je n'ai jamais pu les souffrir. Ils ne dérobaient rien que pour satisfaire aux nécessités de la vie, et ne prenaient, en général, ni or, ni argent, ni bijoux, pas même des montres [1], à moins qu'ils ne fussent pressés par le besoin. Il n'en était pas de même des Bavarois et des Polonais, qui ne laissaient rien après eux, s'emparaient des objets de la plus petite valeur, et détruisaient tout. Les Wurtembergeois ne tardèrent pas à les imiter : ce sont eux qui imaginèrent de déterrer les cadavres ; faisant le mal pour le seul plaisir du mal, ils détruisaient tout ce qu'ils ne pouvaient emporter ou dont ils n'espéraient pas de débit. »

Après ce témoignage éclatant, rendu par un ennemi à la probité et à la délicatesse de nos soldats, les mémoires de Wolzogen renferment de curieux détails sur la part que prit au pillage de Moscou la population russe restée ou rentrée dans son enceinte. Ce qu'il en dit confirme singulièrement les craintes exprimées par le comte Rostopchine sur le danger qu'eût présenté le séjour prolongé de l'armée française en Russie, au point de vue de la contagion des idées révolutionnaires, et justifie les mesures prises pour l'évacuation et la destruction de Moscou. Wolzogen raconte le pillage des châteaux aux environs de la capitale, après le départ des Français, l'acharnement des moujiks

1. *Note de l'auteur.* — Ce « pas même de montres », échappé à la plume d'un écrivain allemand en 1812, et rapproché de l'amour singulier des Allemands de 1871 pour les pendules françaises, fait sourire. Il prouve que, pour les peuples d'outre-Rhin, la passion de savoir l'heure qu'il est ne date pas d'hier.

à détruire ce qu'ils ne pouvaient emporter, l'anéantissement des collections précieuses réunies par les grands seigneurs dans leurs splendides habitations : statues de marbre, bronzes antiques, mobilier, bibliothèques; il affirme que cette rage de vol et de pillage avait commencé à Moscou même, dès le lendemain de l'incendie, et il ajoute ces paroles significatives : « Les paysans ne répondaient que par d'affreuses menaces aux représentations qu'on cherchait à leur faire. Que pouvaient des concierges et des domestiques contre cette multitude armée ?... L'enthousiasme des paysans russes pour la liberté ne laissait pas d'avoir quelque affinité avec l'esprit des monstres révolutionnaires qui ont conduit à l'échafaud l'infortuné Louis XVI et une partie de sa famille. C'était une tendance singulière à faire le mal pour le plaisir du mal, et une haine féroce contre la noblesse... »

Malgré tous ces excès et toutes les fureurs réunies, quelques monuments publics, quelques palais particuliers, respectés par le feu, furent préservés du pillage par la vigilance des généraux et des officiers qui s'y étaient établis dès leur entrée à Moscou. L'église catholique demeura intacte, et l'abbé Surugues, prêtre français qui la desservait, put se consacrer avec un zèle admirable aux soins des blessés et des victimes de la guerre et de l'incendie. Il mourut peu de temps après, épuisé de fatigues, martyr de son dévouement et de sa charité. Les riches hôtels qui avoisinaient l'église furent également sauvés; de ce nombre se trouvait l'un des palais du comte Rostopchine, qu'il retrouva debout à son retour à Moscou, et où il mourut en 1826. Quelques écrivains malveillants ont insinué que cette habitation avait été préservée par son ordre; la passion leur a fait oublier que Rostopchine y avait laissé tout son mobilier, évalué à 500 000 roubles; qu'outre ce mobilier splendide, il perdit dans l'incendie son autre palais, et qu'il brûla lui-même de sa main, comme nous le verrons tout à l'heure, son château de Voronovo, la plus chère de ses habitations. D'après les calculs qui semblent le plus dignes de foi, le nombre des maisons de Moscou qui périrent dans l'incendie, fut de 6 500 environ, sur un peu plus de 9 000. La moitié des églises devint également la proie des flammes. Le Kremlin, avec tous ses édifices religieux et civils, ses vieilles tours, ses palais et ses casernes, fut épargné; il résista même aux tentatives ordonnées plus tard par Napoléon et exécutées par Mortier, pour le faire sauter et anéantir ce berceau sacré et cet immense reliquaire de la vieille Russie : les murs seuls de la forteresse furent ébranlés et s'écroulèrent en quelques endroits : la masse demeura immobile, et trente ans plus tard, celui qui écrit ces lignes put en admirer les trésors et les beautés. Les bulletins de Napoléon évaluèrent à plusieurs milliards la somme des pertes occasionnées à la Russie par l'incendie de sa capitale. Le comte Rostopchine réduit ce chiffre à 321 millions de roubles, c'est-à-dire environ à un milliard de francs. La vérité est sans doute entre ces deux appréciations. Mais qu'importe le plus ou moins d'élévation de ces pertes ? Une grande nation ne doit pas calculer quand il s'agit de son honneur et de son salut. L'incendie de Moscou a sauvé la Russie : quoi qu'il lui ait coûté, il lui a donc rapporté cent fois davantage.

Malheureusement, au point de vue de la Russie et de l'humanité, il y eut d'autres pertes que les pertes matérielles, et celles-là irréparables. Grâce à l'incroyable activité du gouverneur, et malgré les illusions dans lesquelles l'avaient entretenu Koutouzow jusqu'à la dernière heure, la population civile presque tout entière avait pu évacuer Moscou avant l'entrée des Français. Mais, parmi les innombrables blessés de la bataille de la Moskowa que Koutouzow avait envoyés quelques jours auparavant dans les hôpitaux militaires de la capitale, beaucoup n'avaient pu être transportés plus loin, à cause de la gravité de leurs blessures. Koutouzow, en s'éloignant de Moscou avec ses troupes, avait dû les laisser derrière lui, et tout ce que le comte Rostopchine avait pu faire, c'était de faire évacuer sur Kolomna tous ceux de ces infortunés qui étaient transportables. Leur nombre s'élevait à 17 000. Les autres, laissés forcément dans les hôpitaux de Moscou, étaient, suivant les divers auteurs, au nombre de quinze, dix, sept, ou deux mille : ce dernier chiffre est celui du comte Rostopchine. Le gouverneur, qui n'avait pas le choix de les abandonner ou de les emmener avec lui, espéra que ces infortunés échapperaient à la mort, et que les hôpitaux qui les renfermaient seraient préservés des flammes par les efforts de l'armée envahissante elle-même. Il n'en fut rien : l'incendie dévora leur triste séjour, et la plupart de ces malheureux périrent misérablement au milieu des flammes allumées par leurs concitoyens. C'est là une des conséquences inévitables, mais horribles, de ces grandes résolutions, admirables vues d'ensemble, de loin et de haut, mais épouvantables dans le détail, comme les batailles qui sauvent les nations, mais qui font périr des milliers d'innocents. On conçoit qu'en face de pareilles catastrophes et de si douloureux sacrifices, le comte Rostopchine, une fois l'exaltation de son patriotisme tombée, ait reculé d'effroi et se soit efforcé d'en rejeter loin de lui l'entière responsabilité. Et pourtant, la vie des grands hommes de guerre est remplie de ces horreurs, chacun de leurs pas retentissants dans l'histoire est marqué par des massacres et des ruines, et leur gloire toute ruisselante de sang n'en brille pas d'un éclat moins vif aux yeux des nations agrandies ou sauvées.

On a fait au comte Rostopchine un autre reproche, encore moins mérité, au sujet d'un autre hôpital incomplètement évacué. Près du Kremlin, s'élevait un vaste édifice qui abritait parfois jusqu'à 20 000 orphelins en même temps : c'était l'hospice des Enfants trouvés. La presque totalité de ces pauvres petites créatures avait été éloignée avant l'arrivée de l'ennemi ; mais on avait dû laisser quelques centaines d'enfants nouveau-nés, pour lesquels une fuite précipitée semblait la plus dangereuse des éventualités. Quelques auteurs ont, à cette occasion, accusé le gouverneur d'incurie et d'inhumanité. Le fait répond victorieusement à ces accusations. La situation de l'hospice était telle et les mesures ordonnées avaient été si bien prises, qu'il fut absolument préservé et que le directeur de ce vaste établissement put même y donner asile à un millier de blessés. Pas un des enfants n'y périt, et quand Napoléon revint de Pétrowsky au Kremlin, il s'étonna de trouver l'hospice intact et sa nombreuse population à l'abri de tout danger.

Tel fut l'incendie de Moscou, et voilà les faits comme ils se sont passés, d'après les témoignages comparés et coordonnés de la plupart des écrivains sérieux qui ont écrit sur ce grand événement. Il me reste à juger l'événement en lui-même et à préciser la part qu'y prit le comte Rostopchine. C'est ce que je vais chercher à faire le plus brièvement possible.

Pour ce qui est du second point, l'évidence ressort si

clairement du récit des faits exposés que je n'ai que peu de chose à y ajouter. Je n'aurais même eu rien à dire, si le comte Rostopchine n'avait, dans sa brochure sur l'incendie de Moscou, publiée en 1823, jeté des doutes sur une question qui semblait tranchée, et cherché à renverser de sa propre main, comme il l'a écrit lui-même, l'édifice de sa célébrité. La confection de matières incendiaires par le mécanicien Schmidt, l'évacuation des pompes à feu la veille même de l'entrée des Français, les paroles échappées au comte Rostopchine devant le prince Eugène de Wurtemberg, celles qu'il adressa à son fils en saluant Moscou pour la dernière fois, sont, entre beaucoup d'autres faits, des preuves irréfutables, à mon sens, de ses sentiments véritables, de ses projets et de son action. L'opinion, émise par lui dans sa brochure, que l'incendie serait dû en partie à la négligence ou à la colère des envahisseurs, en partie à l'initiative des Russes demeurés à Moscou, est insoutenable en ce qui concerne les Français, que leur intérêt le plus évident et le plus cher poussait à préserver Moscou à tout prix, et évidemment exagérée en ce qui concerne les Russes. L'ensemble qui présida à l'incendie, l'ordre, si l'on peut employer ce mot, qui régna dans cet immense désordre, les aveux échappés à plusieurs incendiaires, révèlent une direction venue de haut et une organisation préparée de longue main. Or, quel autre organisateur trouver à cette fête terrible donnée par le patriotisme russe à l'ambition de Napoléon, que le comte Rostopchine, le patriote le plus ardent de toute la Russie et en même temps le gouverneur général et la suprême autorité de Moscou?

Aussi, après comme avant la brochure du comte Rostopchine, tous les auteurs français et russes, à l'exception d'un ou deux dépourvus de valeur, ont-ils persisté à lui laisser la plus grande part dans la responsabilité comme dans la gloire de cet héroïque et terrible événement. Les membres de sa famille ont conservé la même opinion, et toute la question se réduit, pour eux comme pour moi, à se demander s'il a ordonné l'incendie de Moscou après l'avoir conçu et prémédité, ou s'il s'est borné à le préparer, à le rendre inévitable, à le vouloir, en un mot, sans l'ordonner expressément. J'incline pour la dernière hypothèse, d'une part afin de concilier autant que possible les affirmations du comte Rostopchine, dans sa brochure, avec l'évidence des faits, ensuite parce que je trouve cette solution également plus conforme à quelques paroles prononcées ou écrites par lui dans des entretiens intimes ou des lettres privées.

Dans une lettre familière et toute paternelle adressée à l'une de ses filles en 1816, je lis cette phrase qui certainement n'était pas écrite pour la postérité : « Ce qu'il y a de drôle, c'est que ma prétendue célébrité tient à l'incendie de Moscou, *événement que j'ai préparé*, *mais que j'ai été loin d'effectuer*, et personne ne souffle mot sur la population de la capitale restée intacte et sur l'héroïsme de la nation... »

D'un autre côté, l'écrivain allemand Varnhagen, qui rencontra et vit souvent le comte Rostopchine à Bade en 1817, raconte qu'un soir, dans un cercle intime, l'ancien gouverneur de Moscou se laissa entraîner, par le cours de la conversation et contre son habitude, à parler sur l'incendie de la vieille cité moscovite : « Il se moqua, écrit Varnhagen, de ceux qui s'imaginaient qu'il avait mis le feu à l'immense capitale avec une torche, ainsi que l'on voit, sur la scène, l'embrasement de Persépolis par la seule main de Thaïs. « *J'ai embrasé*, dit-il, *les esprits des hommes*, *et à ce plus terrible des feux, il est facile d'allumer tous les flambeaux.* » Là-dessus, il indiqua les mesures qu'il avait prises en qualité de gouverneur : l'éloignement des pompes à incendie, l'ouverture des prisons, les précautions de toute espèce ordonnées afin que les Français ne trouvassent pas une capitale regorgeant de richesses, mais au contraire un théâtre de désolation ; enfin l'exemple décisif qu'il donna lui-même en incendiant son château à quelque distance de Moscou. Il exposa la suite de ses idées, ses motifs, ses impressions, et avoua qu'à ce moment-là il n'était vivement touché de rien, sinon de cette idée que, devant la ruine de la patrie, la valeur des biens n'était plus une considération. Que ce sentiment régnât aussi partout au sein de la population, c'est ce que prouva l'ardeur avec laquelle elle se chargea de mettre son idée à exécution. En un clin d'œil, des brandons et des torches étaient aux mains de bandes sauvages qui établirent une espèce d'ordre au milieu d'elles et se partagèrent les rôles en même temps que les quartiers de la ville... La destruction fut immense et dépassa toutes les prévisions... »

La mémoire de l'écrivain allemand qui rapporte cette conversation a sans doute été fidèle, et son récit a un tel caractère de véracité qu'il doit être absolument vrai. Il précise avec une netteté parfaite le rôle du comte Rostopchine dans ce mémorable événement, et s'accorde en tous points avec la conviction que j'ai retirée de l'examen approfondi des faits et des témoignages. Cette conviction que j'ai déjà exprimée se résume en ceci : le comte Rostopchine n'est pas l'unique, mais il est le principal auteur de l'incendie de Moscou. Il ne l'a pas exécuté ni ordonné positivement, mais il l'a prémédité, préparé, voulu. C'est donc avec raison que ses contemporains lui en ont attribué l'honneur et la responsabilité, et c'est avec justice que l'histoire, commencée pour lui depuis soixante ans, a lié indissolublement son nom au souvenir de l'incendie de Moscou.

S'il en est ainsi, pourquoi l'a-t-il nié? Pourquoi, après un silence de plus de dix ans, a-t-il ouvert la bouche pour contester l'opinion universelle? Quels motifs lui ont pu dicter cette dénégation tardive et stérile qui a attristé ses admirateurs et ses amis, sans désarmer aucun de ses accusateurs? On en sera toujours réduit à des conjectures. Les uns ont pensé qu'indigné des injustices et des récriminations de ses compatriotes, exaspéré de voir qu'ils oubliaient le côté glorieux de cette grande action, pour n'en contempler que les conséquences désastreuses au point de vue de leurs intérêts matériels, il avait voulu les en punir, et qu'il se serait écrié : « Les Moscovites se plaignent de cette auréole de gloire dont j'ai ceint leurs têtes. Eh bien, je la leur ôterai. » Mais l'esprit et les expressions mêmes de sa brochure, dans laquelle il exalte le patriotisme des habitants de Moscou et leur attribue en partie la destruction de la capitale, semblent inconciliables avec cette opinion.

D'autres, parmi lesquels le général de Ségur, ont pensé au contraire que son désaveu lui avait été dicté par un sentiment sublime, et que, blessé dans son patriotisme de voir qu'on lui attribuait à lui seul la gloire d'une action qui avait sauvé sa patrie, il avait voulu la reporter tout entière sur la tête de ses concitoyens. Cette opinion, quoique trop absolue, se concilie davantage avec les termes de sa brochure comme avec les sentiments exprimés dans sa correspondance et dans ses conversations intimes.

Cependant, l'opinion la plus générale est que, fatigué

de vivre *loin de sa patrie*, où le rappelaient ses intérêts et cet amour du sol natal que rien ne peut éteindre ni remplacer, voulant retourner à *Moscou et y finir ses jours* dans la tranquillité et le repos, biens suprêmes de ceux qui ont senti la vanité des choses humaines, il avait envoyé sa brochure à ses compatriotes comme un gage de réconciliation et un message de paix.

Quoi qu'il en soit des motifs de sa dénégation, elle subsiste et elle a eu cette mauvaise fortune d'être considérée par *tous comme* incompatible avec la réalité des faits. Elle subsiste, comme une ombre dans cette belle vie, et comme une preuve *nouvelle* après *tant* d'autres que les plus fiers esprits et les caractères les plus indépendants ont leurs moments de défaillance et qu'ils participent par quelque côté à la faiblesse et à l'infirmité de la nature humaine.

Que si maintenant il me faut apprécier l'incendie de Moscou en lui-même, me plaçant au point de vue véritable de l'historien, c'est-à-dire en dehors de mes sentiments personnels de Français, mais dans l'impartialité du juge, je n'éprouve aucune hésitation à dire que je le comprends *et que* je l'admire. Je le comprends et je l'admire comme j'eusse compris et admiré une action pareille exécutée par des mains françaises *sur la capitale* de la France, pour sauver l'honneur et l'indépendance de mon pays. Une fois la nécessité de ce remède héroïque et son efficacité démontrées, les mesures prises pour mettre à l'abri du désastre la population de la ville et les trésors de la nation, afin que les pertes fussent toutes matérielles et ne s'étendissent pas aux personnes, je me considérerais *comme un homme* sans cœur et un mauvais citoyen si je n'avais souscrit à ce sacrifice, quelque douloureux qu'il fût, et quand bien même *il aurait dû dévorer ma fortune tout* entière. Entre cette action, telle que je la suppose, telle qu'elle s'accomplit à Moscou, et la tentative d'incendier Paris qui en 1871 épouvanta la France et le monde, il y a toute la différence qui sépare le patriotisme et l'abnégation de la rage de la destruction et de la vengeance, du mépris de la vie de deux millions d'hommes et de la haine de la commune patrie.

Au sortir de Moscou, le 14 septembre, Rostopchine avait suivi l'armée russe et s'était joint à l'état-major de Koutouzow. Cette armée, réduite à cinquante mille hommes, plus démoralisée encore que désorganisée, allait où la conduisaient ses chefs qui l'ignoraient eux-mêmes, et présentait un aspect déplorable : partout le désordre, le découragement, l'indiscipline. Si Napoléon l'eût poursuivie activement, sans perdre un jour dans Moscou, il l'eût facilement détruite ou dispersée, et à défaut de conquêtes, il eût assuré la retraite de sa propre armée. Mais l'incendie à combattre le retenait à Moscou; il confia à Murat le soin de surveiller avec quelques troupes la fuite de Koutouzow et de le harceler par des combats d'avant-garde. Pendant quarante-huit heures, le roi de Naples suivit de près l'ennemi et ne le perdit pas de vue. Mais dans la nuit du 16 au 17, le vieux Koutouzow, se réveillant enfin de son apathie, imagina et exécuta ce mouvement tournant, si vanté par les historiens militaires, qui, reportant subitement son armée du côté de Toula et de Kalouga, la déroba aux poursuites et aux recherches de Murat. Ce ne fut qu'après trois jours que celui-ci retrouva la trace de l'ennemi. De toute cette campagne, ce fut peut-être le seul fait de guerre vraiment remarquable accompli par le prince Koutouzow. Presque tout le reste du temps, il se borna à attendre et à laisser faire le temps et l'hiver.

La marche de l'armée russe, qui se dirigeait vers l'ouest, devait la faire passer par Voronovo. Le comte Rostopchine prit les devants; tout le monde autour de lui crut qu'il avait voulu revoir plus longuement et pour la dernière fois cette splendide habitation qui, pendant bien des années, avait abrité son bonheur. Sa pensée était bien différente. Son âme avait embrasé Moscou, il voulut que sa main embrasât sa plus chère demeure : « Ce que je n'ai pu accomplir à Moscou, dit-il en présence des généraux qui l'avaient accompagné et qui cherchèrent vainement à le détourner de son projet, je prétends le faire ici, en incendiant de mes mains cette demeure, que je voudrais en ce moment vingt fois plus belle et plus riche. »

Ces paroles, de même que la scène qui s'ensuivit, sont rapportées par sir Robert Wilson, attaché à l'armée russe en qualité de commissaire anglais, qui a laissé, lui aussi, des mémoires sur la campagne de 1812. Quand les troupes commencèrent à se rapprocher, le comte Rostopchine entra dans son château, suivi de ses hôtes qu'il avait priés de l'accompagner. Sous le vestibule, on leur distribua des torches allumées. Au premier étage, en pénétrant dans sa chambre à coucher, il s'arrêta un moment; tous les souvenirs d'un passé de bonheur se dressèrent devant ses yeux, remplirent son cœur d'émotion et firent trembler sa main prête à détruire les objets de sa plus tendre affection. Tout à coup, se tournant vers sir Robert Wilson, il lui dit : « Ceci est ma chambre nuptiale ; je n'ai pas le cœur d'y mettre le feu ; épargnez-moi ce chagrin ! » Le commissaire britannique, profondément ému, hésita quelque temps et ne se décida enfin à rendre au comte Rostopchine cet étrange service qu'après lui avoir vu incendier lui-même le reste de l'appartement.

Quand le château fut en flammes, Rostopchine descendit pour mettre le feu aux écuries, et s'arrêta immobile à contempler ces magnifiques constructions que l'incendie dévorait déjà. Lorsqu'enfin le beau groupe qui surmontait l'entrée principale, groupe modelé d'après celui du Monte-Cavallo à Rome, se fut écroulé : « Me voilà content ! » s'écria-t-il en français, avec un soupir d'amère satisfaction.

Le sacrifice était consommé. Avant de s'éloigner de ces ruines embrasées, Rostopchine traça les paroles suivantes sur un écriteau qu'il attacha de sa main à la porte de l'église de Voronovo, demeurée intacte : « J'ai été huit ans à embellir cette maison de campagne, et j'y ai vécu heureux au sein de ma famille. Les habitants de ce domaine, au nombre de 1 720 âmes, le quittent à votre approche, et je mets, de ma propre impulsion, le feu à ma maison, afin qu'elle ne tombe pas en votre pouvoir. Français, je vous ai abandonné mes deux maisons de Moscou avec un ameublement valant un demi-million de roubles. Ici, vous ne trouverez que des cendres. »

Ceci se passait le 2 octobre, et il est probable que, le même jour, le comte Rostopchine quitta l'armée établie au camp de Tarontino, où elle séjourna pendant deux semaines ; il partit à la suite du général Barclay de Tolly, qu'il affectionnait beaucoup et dont il partageait le juste ressentiment contre Koutouzow. L'indolence de ce dernier, la mollesse de ses opérations révoltaient l'âme ardente du gouverneur de Moscou, qui ne pouvait d'ailleurs lui pardonner sa conduite à son égard après la bataille de la Moskowa. Cette irritation se révèle dans les lettres qu'il adressa à l'empereur Alexandre, du camp même du vieux maréchal, et dont les seuls fragments qui suivent ont pu être recueillis.

30 septembre 1812. — « Le prince Koutouzow continue à ne rien faire et à empêcher les autres de faire quelque chose... Je crains beaucoup que le défaut d'activité dans les opérations ou que l'indifférence criminelle du prince Koutouzow pour l'avenir, ne donnent à Bonaparte les moyens de rester à Moscou. »

2 octobre. — « Il faut, Sire, que vous vous décidiez à vous rendre à l'armée pour y rétablir l'ordre et relever les courages. Tous ses succès seront votre ouvrage et vous travaillerez au salut de la patrie et à votre propre gloire. Mais si le destin a décidé la chute de votre empire, vous devez tomber avec lui et combattre au milieu de vos fidèles sujets, décidés à mourir sous vos ordres au champ de l'honneur. C'est là que vous devez vaincre ou périr vous-même. »

Et plus d'un mois après, il écrivait avec une ironie plus amère encore : « Le *défunt* maréchal Koutouzow ne demande pas mieux que de ne pas se battre, de commander et de vous tromper. »

Il est certain qu'à deux ou trois exceptions près, Koutouzow ne triompha de Napoléon qu'en ne combattant pas, qu'il laissa aux seuls éléments le soin de le vaincre, et qu'il acquit à bon compte le titre de sauveur de la Russie, qu'Alexandre lui décerna par reconnaissance ou par calcul. Le véritable destructeur de la grande armée, ce fut l'hiver, cet hiver précoce et impitoyable que Dieu sembla avoir déchaîné pour abattre l'ambition orgueilleuse de Napoléon et montrer au monde, une fois de plus, qu'il est le seul maître de la puissance et le seul dispensateur de la gloire. Dans son enivrement, l'empereur avait mis sur Rome, sur la personne du Pape lui-même, une main sacrilège, et en apprenant la bulle d'excommunication lancée contre lui par Pie VII, il avait prononcé avec un dédain affecté cette parole audacieuse : « Est-ce que cela fera tomber les armes des mains de mes soldats ? » La retraite de Russie fut la réponse de Dieu à ce défi du grand homme : les armes tombèrent, à la lettre, des mains des soldats de Napoléon, le froid accomplit ce que les armées d'Alexandre n'auraient pu faire, et ce terrible agent des décrets éternels fut le seul vainqueur du vainqueur de l'Europe.

Le dernier ordre du conquérant en quittant Moscou avait été un acte de colère et de vengeance. Dès le 20, en prescrivant au maréchal Mortier, qu'il y avait laissé avec dix mille hommes, de venir le rejoindre, il lui enjoignit de faire sauter le Kremlin et d'incendier les maisons du comte Rostopchine. Par quelle circonstance le palais du gouverneur, situé dans la Loubianka, échappa-t-il à la destruction, je l'ignore. Quant au Kremlin, j'ai déjà dit que, soit précipitation, soit impuissance, l'effet des mines préparées pour l'exécution fut presque nul. L'explosion fut formidable, et Napoléon en entendit le bruit à dix lieues de là. Il se hâta d'annoncer à l'Europe, comme une victoire, « que le Kremlin, arsenal, magasins, était détruit ; que cette ancienne citadelle qui datait des commencements de la monarchie, ce premier palais des czars, avait cessé d'être. » En réalité, tout le dommage se borna à quelques pans de murs écroulés, à quelques vieilles tours lézardées. Ce qui allait cesser d'être, c'était le prestige de Napoléon, l'édifice de sa puissance et la croyance jusque-là universelle à l'infaillibilité de son génie.

Mortier quitta Moscou le 23 octobre, et le 25, un maître de police, suivi presque immédiatement du grand maître, le général Ivashkine, y reparurent comme les premiers représentants de l'autorité russe. La ville était dans un désordre matériel et moral inexprimable. Les rues étaient restées encombrées de débris ; partout les traces de l'incendie frappaient les yeux et entravaient la circulation. Au milieu de ces maisons en ruines, errait une population avide et misérable qui fouillait les décombres pour y trouver des objets échappés à l'incendie, quelquefois de véritables trésors. Le déblaiement de la cité présenta de grandes difficultés et révéla de nombreuses horreurs. Les fouilles mirent à nu de tous côtés des cadavres calcinés ou pétrifiés, restes des soldats blessés ensevelis sous les ruines des hôpitaux, ou des pillards étrangers ou russes, victimes de leur rapacité. On en brûla plus de douze mille, et autant de cadavres de chevaux. Le général Ivashkine, vieux Russe d'une dureté impitoyable, employa à cette horrible corvée les habitants de Moscou qui, demeurés ou rentrés dans la ville pendant l'occupation française, avaient reconnu l'autorité des envahisseurs et s'étaient prêtés par faiblesse, par intérêt, par dévouement peut-être, à remplir des fonctions municipales ou de police. Les plus compromis furent emprisonnés, soumis à mille vexations, quelques-uns dépouillés de leurs biens.

On fit l'inventaire de tous les objets plus ou moins précieux qu'on retrouvait sous les décombres des maisons en ruines et qu'on apportait à la police. Les propriétaires de ces objets étaient invités à venir les réclamer, et quand ils ne se présentaient pas dans un délai déterminé, chaque objet était adjugé au plus offrant, ou plutôt au premier prenant. La femme du maître de police, aussi rapace que son mari, ne manquait pas d'assister avec lui à ces adjudications ; tous deux parlaient très mal le français. Toutes les fois qu'elle trouvait un objet à sa convenance, elle criait à son mari : « Cher, puis-je ? » Et le mari répondait invariablement : « Pouvez, ma chère, pouvez. » Quand le comte Rostopchine revint à Moscou, il fit cesser ces désordres, mais pour éviter des poursuites et des revendications difficiles et sans fin, il dut prendre un arrêté portant que nul ne serait inquiété au sujet d'effets dont il justifierait être en possession depuis un mois.

A mesure qu'un quartier de la ville était déblayé, le clergé procédait à la purification ; cette cérémonie s'accomplissait avec une grande solennité. Moscou était considérée par les Russes comme une ville sainte, qu'avait souillée l'occupation étrangère, et pour effacer cette souillure, ce n'était point trop à leurs yeux, après le feu et le sang, de la purifier par les bénédictions de l'Église. La purification du Kremlin fut particulièrement solennelle. L'archevêque de Moscou, en entrant dans la cathédrale de l'Annonciation, se prosterna la face contre terre et s'écria : « Puisse Dieu se lever, et puissent les ennemis de son nom être réduits en poussière ! » « Pendant toute cette solennité, écrit le général Danilefski, Moscou présentait un spectacle semblable à celui qu'on vit à Jérusalem, lors de la restauration du temple du Seigneur par Zorobabel, quand le peuple versait des larmes de joie et jetait des cris d'allégresse en voyant les lévites, couverts de leurs ornements, au son des trompettes et des cymbales, rendre des actions de grâces à Dieu. »

Peu de jours après l'arrivée à Moscou du général Ivashkine, le comte Rostopchine, qui s'était retiré à Vladimir avec Barclay de Tolly, revint dans la vieille capitale dont il était toujours gouverneur ; il est probable que la milice de Vladimir y revint en même temps que lui pour renforcer la garnison de Moscou, et l'aider dans la tâche difficile du rétablissement de l'ordre. Il y trouva de douze à quinze cents individus de la classe pauvre du peuple, réduits à la dernière misère ; ils furent logés, habillés et nourris, pendant un an, aux frais du gouvernement. Un de ses premiers soins fut de remplacer au Kremlin la croix du grand Ivan, que Napoléon avait emportée comme un trophée de sa courte conquête, par une croix nouvelle bénite par l'archevêque Augustin.

Il reçut aussi de l'empereur Alexandre, après les désastres de la grande armée, l'ordre de faire élever à Moscou deux monuments de cette mémorable campagne, une colonne formée du bronze des canons pris par les Russes, ou plutôt arrachés par le froid à l'armée française, et une église consacrée à Jésus-Christ Sauveur. Mais ce double projet fut abandonné, probablement faute de ressources suffisantes, et l'ordre d'Alexandre y substitua des prières solennelles qui devaient se dire et furent dites en effet tous les ans, dans la Russie entière, le 25 décembre, fête de Noël, pour remercier Dieu de l'issue de la guerre et de la délivrance de la patrie.

Enfin le comte Rostopchine reçut de l'empereur une somme de vingt millions de roubles, qu'il fut chargé de partager entre les victimes de l'incendie de Moscou, à proportion des pertes et des besoins de chacun. Cette tâche immense et difficile donna lieu, comme c'était inévitable, à de nombreuses récriminations, à des accusations de partialité et d'injustice, et lui fit une foule d'ennemis. Ce fut une des causes principales qui hâtèrent le changement des sentiments publics à son égard. Lors de son retour à Moscou, quand on sortait à peine de la terreur de l'invasion, quand Napoléon était encore à quelques lieues de la vieille capitale, quand toutes les passions du patriotisme bouillonnaient encore dans les âmes, il avait

L'ARCHIMANDRITE DE MOSCOU ET UN POPE

D'après une aquarelle de Monseigneur de Ségur.

été accueilli avec enthousiasme, et la population, oubliant ses demeures en ruines et ses monuments incendiés, avait salué et acclamé en lui le sauveur de la Russie. On savait qu'en Allemagne on l'admirait jusqu'à l'exaltation, que les femmes et les filles de Kœnigsberg portaient des bonnets *à la Rostopchine*, qu'on vendait ses portraits gravés et qu'on célébrait ses louanges dans toutes les gazettes : enthousiasme d'autant plus remarquable que celui qui en était l'objet n'avait jamais caché ses sentiments d'aversion contre les Allemands et leur influence dans les conseils de l'empereur Alexandre. Mais quand le danger se fut éloigné, puis eut disparu dans l'espace et dans le temps, quand le patriotisme refroidi eut fait place à l'intérêt, et que les habitants de Moscou, peuple, marchands et nobles, rentrés en foule dans la ville encore à demi détruite, purent mesurer l'étendue de leur ruine, l'enthousiasme pour l'auteur de tant de misères tomba rapidement et fut bientôt remplacé par le silence d'abord, puis par les plaintes et les murmures. Les vingt millions de roubles donnés par l'empereur et distribués par le gouverneur n'étaient qu'une goutte d'eau pour combler un abîme, mais c'était assez pour exciter toutes les espérances, sinon toutes les convoitises, et ce fut le prétexte ou l'origine d'un concert de malédictions qui s'éleva contre le comte Rostopchine et alla toujours grandissant jusqu'à son départ de Moscou. Les plaintes contre son administration, contre ses prétendues injustices dans la répartition des secours, contre ses prétendues violences à l'égard des personnes compromises pendant l'occupation française, furent portées jusqu'à Saint-Pétersbourg, et l'empereur Alexandre, soit amour de la justice, soit antipathie naturelle contre l'ancien favori de son père, crut devoir envoyer deux hauts personnages de la cour pour faire une enquête sur la conduite du comte Rostopchine et aussi sur celle du général Ivashkine, grand maître de la police. Cette enquête n'eut pas de résultats immédiats. Les fonctionnaires accusés restèrent en place, et le comte Rostopchine demeura jusqu'à nouvel ordre gouverneur de Moscou. Mais, connaissant le cœur humain, les ressentiments de l'empereur, et voyant l'irritation croissante de ses compatriotes, il ne se fit pas illusion sur l'avenir et se prépara dès lors à rentrer dans la vie privée. « J'ai eu une fausse idée en 1812, écrivait-il à sa femme, de m'occuper tant de leur vie ; le mobilier, voilà ce qu'il y a de plus cher à l'homme ! »

Une autre accusation fut portée contre lui à la même époque devant Alexandre. D'après plusieurs auteurs contemporains, le père du malheureux jeune homme qui avait été condamné à mort comme coupable de trahison, et massacré par le peuple le jour même de l'entrée des Français à Moscou, alla trouver l'empereur à Wilna. Affaibli par la douleur et la fatigue du voyage, il tomba aux pieds du monarque en criant : « Justice ! » puis, quand l'émotion lui permit de parler, il réclama avec instances une enquête sur la conduite de son fils, victime innocente, assurait-il, de la brutalité du gouverneur et de la fureur populaire. Alexandre accueillit le vieillard avec bonté ; il lui promit que sa réclamation serait examinée avec soin et suivie des mesures qu'exigerait la justice. L'enquête sollicitée eut-elle lieu ? N'aboutit-elle pas ! Véreschtchaghine fut-il reconnu coupable et son supplice mérité? L'histoire n'en dit rien : la seule chose certaine, c'est que le comte Rostopchine ne fut jamais inquiété à cette occasion.

Quoique cette démarche du malheureux père soit en pleine contradiction avec ce que nous avons raconté de sa colère contre son fils au moment de l'invasion, je ne répugne nullement à y croire. En 1812, il avait agi sous l'influence d'une exaltation patriotique qui avait fait disparaître le père sous le citoyen. En 1813, l'exaltation était tombée avec celle de tous ses compatriotes, la nature avait repris ses droits ; en entendant tout le monde autour de lui se plaindre amèrement du comte Rostopchine, de ses violences et des sacrifices inutiles imposés par lui à la population, il s'était dit que son fils, lui aussi, avait peut-être été victime des fureurs gratuites du gouverneur, et comme il avait demandé le châtiment du coupable en 1812, maintenant il réclamait avec plus d'énergie encore sa réhabilitation.

Au milieu de toutes ces récriminations et de tous ces outrages, le comte Rostopchine demeurait à son poste, s'efforçait de rétablir de plus en plus à Moscou l'ordre matériel et moral, hâtait l'armement des recrues, et, suivant les ordres de son gouvernement, présidait à l'envoi dans l'est de l'empire et en Sibérie des nombreux prisonniers français que le froid avait désarmés et fait tomber vivants entre les mains de leurs ennemis. Le plus éminent de ces prisonniers fut le général Vandamme, qui, le 30 août 1813, peu après la bataille de Dresde, avait été cerné dans une gorge de montagnes et obligé de se rendre avec dix mille hommes. Si l'on veut juger de l'incroyable acharnement qu'ont mis certains auteurs à calomnier le comte Rostopchine, il faut comparer ce qu'a écrit, au sujet de Vandamme, Domergue, le plus hostile de tous, avec ce qu'en a dit un autre écrivain, un Allemand, témoin oculaire de ce qu'il raconte. « Ni le rang ni le mérite des prisonniers, écrit Domergue, ne les mettaient à l'abri des plus insultants mépris. Le général Vandamme lui-même eut à essuyer à Moscou une série d'humiliations qui tournèrent à la honte de Rostopchine. Invité à la table du gouverneur, qui était bien aise de faire parade d'un tel prisonnier, il y fut honteusement insulté par les convives et par l'hôte lui-même. Cet excès de lâcheté indigna tellement le général français qu'il se leva d'un air terrible et quitta l'assemblée, en jetant un défi que pas un des assistants ne se sentit la force de relever. Pour Rostopchine, il n'y répondit pas autrement qu'en donnant ordre qu'on lui fît continuer sa route. »

Tel est le récit du comédien Domergue, alors éloigné de Moscou et retenu prisonnier à Nijni-Novogorod. Voici maintenant celui du témoin oculaire allemand, qui ne raconte que ce qu'il a vu : « On logea Vandamme au Kremlin; rien ne fut oublié pour rendre sa captivité moins fâcheuse : des bals furent même donnés en son honneur. Rostopchine le reçut amicalement chez lui et l'admit à sa table. Quelques Russes en portèrent des plaintes à Pétersbourg, et il arriva un ordre de l'empereur Alexandre pour confiner Vandamme dans une petite ville de la Sibérie. »

Cet exemple fait voir avec quelle légèreté ou quelle partialité certaines gens écrivent l'histoire, et quelles haines poursuivent particulièrement la personne ou la mémoire de l'homme illustre et méconnu dont je raconte la vie. L'antiquité a défini l'orateur : *vir bonus, dicendi peritus;* « un homme de bien, habile à parler » : cette définition s'applique avec non moins de raison à l'historien, et la probité historique est la première des qualités qu'on doit exiger de lui.

Les réjouissances et les fêtes qui signalèrent à Moscou,

comme dans tout l'empire russe, l'entrée des alliés à Paris et la conclusion de la paix en juin 1814, furent les derniers actes du gouvernement du comte Rostopchine. Il sentait sa chute imminente, et il pouvait lire les sentiments de l'empereur à son égard dans l'attitude froide ou hostile de tout ce qui l'entourait. C'était justice, et il convenait que le grand citoyen qui, en détruisant Moscou, avait sauvé la Russie et blessé au cœur Napoléon, tombât du pouvoir au moment où prenaient fin les événements qui l'y avaient porté. Un mois après la conclusion de la paix, Alexandre arriva à Moscou : c'était le 25 juillet 1814. De nouvelles fêtes eurent lieu à cette occasion ; les maréchaux de la noblesse, les hauts fonctionnaires accoururent de toutes parts pour saluer le souverain et exalter un triomphe où Dieu était, à vrai dire, le seul légitime triomphateur. Le comte Rostopchine fut naturellement présent à ces réjouissances, et, comme gouverneur de Moscou, il tint le premier rang dans cette réception officielle. L'empereur l'accueillit froidement, et lui montra par son attitude qu'il avait assez de ses services. Le temps n'était plus où il l'embrassait avec effusion et le remerciait publiquement de son zèle et de son dévouement patriotique. L'opinion publique, qui avait imposé à Alexandre le comte Rostopchine comme gouverneur de Moscou à l'approche des Français, exigeait aujourd'hui son renvoi, et le monarque, malgré son esprit naturel de douceur et d'équité, ne demandait pas mieux que de sacrifier un homme qu'il avait subi, mais qu'il n'aimait pas, et à travers lequel il voyait toujours l'image importune de son malheureux père.

Suivant Domergue, le sacrifice s'accomplit violemment et en public; voici le récit de cet artiste dramatique, qui ne peut s'empêcher de tout dramatiser et de mettre tou-

jours en scène ses personnages : « Que l'on juge de l'impression produite dans cette immense assemblée, lorsque Alexandre, arrivé devant Rostopchine, fait un pas en arrière, et changeant tout à coup de ton et de langage, lui dit avec l'accent du courroux : « Et vous aussi, gouver-
« neur, vous êtes blessé (l'empereur venait de passer de-
« vant des officiers blessés), bien blessé, horriblement
« blessé ! Pachol (c'est-à-dire sortez !) » Rostopchine voulut ouvrir la bouche pour répondre : « Sortez ! » lui répéta l'empereur avec une irritation toujours croissante, et en lui indiquant du doigt le chemin de la porte. Le gouverneur, atterré, s'inclina humblement et sortit. »

Il est inutile de démentir ce récit dont chaque ligne se dément suffisamment elle-même. Cette scène, aussi indigne de l'empereur Alexandre que du comte Rostopchine, n'a pas eu lieu, parce qu'elle n'a pu avoir lieu, et s'il en fallait une preuve, je la trouverais non seulement dans le silence de tous les autres historiens, mais dans une lettre, entre plusieurs autres, écrite par le comte Rostopchine à sa femme et adressée de Pétersbourg, peu de jours après le retour de l'empereur : « Lorsque j'ai vu l'empereur, et quand j'ai dîné chez lui, il ne m'a parlé que de choses indifférentes. J'attendrai encore une semaine, et puis j'exigerai une audience pour demander ses ordres au sujet de sommes extraordinaires que j'ai eues à ma disposition, et demander ma démission complète. »

Il résulte de cette lettre, non seulement que le comte Rostopchine était resté en bons termes avec Alexandre, après sa démission donnée et acceptée, mais qu'il y avait encore quelques questions à régler entre eux à ce sujet, et que c'est à Saint-Pétersbourg que s'accomplirent ces dernières formalités. Dans ces entretiens ou dans leur entrevue à Moscou, Alexandre aborda-t-il la grave question de la capitale? Continua-t-il à se taire, pour éviter le double écueil de blâmer ou d'approuver un acte qui avait sauvé la Russie, mais qui avait ruiné tant de Russes? Nul ne le sait; il est probable cependant qu'il garda le silence, si l'on en croit l'anecdote suivante racontée par le général de Wolzogen dans ses Mémoires: « Un de mes amis, le conseiller supérieur médical Formey, à Berlin, demanda un jour à Rostopchine, en ma présence, qui avait donné lieu à l'incendie de Moscou. Voici quelle fut la réponse du gouverneur: « Ceci, Monsieur est une « question que l'empereur lui-même ne m'a pas faite, et je « ne dois à personne d'y répondre. »

Peu de temps après, Alexandre, obéissant à un sentiment d'équité naturelle, je pourrais dire de pudeur nationale, conféra au comte Rostopchine la haute dignité de membre du Conseil de l'empire. Mais ces fonctions ne furent jamais pour lui qu'honorifiques. Il quitta la cour, l'empereur Alexandre qu'il ne devait jamais revoir, et de ce jour, considérant sa vie publique comme terminée, il résolut de consacrer à lui-même et aux siens le reste d'une existence assez remplie déjà pour que son nom fût à jamais vivant dans l'histoire.

CHAPITRE III

Le comte Rostopchine quitte définitivement la vie politique. — Sa santé et les injustices dont il est l'objet le portent à partir pour l'étranger. — Premier voyage à Tœplitz, second voyage à Carlsbad, — Extraits de sa correspondance avec sa femme. — Notes de voyage. — Impressions, jugements et portraits — Il quitte l'Allemagne pour la France. — 1814 à 1816.

Lorsque le comte Rostopchine, en s'éloignant de Moscou, quitta la scène politique, il avait quarante-neuf ans : les douze années qu'il vécut encore furent consacrées à la vie de famille qu'il aima toujours plus qu'il ne put la goûter, et à des voyages qui le retinrent presque constamment loin de son pays natal. Il n'y revint que deux ans avant sa mort.

C'est avec un charme particulier que j'aborde cette dernière partie de sa vie. Elle est plus intime, moins connue, et, j'ose le dire, plus digne de l'être que sa vie publique elle-même. Après avoir vu dans le comte Rostopchine un grand citoyen, le lecteur qui voudra me suivre jusqu'au bout verra de plus près en lui ce que je lui ai déjà montré précédemment, l'époux, le père tendre et dévoué, l'homme excellent et religieux, l'observateur spirituel et profond, le causeur charmant qui, dans ses lettres comme dans sa conversation, laissait un libre cours à la verve de son esprit et à la tendresse de son cœur. Il achèvera en un mot d'y connaître l'homme, et c'est une connaissance, je ne crains pas de l'affirmer, qu'il ne regrettera point d'avoir faite.

Au moment où la vie publique du comte Rostopchine prenait fin, sa renommée croissait et devenait européenne. Les grands événements qui se précipitaient, l'invasion de la France par les souverains coalisés, la chute de l'Empire, le retour des Bourbons, la réorganisation d'une Europe nouvelle qui devait donner au monde un repos de cinquante ans, se reliaient intimement à la campagne de 1812 et à l'incendie de Moscou, terme fatal assigné par le doigt de Dieu à la fortune de Napoléon. Le comte Rostopchine, auquel tout le monde en Russie et hors de Russie attribuait la gloire ou l'odieux de cette immense catastrophe, devait attirer l'attention universelle, exciter la curiosité sympathique ou malveillante des amis et des ennemis de l'Empire. C'était par lui que Dieu avait dit au conquérant qui avait inondé l'Europe de ses soldats, comme un océan débordé : « Tu n'iras pas plus loin ! » Il avait eu la gloire sans seconde d'avoir été pour un jour la voix et le bras de son pays et l'instrument de la Providence.

Cependant, ce ne fut pas le désir d'aller jouir de sa renommée et d'en respirer de plus près les parfums qui lui fit entreprendre tant de voyages. S'il eût suivi son penchant, il se fût reposé dans la vie de famille des fatigues, des dégoûts de la vie publique et de l'ingratitude des hommes. Il eût employé ses loisirs à relever les ruines encore fumantes de Voronovo, et à reconstruire ce magnifique château qu'il avait incendié de sa propre main. Mais sa santé, ébranlée depuis longtemps, n'avait pu résister aux émotions et aux fatigues inouïes de l'année 1812. Il souffrait de rhumatismes, d'oppressions; il était tourmenté par de pénibles insomnies. Les médecins lui ordonnèrent donc d'aller demander aux eaux de l'Allemagne et à des climats plus tempérés un soulagement à ses infirmités.

D'un autre côté, les haines soulevées contre lui par l'incendie de Moscou et par les ruines qui en avaient été la conséquence forcée, lui rendaient le séjour de Moscou presque impossible; la malveillance de l'empereur et de la cour lui rendait le séjour de la Russie odieux. Le seul remède à ces divers maux, c'était l'éloignement; de là ses voyages fréquents à l'étranger, et son départ définitif pour la France.

Ces voyages eurent un double avantage. En le mettant en relation avec tout ce que l'Europe renfermait d'hommes éminents, ils le firent connaître : on admira la vivacité, l'éclat de son esprit, la culture de son intelligence, et les personnes qui le virent plus intimement aimèrent les qualités de son cœur. D'autre part, en le séparant de sa famille qui ne le rejoignit à Paris qu'après deux ans d'absence, ils donnèrent lieu à une correspondance intime, pleine d'épanchements, d'observations et de charme, qui nous permettra de le connaître mieux encore que ses contemporains et de pénétrer à fond dans son âme. C'est dans cette correspondance avec sa femme, avec ses filles, et aussi dans ses notes de voyage, que je puiserai désormais sans scrupule et sans mesure, contrairement peut-être aux règles de l'art qui proscriraient de trop longues citations, mais au grand avantage du lecteur qui y trouvera certainement plus d'intérêt, de vérité et de vie que dans mes appréciations et mes affirmations personnelles. C'est d'ailleurs le moyen le plus sûr d'atteindre mon but, c'est-à-dire de faire connaître l'esprit et le cœur de l'homme illustre dont je raconte la vie et dont la mémoire m'est chère. Je ne regrette qu'une chose, c'est de ne pouvoir reproduire et publier intégralement toutes ces lettres qui formeraient le plus intéressant des ouvrages. Mais c'est un soin que je dois laisser au comte André Rostopchine, son seul fils survivant.

Le premier voyage du comte Rostopchine date de l'année 1815 ; il alla aux eaux de Tœplitz, qui ne lui réussirent pas, puis à celles de Pyrmont, qui ne lui firent guère plus de bien, et il revint à Saint-Pétersbourg par Berlin et Kœnisberg, après une absence de cinq mois. Des quelques lettres qui subsistent de sa correspondance avec sa femme pendant ce rapide voyage, je ne citerai que deux ou trois passages où se révèlent, avec la tendresse habituelle de son âme, les sentiments religieux qu'on lui a contestés sans motifs.

Tœplitz, 1815. — « Dimanche, c'est-à-dire hier, j'ai assisté à la messe avec ton livre, et je puis t'assurer que j'ai prié Dieu avec ferveur, non pour moi, car je me suis abandonné à sa miséricorde, mais pour toi qui es l'âme de la famille. Ta maladie m'inquiète sérieusement, et lorsque ces idées commencent à me tourmenter, je trouve une grande consolation à prier Dieu devant le crucifix que j'ai avec moi. J'ai éprouvé un sentiment bien doux en entrant en Bohême et en me trouvant au milieu d'un peuple religieux qui suit les préceptes d'une religion qui a fait des prosélytes par conviction...

« ... Les Autrichiens qui sont ici sont fiers et se donnent des airs victorieux : les autres Allemands sont de bons enfants, plus ou moins ennuyeux et ridicules. Il y a une grande animosité entre les Autrichiens et les Prussiens ; la victoire de Blücher ajoute à la jalousie des premiers, mais ils se consolent en vantant leurs grands exploits contre Murat et les lazzaroni... Voilà, mon amie, tout ce que je puis te dire : adieu donc, mon amie, ma femme et mon bon sens ; je t'embrasse avec les enfants. J'ai acheté pour le petit bouffon une boîte avec des boules de verre de différentes couleurs ; cela l'amusera. Il faut bien que je tâche de gagner les bonnes grâces de ce futur grand homme, et mes bassesses ne me feront pas de tort, car elles sont paternelles et cela restera entre nous. »

Pyrmont, 1815. — « Me voici, mon amie, depuis cinq jours ici. J'ai passé, pour venir de Cassel, par un chemin qui fait honte au propriétaire du pays, mais qui couvre de gloire ma voiture, laquelle a bravé tous les trous, secousses, etc. On ne comprend plus rien à la géographie : j'ai trouvé, au milieu de la Hesse et du Hanovre, de petites villes appartenant au roi de Prusse. Ici, peu de monde, le mauvais temps ayant chassé les buveurs. Je suis obligé de faire chauffer ma chambre tous les jours, et malgré cela j'y gèle. Je ne puis convenir avec toi que la patience soit un remède pour guérir, mais c'en est un parfait pour supporter les maladies. Je puis t'assurer que Houfland est l'homme le moins charlatan qui existe ; il connaît son art mieux que personne, mais il est le premier à dire que la médecine est au berceau et qu'on fait mourir deux fois plus de personnes qu'on n'en guérit.

« Combien je suis impatient de revoir André ! Il suffit de voir son regard pour lui accorder de l'esprit ; mais que Dieu le préserve de n'avoir que cela ! c'est un don du ciel bien inutile, agréable pour les autres et nuisible pour soi-même. Il faut de la raison et du gros bon sens. Je lui rapporte, entre autres choses, un collier pour Griffette : il s'occupera à le mettre et à l'ôter, et cela lui causera autant de plaisir que d'ennui au chien...

« Je réponds à présent au mot de *ridicule* dont tu as affublé l'ordre napolitain pour Serge. Je l'ai demandé, sachant qu'on ne le refuserait pas, car j'avais des droits à la reconnaissance du roi Ferdinand, même avant l'année 1812. Comme nous vivons dans un siècle où il n'y a pas l'ombre de bon sens et que tout est jugé par l'apparence, je n'ai pas voulu que mon fils signifiât moins que les fils de tant de parvenus... Je veux que Serge soit toujours mon obligé et qu'il ne puisse pas dire un jour : « Mon père pouvait faire cela pour moi, et il ne l'a pas fait. » Voilà, mon amie, mes raisons et mes excuses. Il me reste à passer ici une quinzaine de jours, et puis je m'acheminerai vers Berlin, d'où je compte partir vers le 1er octobre. Il faudra que j'y reste une dizaine de jours, pour voir la famille royale et payer en politesses toutes les attentions qu'on a eues pour moi. Adieu. »

Pyrmont, 1815. — « Je ne saurais t'exprimer, ma bonne amie, combien je suis content de lire dans ta lettre le plaisir que te causent mes prières. Je puis t'assurer que je prie Dieu avec ferveur, espérance et repentir; je le prie de me raffermir dans la foi et de m'aplanir le chemin du salut. Rien ne ranime autant que ces hommages rendus à la Divinité; tu sais comme je crois fermement à la toute-puissance du Créateur; je tâche et je tâcherai de me pénétrer de ses divines maximes, et, pour mon voyage de Berlin, je prendrai avec moi le Nouveau Testament, que j'aurai le temps de méditer. Je me trouve changé à bien des égards, et je me suis trouvé plusieurs fois dans le cas de réprimer des mouvements d'amour-propre et d'envie de briller par l'esprit. »

Les gens qui savent causer et qui aiment à causer trouveront en effet qu'il ne pouvait donner une meilleure preuve d'une vertu déjà forte et d'un grand empire sur lui-même. Combien d'hommes d'esprit ont mieux aimé sacrifier un ami plutôt qu'un bon mot!

« Les eaux d'ici ne me conviennent pas, ajoute-t-il, elles m'irritent trop; il n'y a que les bains que je supporte. Comme tout tend à la ruine, et combien sont impuissants nos efforts pour retarder le moment de la fin! Cependant la Providence a été généreuse envers moi; elle m'a donné toi, deux amis et une conscience nette. J'ai joui d'une bonne santé jusqu'à l'âge de quarante-huit ans; le reste est peu de chose. Cependant, comme il est permis de chercher à alléger ses souffrances, si je retombe cet hiver dans les attaques de nerfs, j'espère que tu consentiras à aller avec moi passer deux ou trois ans en Italie. »

Je ne puis résister au désir de rapprocher de cette lettre si simple, si calme et si touchante, une page d'un contemporain du comte Rostopchine, de l'écrivain allemand Varnhagen, qui le connut à Bade en 1817 et qui rapporte les bruits absurdes et odieux qu'on faisait courir sur son compte, au sujet de ses souffrances et de ses insomnies : ce rapprochement, auquel je n'ajouterai aucune réflexion, montrera de quelles calomnies l'envie et la sottise poursuivaient le sauveur de la Russie. Voici donc, d'après Varnhagen, ce que l'on racontait :

« Le soir, quand la nuit tombait, Rostopchine était souvent saisi d'un trouble indicible et de cruelles agitations. Des fantômes sortant de terre autour de lui, et des rêves qui lui montraient les restes ensanglantés du jeune marchand de Moscou massacré par ses ordres, le remplissaient de terreur au point qu'il ne pouvait plus retenir ses cris. Une fois, les domestiques et le médecin accoururent; une autre fois, il fut surpris dans une crise semblable par deux amis qui avaient voulu pénétrer jusqu'à lui, malgré la consigne. Dans ces deux cas, les survenants trouvèrent l'homme jadis si puissant dans un désordre inimaginable, pâle, défait, terrifié, repoussant de ses bras allongés les visiteurs mystérieux, produits d'une imagination excitée jusqu'au délire. »

C'est ainsi qu'on transformait en remords les souffrances et les insomnies si facilement explicables du gouverneur de Moscou, qu'on le transformait lui-même, sans l'ombre d'un motif, en une sorte de Tibère poursuivi dans sa retraite par le souvenir de ses victimes ; et voilà comment on écrit l'histoire quand on veut suppléer par l'imagination au défaut de documents. La légende commençait pour lui avant même qu'il eût achevé sa vie.

Malgré les résultats presque nuls de ce premier voyage au point de vue de sa santé, le comte Rostopchine, toujours souffrant et toujours poursuivi par la malveillance ingrate de ses compatriotes, en entreprit un second au printemps de l'année 1816, et cette fois pour plus longtemps. Son projet, dont il réalisa une partie seulement, était d'aller prendre les eaux de Carlsbad, qui lui firent le plus grand bien, puis de visiter Paris et la France et d'aller ensuite attendre en Italie sa femme et ses enfants qui devaient l'y rejoindre.

Son absence devant être plus longue, la séparation fut plus douloureuse, et ses premières lettres sont remplies de l'impression de ses regrets et de sa profonde tristesse. Il revient sans cesse sur le déchirement de son cœur, sur la pensée de sa femme, de ses enfants, qui ne le quitte pas ; il parle avec un attendrissement particulier de sa plus jeune fille, cette charmante Lise, qui devait mourir à la fleur de son âge, et de son dernier né, son Benjamin, le petit André, aujourd'hui seul héritier du nom de Rostopchine[1].

1. *Note de l'auteur.* — Le fils unique du comte André Rostopchine est mort prématurément, laissant deux jeunes fils.

« Je suis bien fâché, écrit-il de Riga, d'avoir été obligé de partir, surtout si les eaux et le voyage ne me font pas de bien. A un certain âge, on ne veut plus rien voir, rien entendre. Les hommes ne m'occupent guère, les affaires encore moins, et je suis trop habitué à mon chez moi. Je ne te vois plus, ni les enfants; je n'ai plus de visites de Lise et d'André; je suis trop seul... Adieu, mon amie, adieu, j'embrasse tous les enfants, et je vous serre contre mon cœur où il n'y a que vous. »

De Memel : « Me voici, mon amie, en pays étranger, à 850 verstes de toi, et plus seul que jamais.... Il y a aujourd'hui huit jours que je ne vous ai embrassés, et qui me dira quand je vous reverrai? J'ai des idées bien noires, et mes rêves sont de la même couleur; j'ai souvent des étouffements que les larmes font passer; et avec cela mes nerfs restent tranquilles.... Je compte aller droit à Carlsbad, car je n'ai envie de rien voir; et pour quoi voir? Les hommes eux-mêmes, vivants et morts, ne m'intéressent plus; c'est une mauvaise galerie de caricatures de fantaisie qui ne peut occuper qu'un observateur bien disposé. Que font Lise et mon André? Voilà qui prouve que les parents adorent leurs enfants toujours, tandis que ceux-ci aiment leurs parents quelquefois. Cet André m'a fait pleurer souvent, lui qui ne m'a causé d'autre chagrin que la crainte pour ses jours, quand il a été malade.... Bonne nuit, ma bonne amie, dors et rêve à moi. Quoique bête, et n'ayant pas plus d'idées que le comte de M***, j'écris un mot aux enfants... Adieu, ma femme, adieu mes enfants; bonjour, Lise, embrasse André... j'ai devant moi la collection de vos portraits : plaignez-moi d'être seul. »

Le même jour ou le lendemain, il reprend la plume; cette fois, c'est le regret de la patrie, de cette patrie si ingrate pour lui, qui remplit son âme, qui en déborde, et qui lui dicte la page suivante, une des plus simples, des plus vraies et des plus touchantes que je connaisse :

« Quoique j'aie dormi assez bien, j'ai envie de me reposer et de donner du repos aux gens. La poste part ce soir, et en attendant qu'on me prépare à dîner, je t'écris de nouveau. A la première poste prussienne où j'ai déjeûné, j'ai achevé le dernier pain emporté de Pétersbourg. Ce pain m'a donné des idées bien noires; il a commencé par me mettre sous les yeux, toi, assise sur le grand canapé, les enfants dans la chambre, et André sur la table, vis-à-vis de moi. J'étais charmé de cette vision, car en voiture je n'avais fait que penser à vous et me retrouver au milieu de vous. Mais je fis la réflexion que c'était le dernier morceau de pain russe que j'avalais. Que l'on m'explique ce que c'est que l'amour de la patrie! Tu sais que je n'aime ni le climat, ni la noblesse, ni les marchands, ni les mœurs russes. Pourquoi donc ce lien qui m'attache à ce pays ne veut-il pas se desserrer? Toi, les enfants, vous pouvez quitter le pays, et nous pourrions être aussi heureux au Brésil que nous l'avons été à Voronovo. Eh bien, non! on aime toujours sa patrie, même quand elle est ingrate. »

Enfin, arrivé à Carlsbad, il épanche sa tristesse en ces termes, où respire toute son âme : « Il y a quatre jours que j'ai reçu ta dernière lettre, ma bonne amie; elle m'a fait très grand plaisir en calmant mes craintes sur vous tous. Il serait trop long de te détailler tout ce que j'ai éprouvé en partant et ce que j'éprouve encore; mais étant toujours peu maître de mes premiers mouvements, j'exhale ma mauvaise humeur en paroles ou avec de l'encre. Je ne peux pas m'accoutumer jusqu'à présent à l'idée de rester encore un an tout seul. Tu as bien raison de dire que j'ai un bon cœur;

que serait-ce de moi si j'en avais un mauvais ! Il te rend bien justice, et je serais un monstre d'ingratitude si je ne savais pas apprécier ton amour, ton amitié et tes vertus. Tu m'as fait de la peine deux fois en vingt-deux ans ; encore était-ce la volonté de Dieu [1]. Mais il ne suffit pas de me laisser le soin de te rendre justice ; je voudrais que tu fusses là pour me donner quelques-unes de ces consolations qui sont toujours au bout de ta langue et de ta plume. Parmi tout ce monde qui se trouve ici, je ne puis avoir d'autre conversation que de politique, des événements passés, de chevaux et de littérature ; cela ne remplit ni le cœur ni l'âme. Tout me rappelle les miens, et après avoir rêvé à vous et à vos portraits, je me retrouve plus seul que jamais, et les larmes viennent à mon secours.... Je suis bien content de ce que j'apprends de mon petit André ; mais ce plaisir est toujours suivi de regrets. Je ne le vois pas et je perds une année charmante de sa vie. Tu as bien fait de prendre 1 500 roubles pour les pauvres ; ceux d'ici sont assez contents de moi, à ce que je puis supposer... Adieu, je baise tes mains bienfaisantes et je t'embrasse de toute mon âme, qui n'est pas aussi belle que la tienne. »

Je ne sais si je me trompe et si les illusions du sentiment filial m'aveuglent, mais il me semble que les pages que je viens de citer n'ont pu sortir que de l'esprit et du cœur du meilleur des hommes. Elles font l'éloge de celui qui les a écrites aussi bien que de la femme admirable à laquelle il les adressait. Indépendamment de cette correspondance et d'autres lettres adressées à l'une de ses filles, lettres dont je possède la précieuse collection, mais dont je ne citerai rien ici pour ne pas allonger indéfiniment ce chapitre,

1. Allusion à la conversion de sa femme, et un peu plus tard de sa fille Sophie, depuis comtesse de Ségur.

le comte Rostopchine a laissé des notes de voyage demeurées inédites sur les personnages marquants, les mœurs et les usages des lieux qu'il traversait. La plupart de ces notes ont un tour original et piquant qui met vivement en relief les choses qu'il décrit ou les portraits qu'il peint d'après nature.

« Le duc régnant de Saxe-Weimar, écrit-il, emploie la belle saison à courir les eaux et à faire des visites par l'Allemagne. Il a de l'esprit, passe pour un bon militaire, conte bien, ruine son pays, est fort aimé des alentours, a beaucoup de moyens et peu de mœurs. »

« La comtesse Molly-Zichy, dit-il ailleurs, est de Vienne. C'est une femme de trente-cinq à quarante ans. Elle voyait beaucoup de souverains pendant le congrès. L'empereur Alexandre est en correspondance avec elle. Elle est contrefaite, parle du nez, et veut passer pour une femme savante. Elle a l'air d'une reine expirante qui dicte ses dernières volontés. »

Plus loin, je lis ce portrait curieux d'un de ces maîtres de poste prussiens dont la race est disparue et qu'ont heureusement remplacés les employés de chemin de fer :

« Le major Taüer, maître de poste à Friedberg, a fait toute la guerre de Sept ans; il a été congédié avec le grade de major, en considération de ses blessures, et récompensé par la place de maître de poste. Pendant l'été il porte une robe de chambre de Perse, tue les mouches, fume sa pipe et raconte aux passants les anecdotes de la guerre. Sa maison a l'air d'un hôpital. Il a un chien aveugle, un chat paralysé, un sansonnet qui de vieillesse a cessé de parler. Il a sa politique qui consiste à exterminer tous les Français et à peupler le pays avec des Turcs. Quand ce major mourra, l'espèce périra avec lui, et on ne pourra plus se faire une idée de cette race qui habitait les postes en Prusse et dont aucun naturaliste n'a donné la description. »

« Le militaire prussien, écrit-il dans une autre note, a la même tenue, le même port d'armes, la même coupe d'habits que le Russe, mais le soldat est moins machine. L'officier a repris le ton de suffisance que la guerre de Sept ans lui avait donné et que Bonaparte lui avait fait perdre. Il est toujours monté à cheval sur Waterloo, et il semble que l'orgueil affaiblit la reconnaissance qu'il doit à la Russie. Il croit être le type et le modèle des autres armées. Il croit également que le premier homme, Adam, buvait de la bière et fumait, parce que Blücher boit et fume. »

Je veux citer encore cette remarque notée par lui à Carlsbad, et que les femmes qui vont aux eaux devraient méditer : « On juge trop légèrement les femmes aux eaux, et leur extérieur ou leur attitude décident de la classe où on les range. Une personne qui penche la tête ou lève les yeux au ciel, est romanesque. Une femme avec un livre à la main ou un doigt taché d'encre, est une savante. La rieuse est une femme aimable. Une mère qui mène son enfant par la main, passe pour une dame vertueuse. Une femme qui crie et parle avec chaleur, est décidément une patriote. »

Mais de tous ces portraits, le plus original, parce qu'il est le plus ressemblant, est certainement celui de la comtesse Protassow, cette vieille demoiselle d'honneur de l'impératrice Catherine, tante de la comtesse Rostopchine, qui avait élevé ses nièces, et dont nous avons dit un mot au commencement de cette histoire. Restée honnête au milieu d'une cour corrompue dont elle aimait tout, excepté les vices, fidèle à la mémoire de sa bienfaitrice, comme elle lui avait été dévouée pendant sa vie, elle n'inspirait cependant pas autour d'elle le respect et l'affection que ses vertus auraient dû lui mériter. Ses prétentions, ses exigences et sa futilité la rendaient ridicule aux yeux de ceux qui l'approchaient, désagréable et pénible pour ceux qui vivaient dans son intimité. Pour se distraire de son ennui, de ses infirmités et de ses regrets, elle courait la Russie et l'Europe, cherchant des consolations que le monde ne donne pas et se trouvant partout exilée, hors de la cour où elle avait si longtemps vécu et qui était sa véritable patrie. Elle y était cependant reçue avec déférence quand elle revenait à Saint-Pétersbourg : l'empereur, l'impératrice, les grands-ducs et les grandes-duchesses lui témoignaient des égards, en souvenir de l'affection dont l'avait honorée la grande Catherine. Trois impératrices lui avaient successivement donné leur portrait en miniature, qu'elle portait sur les épaules de son corsage quand elle était en toilette, ce qui la faisait ressembler, écrit le comte Rostopchine, à une galerie de tableaux ambulante. Mais ces marques de distinction ne la consolaient pas; elle sentait qu'on l'honorait comme une relique d'un autre âge, et elle ne retrouvait à la cour aucun de ces hommages qui ne s'adressent qu'à la jeunesse, à la beauté ou à la puissance. Quand elle n'était pas à l'étranger, elle allait chez l'une ou l'autre de ses nièces, qui la recevaient avec une respectueuse résignation; elle arrivait à l'improviste et partait de même, suivant l'humeur et le caprice du moment. Affairée sans affaires, agitée et agitante, toujours en mouvement et désœuvrée, elle était chez elle partout et nulle part.

Le hasard de ses pérégrinations l'amena à Carlsbad pendant que le comte Rostopchine y prenait les eaux. Il dut maudire cette rencontre qui lui valut bien des heures d'ennui et des mouvements d'impatience, mais à laquelle nous sommes redevables de deux ou trois lettres charmantes où il la peint au vif, en traits piquants, originaux et d'un naturel parfait. Je n'en citerai qu'une qui donnera une idée des autres.

« Il y a quatre jours, la tante est venue d'Egra, au moment où je dînais. Robert (c'était son domestique nègre) vint m'en avertir : il fallait lui trouver un logement. Heureusement il y avait dans la maison une grande chambre vide, où je la fis coucher, et le jour elle se tint dans ma chambre. Je l'ai fait manger aussi bien que cela est possible ici, et ce n'est pas l'appétit qui lui manque jamais. Le lendemain, c'était jour de la naissance de Lise, et nous avons bu à sa santé. Pendant les deux jours qu'elle resta ici, c'était une agitation, un tourment perpétuels. Elle n'a pas dit un mot de toi, ni de tes sœurs ; elle nommait Véra à ceux qui sont venus la voir, leur exprimant son désespoir de retourner en Russie et de n'y plus trouver l'unique amie qu'elle avait. Elle est toujours occupée à faire croire qu'elle voit, tandis qu'elle est complètement aveugle. Elle se fâche même de la mort de Véra, parce que cela l'émeut et que l'oculiste lui a bien défendu de s'émouvoir. Elle parle de sa cécité au passé et dit : « Quand j'étais aveugle ; lorsque je recouvrai la vue ». Elle se promène, croyant reconnaître les personnes, juge des mises, des couleurs, et a regardé les portraits des enfants. Elle a été piquée de ce que le roi de Prusse n'est pas venu la voir. Le soir, elle a été chez la comtesse Woronzow, où elle adressait la parole sans savoir à qui. Elle voulait tout acheter, a couru les boutiques, où, après avoir tenu dans ses mains une boîte à ouvrage, elle en donna un coup sur la tête d'une dame sans la remarquer.

« Enfin, le jour de son départ, il y eut une scène terrible. En rentrant chez moi de la source, je fus engagé par le grand-duc de Weimar à déjeûner chez lui; la conversation devint intéressante, et je ne rentrai qu'à neuf heures et demie. On me cherchait déjà partout; la tante éclatait en sanglots; elle croyait que je m'étais fâché contre elle et que j'étais parti tout à fait. Juge de cette belle idée! Enfin, elle partit, décidée à aller à Landshert consulter Walter : quant à l'endroit où elle passera l'hiver, personne ne le sait. »

Le portrait est achevé, et après avoir lu cette page qui ne semble qu'une narration, on connaît la personne à fond, cœur, esprit et caractère. C'est un des grands arts de l'écrivain, et des plus difficiles, de décrire sans en avoir l'air. Cet art était pour le comte Rostopchine un don naturel et qu'on retrouve dans tous ses écrits.

Il quitta Carlsbad ayant reconquis le sommeil, l'appétit, croyant presque avoir reconquis la santé; mais ce ne fut qu'une trêve dans ses souffrances, et l'été suivant devait le ramener aux eaux avec de nouvelles infirmités à guérir. Il se dirigea à petites journées sur Paris par Stuttgart et Francfort. A Stuttgart, il connut le célèbre statuaire Dannecker, dont il vante beaucoup le génie et les œuvres, en même temps que sa modestie, sa bonhomie, et sa grande charité. Ce véritable artiste n'avait pas d'enfants, et donnait aux pauvres tout ce qu'il ne distribuait pas à sa famille. Dans une lettre adressée de Stuttgart à l'une de ses filles, le comte Rostopchine rapporte à son sujet une anecdote intéressante : « Comme il terminait le modèle en terre d'un grand Christ qu'il va sculpter, il voit entrer chez lui une pauvre petite fille qui mendiait. Il l'amène devant son ébauche et lui demande ce qu'elle représentait. La petite, sans hésiter, répond : *C'est l'unique!* et elle ajoute : « le Christ, notre Sauveur ». Ce mot frappa tellement Dannecker qu'il craint maintenant de manquer son œuvre, et de ne pas la rendre aussi parfaite que le modèle qu'il en a ébauché. »

Le fait est que le mot de cette petite mendiante est sublime dans sa simplicité, et j'ai cru utile de le rapporter. Il prouve que, suivant la parole de l'Évangile, Dieu révèle souvent aux petits et aux humbles ce qu'il cache aux savants et aux grands de ce monde.

Au moment où le comte Rostopchine arrivait à Stuttgart, un de ces grands du monde quittait la terre pour comparaître devant Dieu. C'était le 16 octobre 1816. Le jour même de son arrivée, le roi de Wurtemberg fut atteint d'apoplexie, et il mourut la nuit suivante, vers deux heures du matin. Les circonstances étranges qui précédèrent et annoncèrent cet événement, et la peinture énergique que notre héros a tracée dans ses notes de ce changement de règne dont le hasard l'avait rendu témoin, méritent d'être rapportées.

« Cette mort, dit-il, fut précédée de pronostics et de pressentiments bien extraordinaires. Les faits suivants sont constatés et ne sont sujets à aucun doute. Avant de quitter Ludwigsbourg, maison de campagne où le roi passait ses étés, il dit à son favori le comte Dihll : « Allons, retournons à Stuttgart pour quelque jours, car je suis sûr que j'y mourrai avant mon jour de naissance (24 octobre). » Trois jours avant la mort du roi, un jeune homme, connu de toute la ville, entra dans la salle où sa famille déjeunait, les yeux gros et le visage décomposé. Son père effrayé lui demanda ce qu'il avait. Il raconta qu'il venait de rêver que le roi s'en allait au ciel et qu'il emmenaït avec lui son grand-père. Chose étrange, le jour même que le roi décéda, le vieillard mourut aussi. Enfin, le roi avait commandé à un peintre de paysages de lui peindre un vieux chêne tombant de vétusté, et dit qu'il voulait avoir le tableau pour le jour de l'an. L'artiste se mit à l'ouvrage, et acheva son tableau le jour même de la mort du roi, sans avoir connu seulement qu'il était malade.

« Je conserverai toute ma vie, poursuit le comte Rostopchine, le souvenir du sang-froid, de l'indifférence et de l'apathie des Wurtembergeois à la mort de leur roi. Aucun signe de joie, de tristesse ni d'étonnement, aucun mouvement de curiosité, d'impatience ni d'espérance. Le feu roi se faisait craindre. Il connaissait la trempe de ses sujets et les gouvernait avec une verge de fer. On pouvait être mécontent de sa sévérité, mais on devait reconnaître sa justice. L'ordre était admirable. Le peuple ignorait les vexations, la persécution et l'arbitraire des gouvernements. La crainte retenait l'avidité, le pillage et la fraude. Malgré cela, le jour même de la mort de ce roi juste et sévère, il fut entièrement oublié. Son enterrement n'attira personne. Les gens les plus comblés de ses bienfaits se cachaient et avaient peur de parler de leur reconnaissance. La bassesse ne fit que changer d'idole; elle se transporta dans un autre temple et se remit à l'œuvre avec plus d'activité que jamais. »

De Stuttgart, le comte Rostopchine se rendit à Francfort, et vers la fin du mois d'octobre 1816, il parvint à la frontière de France. C'était la première fois qu'il visitait la grande nation qui avait été si longtemps la tête de l'Europe et qui venait pendant plusieurs années d'en être la maîtresse. Il dut éprouver une émotion profonde en posant le pied sur le sol de ce pays qu'il ne connaissait pas encore, mais sur les destinées duquel il avait à deux reprises différentes exercé une si grande influence, la première fois comme ministre de l'empereur Paul, en arrachant son maître à l'alliance de l'Angleterre pour le jeter dans l'amitié de Bonaparte, la seconde comme gouverneur de Moscou, en portant à la fortune de Napoléon un coup terrible et décisif. Il arrivait en France avec des préventions contre le caractère, l'intelligence, les mœurs des Français, qu'il n'avait vus qu'en Russie, à travers toutes les passions d'une guerre à outrance. Ces préventions influèrent sans doute sur les jugements qu'il en porta, et le poussèrent à des exagérations qui étaient déjà naturellement dans son caractère. Néanmoins, je citerai ses opinions sur notre cher et malheureux pays avec la même liberté que je l'ai fait précédemment en ce qui concernait la Prusse et la Russie elle-même. La plupart de ses observations en effet sont justes au fond, quoique trop souvent excessives. Il y a, je le sais, des vérités qu'on ne se dit qu'à soi-même; mais je sais qu'il y en a aussi, et ce sont les plus importantes, qu'on ne se dit pas à soi-même et qu'il est utile d'entendre exprimer par les autres. Hélas! le comte Rostopchine n'avait que trop raison dans les prévisions que nos défauts lui inspiraient sur l'avenir de notre pays, et le souvenir de la fatale année qui a vu la France envahie, occupée, démembrée par la Prusse, et Paris souillé et découronné par la révolution, doit nous porter, si nous n'avons pas perdu tout bon sens, au repentir et à l'humilité. D'ailleurs, malgré ses sévérités et ses vives critiques, qui presque toujours n'ont trait qu'à la politique, le comte Rostopchine aima la France et apprécia ses grandes et aimables qualités. Il l'aima tant, qu'il y demeura pendant six années presque sans interruption, qu'il y fit venir sa femme et ses enfants et qu'il ne la quitta qu'avec un immense regret. Il l'aima tant, pour tout dire en un mot, qu'il y laissa une partie de son cœur, et qu'il confia à un Français le bonheur d'une de ses filles, la comtesse Sophie Rostopchine, devenue comtesse de Ségur et mère de celui qui écrit ces lignes. Après cela, je puis sans scrupule et sans crainte présenter à mes lecteurs le tableau qu'il a tracé, dans ses lettres et dans ses notes, de la France et des Français tels qu'ils s'offrirent à lui de 1816 à 1823. Ils savent maintenant qu'au fond de ce terrible ennemi, il y avait un ami véritable.

CHAPITRE IV

Premier séjour du comte Rostopchine en France. — Situation de la France à son arrivée. — Sévérité de ses jugements politiques. — Extraits d'une lettre adressée par lui à l'empereur Alexandre. — Extraits de ses lettres à sa femme et à ses filles sur Paris, les salons, les mœurs, les personnages du temps. — Louis XVIII, les princes, le duc d'Orléans, Talleyrand, Mme de Staël. — Il va prendre les eaux de Bade. — Jugement de Varnhaghen sur lui. — Il revient à Paris et passe six années en France avec sa femme et ses enfants. — Sa charité. — Sa générosité. — Mariage de ses filles. — 1816 à 1823.

Le comte Rostopchine arriva à Paris dans le courant du mois de novembre 1816. La France était alors dans une situation si lamentable que, pour trouver pire, il faudrait remonter jusqu'au temps de Charles VI ou redescendre jusqu'à l'année 1871. Les populations, déjà épuisées par les guerres de l'Empire, gémissaient sous le poids de l'occupation étrangère. Les armées de l'Europe coalisée dévoraient sa substance et semblaient vouloir lui faire expier par la brutalité de cette seconde occupation la modération relative de la première. Une indemnité de 700 millions, jointe à des frais de guerre plus considérables encore, pesait d'un poids accablant sur les finances du pays, et pour comble de malheur, des pluies diluviennes qui étaient tombées sans discontinuer pendant tout l'été, avaient inondé les campagnes et détruit presque complètement les récoltes. La disette avait pris les proportions d'une véritable famine et achevait la misère publique.

La guerre civile ajoutait ses horreurs à tant d'horreurs;

sous prétexte de politique et de religion, des bandes furieuses et ennemies ensanglantaient les villes et les campagnes du midi. En vain le clergé protestait; en vain le gouvernement sévissait. Leurs efforts échouaient contre les passions de ces populations ardentes qui portaient encore dans leur esprit et dans leur cœur tous les souvenirs de la Réforme et de la Révolution. Trestaillon, traduit devant la cour d'assises, à raison de ses implacables représailles, était acquitté par le jury et proclamé innocent de par la loi; les ordres des préfets étaient méconnus ; le général Lagarde, commandant des troupes royales, était assassiné en punition de ses efforts généreux pour rétablir la paix civile et religieuse : la présence du duc d'Angoulême lui-même, accouru deux fois de Toulouse à Nîmes pour faire cesser les désordres, n'avait fait que les interrompre pendant quelques jours. Ce ne fut qu'à la fin de l'année 1816 que ces troubles sanglants prirent fin par le désarmement de la garde nationale, qui, là comme partout, n'a jamais été, à peu d'exceptions près, qu'un instrument de discorde et de sédition.

Le parti révolutionnaire, qui, sous le nom menteur de parti libéral, s'était remis à l'œuvre dès le jour de la rentrée des Bourbons, pour préparer de nouveau leur ruine, exploitait habilement ces malheurs et ces crimes dont il faisait remonter la responsabilité jusqu'au gouvernement du roi. Il exploitait également contre lui les haines qu'allumait dans les populations l'occupation étrangère, et les souvenirs de gloire militaire que les soldats de Napoléon portaient avec eux dans tous les coins du territoire. Enfin il entretenait avec soin et envenimait avec un art perfide les souvenirs encore mal effacés des abus de l'ancien régime, et semait sans cesse parmi les habitants des campagnes ces mots de féodalité, de dîme, de droits seigneuriaux, d'autant plus dangereux qu'ils sont moins compris, et qui, après plus de cent ans, sont encore en certains endroits un instrument de succès presque infaillible entre les mains des faiseurs de révolutions. Tel est le tableau qu'offrit en 1816 notre malheureuse patrie aux regards étonnés du comte Rostopchine. Ce spectacle n'était pas fait, il faut le confesser, pour diminuer ses préventions contre la France.

Il y resta assez longtemps, il est vrai, pour y voir l'ordre, le commerce, l'abondance et la prospérité financière renaître avec une rapidité merveilleuse. Mais son impression première subsista dans toute son énergie; car sous cette renaissance de l'ordre et de la prospérité matériels, son œil observateur aperçut bien vite le progrès effrayant du désordre moral par la mauvaise presse, les sociétés secrètes et les menées du parti révolutionnaire. Ce parti dont l'avant-garde se composait des libéraux honnêtes et convaincus, qui lui prêtaient l'éclat de leurs noms et le prestige de leur éloquence, comptait dans ses rangs tous les ennemis de l'Église et de la royauté, tous les amis de Napoléon, et le nombre de ces derniers était considérable : la chute de l'Empire, l'odieuse captivité de Sainte-Hélène, les hontes et les misères de la double invasion étrangère dont l'empereur était cependant le seul auteur, avaient fait bien vite oublier aux populations les flots de larmes et de sang que sa folle ambition leur avait coûtés, et il regagnait chaque jour en popularité ce que perdaient les Bourbons. On se servait contre ceux-ci de leurs bienfaits comme de leurs fautes, et jamais gouvernement ne fut récompensé par une plus éclatante ingratitude des libertés concédées par lui aux citoyens.

Aussi le comte Rostopchine ne se fit-il aucune illusion sur la durée de la Restauration et sur l'avenir de la France. Il s'étonna jusqu'à la pitié et jusqu'à l'ironie, de l'incroyable légèreté du caractère français, auquel deux ou trois ans suffisaient pour faire oublier les souffrances intolérables des guerres de l'Empire, et vingt ans pour faire oublier les horreurs de la Révolution. Ses notes de voyage, courtes, écrites avec un soin particulier, curieuses et mordantes, portent toutes l'empreinte de ce sentiment amer et dédaigneux. La plupart sont acérées et le trait porte presque toujours. En voici quelques-unes qui m'ont particulièrement frappé.

« La Révolution a chassé les Bourbons de la France; le règne de Bonaparte les a bannis du cœur des Français. »

« Les royalistes veulent que le roi change, et tous les autres qu'on le change. »

« Les Français, réduits à vivre de souvenirs, les tirent du règne de Napoléon, dont la mémoire leur sera toujours chère. »

« La Révolution a été créée par les mots de liberté et d'égalité; Bonaparte, par ceux de gloire et de conquête : maintenant le mot de vengeance travaille les têtes. Mais le grand moteur du passé et de l'avenir, c'est le pillage ou l'honneur. »

« Napoléon, en revenant de l'île d'Elbe, pondit les jacobins, et Louis XVIII les couva. »

« Les illusions deviennent chez les Français des réalités. C'est ainsi qu'ils se sont persuadés qu'ils sont invincibles, qu'ils sont sages, et que le bois de Boulogne est une forêt. »

« Le Français est créé pour danser beaucoup, rire souvent, se moquer toujours et ne penser jamais. »

« Les Français font les affaires comme les chats font leur sabbat; au milieu des cris, des hurlements et des égratignures. »

« L'agitation dans laquelle se trouve la France provient de ce qu'elle est placée entre la folie qui s'impatiente et la bêtise qui s'effraye. »

« On ne conçoit pas comment un bouleversement n'a pas encore eu lieu en France, car tout concourt à le produire. Les ministres ne songent qu'à conserver leurs places, les militaires veulent la guerre, les libéraux ne veulent pas de gouvernement, les royalistes de contributions et le roi de chambres. »

Ces impressions ne firent que se graver plus profondément dans son esprit à mesure qu'il prolongeait son séjour en France, et nulle part il ne les retraça avec plus d'énergie que dans une lettre qu'il adressa à l'empereur Alexandre en 1823, à la veille de retourner en Russie. Cette lettre est un véritable document historique, par son objet et ses dimensions, le soin avec lequel elle est rédigée, l'originalité, la force des pensées, et aussi par le rang de celui auquel elle est adressée, comme par la position de celui qui l'a écrite. C'est un tableau de la situation de la France, tracé par l'ancien ministre de l'empereur Paul et destiné à éclairer l'empereur Alexandre. La longueur de ce document, remarquable à tant de titres, ne me permet pas de le mettre tout entier sous les yeux du lecteur. Je n'en citerai que les premières pages, qui résument l'opinion du comte Rostopchine sur le caractère français, et qui font de Paris en 1823 une peinture de vérité frappante encore aujourd'hui; j'y ajouterai quelques courts passages qui me semblent plus particulièrement dignes d'être rapportés.

« La nation française, après avoir séduit l'Europe par

son esprit et par le siècle de Louis XIV, a rendu l'univers témoin de sa dépravation, de ses folies et de ses crimes. Tombée du faîte de la puissance où elle fut portée par un génie malfaisant que la Providence érigea en fléau du genre humain, elle prétend encore à présent, non seulement dominer l'Europe, mais l'asservir à ses projets insensés, et, par le moyen des révolutions, donner de nouveau des chaînes aux peuples et devenir la terreur des souverains.

« Le Français est l'être le plus vain et le plus ambitieux de la terre : sa passion est de courir après la fortune, son occupation de s'abreuver à la source des grâces. Il a été également prosterné aux pieds des ministres, des favoris, des maîtresses de ces souverains, du cardinal Dubois, de Robespierre, de Napoléon, et actuellement de Louis XVIII. Il se croit un être supérieur au reste de l'humanité, parce que sa langue est la plus répandue des langues vivantes. Il s'est convaincu lui-même et veut prouver aux autres que jamais les armées françaises n'ont été battues; qu'en 1812, les éléments ont fait périr les braves qui avaient conquis la Russie; qu'en 1813, la bataille de Leipzig était gagnée sans la défection des Saxons; qu'en 1814, c'est la trahison des maréchaux qui a livré Paris aux alliés, et que la bataille de Waterloo n'a été perdue que parce que Napoléon n'avait plus sa tête. Par sa nature, le Français est inquiet, il se plaît à vivre dans le passé, rêve dans le présent et s'endort dans l'avenir; il enferme son existence dans les vingt-quatre heures. Changeant d'opinion comme de mode, soumis à toute influence, il est l'esclave de ses sensations et toujours prêt à faire une sottise. Chez lui, la parole précède la pensée, l'action le motif, et toute sa vie est un impromptu. Il passe son temps à chercher des ridicules aux autres, et à se mourir de peur qu'on ne lui en trouve à lui-même. Son plus grand soin consiste à faire prendre le change sur ses mauvaises actions, qu'il couvre d'un vernis composé à son usage, des mots patrie, gloire et honneur. Ses plus grands ennemis sont la réflexion, l'ennui et l'inactivité. C'est un ballon gonflé de vanité, poussé par l'amour-propre, que le tourbillon emporte et qui crève à la moindre résistance. Bavard par inclination, il a une éloquence particulière; à la première vue, il s'annonce en homme d'esprit; mais au bout d'un quart d'heure, il se fait voir au naturel, c'est-à-dire superficiel et hardi. Un couplet chanté au Vaudeville, dans lequel on parle de ses victoires passées, le met hors de lui, car il croit tout ce qui peut flatter sa vanité et lui faire oublier ses humiliations. Tel, qui va prier Dieu avec ferveur pour la prospérité des Bourbons, est capable d'aller les attaquer aux Tuileries, si, en sortant de l'église, il trouve un attroupement, et il dira après, pour s'excuser, qu'il a été entraîné. Il est fier d'être Français, d'avoir fait la Révolution, Bonaparte, d'avoir Paris pour capitale, qu'il regarde comme celle de l'univers. Cette ville immense, qui dévore le pays et achève de corrompre la nation, est un monstre, l'âme, le régent et le télégraphe de la France. Le tiers de ses habitants s'occupe depuis deux siècles à perfectionner tout ce qui peut flatter les sens, rendre son séjour plus agréable que celui des autres villes, et multiplier à l'infini les moyens de satisfaire au luxe et aux goûts de tous ceux qui sont en état de payer. Cette ville, dont le quart est en magasins et en cafés, contient 700 000 habitants, dont un sur neuf vit de charité publique, de donations pieuses et des bienfaits du gouvernement. Sept à huit mille personnes ne savent où elles passeront la nuit; cinq à six mille rentiers y attendent dans l'oisiveté la fin de leur égoïste existence. Elle a 62 000 000 francs de revenus annuels; c'est l'aimant qui attire de la France entière tout ce qu'elle a de plus dépravé; c'est un monde, un gouffre, l'enfer pour la jeunesse, l'observatoire pour l'âge mûr, les champs Élysées pour la vieillesse. Là, on peut tout avoir chez soi, et, logé aux boulevards, passer l'Europe en revue. Aussi, tout étranger qui a séjourné à Paris, devient plus ou moins son avocat et, dans ses souvenirs, sépare la capitale du royaume, oubliant que c'est une vraie boîte de Pandore, d'où sortent tous les maux, mais qui n'a pas d'espérance au fond. »

Après cette peinture de Paris et du caractère français, où plus d'une fausse appréciation se mêle à de rudes vérités, le comte Rostopchine examine la situation des partis et des classes les plus influentes de la société.

« La Révolution, dit-il, a rompu les barrières qui séparaient les classes; Bonaparte a voulu les rétablir, mais il n'y a réussi qu'en apparence, car il n'était pas maître de l'opinion. Le rapprochement entre l'ancienne noblesse et la nouvelle est moralement impossible. Les prétentions et les droits réciproques sont fondés sur des services et des talents éminents; mais les uns se glorifient des faits de leurs ancêtres, les autres de leurs propres actions. Les noms historiques de l'ancienne France, portés par des descendants souvent insignifiants, se mêlent, se perdent, et cèdent le pas aux généraux et aux hommes d'État, enfantés d'abord par la Révolution et illustrés ensuite par des titres et des biens que Bonaparte versait à pleines mains, moins pour récompenser le mérite réel que pour entraîner les hommes à se dévouer pour lui...

« ... Cette diversité d'opinions a naturellement produit deux partis, qu'on a improprement nommés : *ultra-royalistes* et *libéraux*. Aucun n'est dans les intérêts du roi et surtout du gouvernement actuel, et les deux partis, dans leurs discours, manifestent des opinions qui ne sont pas les véritables, puisque les royalistes veulent un roi sans charte et les libéraux une charte sans roi. Les vœux réels des membres marquants des deux partis sont, pour les royalistes la mort de Louis XVIII, et pour les libéraux l'expulsion des Bourbons...

« ... Le parti libéral se divise en deux : les constitutionnels ou modérés, qui sont en petit nombre; hommes aussi prudents et mesurés que des Français peuvent l'être, qui défendent de bonne foi et avec persévérance la charte, et veulent empêcher l'autorité d'empiéter sur les droits constitutionnels. Dans la seconde catégorie sont les gens fougueux, entièrement opposés aux vues du gouvernement, cherchant à se faire craindre par leur influence dans les départements, ayant à leur disposition les auteurs et les journalistes, et parlant dans les deux chambres, non pour ramener à leurs opinions leurs collègues, mais pour être lus dans toute la France. Ils influent beaucoup sur les jeunes gens, dont ils montent les têtes, les poussent à secouer le joug honteux sous lequel ils vivent, et les effrayent par le fantôme du despotisme, toujours prêt, selon eux, à reparaître. L'étourderie française, la crédulité et l'ambition de faire parler de soi, ne leur fournissent que trop de prosélytes qui pourraient un jour troubler le repos public et inquiéter le gouvernement, si les gendarmes n'étaient des têtes de Méduse pour ces écervelés.

« ... Les avocats, jeunes gens pour la plupart, forment une classe aussi détestable que nombreuse, et rivalisent en mauvaises intentions avec les élèves en médecine. Ils ne manquent jamais, dans leurs plaidoyers, de crier à l'arbitraire, de lancer des sarcasmes contre le gouvernement, et d'accumuler les sottises, les mensonges et les calomnies contre ses agents. Leur but est de se faire remarquer par le parti libéral; une louange dans les journaux, une invitation à dîner, un mauvais portrait lithographié, sont les récompenses qu'ils ambitionnent...

« ... La république des lettres est composée de savants âgés et d'écrivains qui vivent de la plume. On peut se faire une idée de l'énorme quantité de ces barbouilleurs par les 420 000 ouvrages imprimés à Paris depuis 1791 jusqu'à 1821, qui sont déposés dans la Bibliothèque nationale. La politique, les vers de circonstance, les pièces de théâtre et les articles de journaux occupent des milliers d'écrivailleurs et les font subsister; car le mensonge et la calomnie sont toujours accueillis avec indulgence par le public. Les plus âgés parmi ces hommes de lettres sont, pour la plupart, des frondeurs du gouvernement, parce qu'ils ne voient plus de possibilité de recevoir des titres et de devenir pairs de France, comme Lacépède, Chaptal, Lebrun, Fontanes et tant d'autres. Mais aucun d'eux ne dédaigne une pension, une augmentation de traitement, la croix de la Légion d'honneur ou une gratification : les lettres de noblesse sont recherchées par-dessus tout. Toujours prêts à offrir leurs services aux ministres et leur plume au gouvernement, ils poussent l'insolence, dans leurs écrits, à un degré étonnant. La religion, les souverains, les nations, sont traités avec une licence révoltante, et je n'ai jamais pu comprendre comment les ministres des puissances laissent passer ces sottises sans y faire attention et sans porter plainte. Ils donnent pour raison de leur indifférence le scandale que produirait un jugement public, à cause de la défense insolente de l'accusé : mais, d'un autre côté, il en résulterait un avantage réel, car il y aurait un coupable de puni et un frein mis à la licence, qui ne s'arrête jamais quand elle peut impunément braver les lois.

« ... Les Bourbons ne sont pas aimés, et l'opinion leur est contraire. Ils ne peuvent accorder des grâces à des millions d'individus qui fondent leurs prétentions sur des droits ridicules ou inventés. Comme l'amour-propre est le premier mobile des Français, on s'en sert pour répandre des préventions contre la famille royale, en l'accusant sans cesse d'être la cause de la chute de Napoléon, des revers de la France et de l'abaissement dans lequel elle se trouve. C'est en vain qu'on essaye de prouver aux Français que jamais la France n'a été dans un état plus prospère, et que les Bourbons règnent avec douceur et humanité; ils disent à cela : « Oui, mais qui peut répondre de l'avenir ? » Le bon sens est de contrebande en France et ne se glisse même pas dans le pays; le Français craint trop la réflexion. Dans ses discours, il manifeste sans cesse le désir de renverser le gouvernement, sans savoir ce qu'il mettra à la place... La Révolution française est une preuve bien convaincante que le passé est toujours perdu pour l'avenir et que l'exemple des pères ne sert jamais de leçon aux enfants. Malgré tous les désordres, les crimes et les horreurs que cette infernale Révolution a produits, il se trouve encore en France des esprits qui rêvent la République... »

Ce pressentiment de nouvelles et prochaines catastrophes, que le comte Rostopchine exprimait en 1823, datait pour lui de plus loin. Dès son arrivée en France, il avait entrevu et comme deviné le peu de solidité et de durée du règne, si paternel cependant et si honnête des Bourbons, et je trouve, dans une lettre de lui à sa femme, écrite en 1817, ces lignes étonnantes, où il prévoit et annonce la révolution de 1830 avec une précision et une sûreté de coup d'œil qui étonneraient chez Joseph de Maistre lui-même.

« ... Ici, tout va le même train ; les uns se calment, les autres se remuent, les troisièmes exaspèrent les esprits. La conduite du duc d'Orléans est celle d'un homme profond ; il s'est mis au mieux avec le roi, lequel, de son côté, égoïste dans toute la force du terme, s'est assuré du trône pour sa vie sans s'embarrasser de ce que deviendra la France après lui. Les ministres, qui n'ont qu'à attendre l'exil ou pire après la mort de Louis XVIII, s'entendent avec le duc d'Orléans qui abonde dans leur sens. Pour le moment, ce prince restera tranquille ; mais lorsque Monsieur sera Roi, il est certain qu'il intriguera. Il est indubitable que le caractère faible de Monsieur cèdera aux importunités de ses affidés, et qu'il voudra reprendre l'autorité despotique, ce qui amènera la fin de son règne... Monsieur a dit à quelqu'un qui partait, qu'il espérait, dans dix-huit mois au plus tard, lui être utile. Tout ceci est fondé sur la santé du roi qui boit et mange comme quatre, ne quitte pas son fauteuil, a des plaies aux jambes qui se referment quelquefois, et est menacé d'apoplexie ou d'hydropisie. Ce qu'il y a de plus surprenant, ce sont ces fous d'émigrés, dont le plus enfant a soixante-cinq ans. Ils sont en tout peut-être trois cents, mais ils font du mal comme cent mille. Ils sont furieux, exaspèrent les mécontents en disant que la France est perdue si Louis XVIII règne encore six mois, et que c'est le comte d'Artois, sous le nom de Charles X, qui saura reprendre l'autorité. Ils sont tous contre les ministres et *votent contre le roi*. C'est Dieu qui règle les destinées des nations; mais, aux yeux des hommes compétents, la France passera encore par des convulsions terribles, et l'état de l'Europe est tel que les souverains doivent redouter davantage ce qui les attend chez eux que ce qui peut arriver chez les autres... »

Ces jugements du comte Rostopchine sur la situation de la France, sur ses institutions et sur le caractère des Français, que je viens de rapporter un peu longuement peut-être, *ont trait presque exclusivement*, *comme* on voit, à la politique, et malgré leur sévérité parfois excessive, les événements qui se sont passés depuis cinquante ans et qui ont abouti aux catastrophes actuelles, n'en ont que trop démontré la justesse. Mais, en dehors de la politique, l'illustre voyageur rendit, dès le premier jour, pleine justice aux qualités aimables du caractère français, et nul peut-être n'y fut plus sensible que lui. Il y était préparé par l'antipathie que lui inspirait la société allemande, dont il *écrivait plaisamment* à l'une de ses filles : « Je puis m'abandonner à mon aise au silence au milieu de la société allemande taciturne et philosophe. Car, chez eux, ne penser à rien, c'est réfléchir. Je ne sais ce qu'ils y gagnent, mais les autres n'y perdent rien, et je suis bien aise d'être du nombre des autres. »

Dès son premier pas en France, la scène change, et, avant le second jour, il est déjà sous le charme. Sa première lettre à sa femme, écrite de Paris le lendemain de son arrivée, porte la vive expression de ce sentiment, mêlé comme toujours, il est vrai, d'observations critiques et d'aimables ironies.

« ... J'ai mis quatre jours, écrit-il, pour venir ici de Strasbourg, couchant toutes les nuits. Il a plu sans cesse et je faisais monter alternativement Jean et Robert dans la voiture. Les chemins sont superbes, quoique sous l'eau. La bonne poste ! sans que les chevaux fussent commandés d'avance, on dételait et on attelait en dix minutes ; mais ce qui te surprendra, c'est qu'on ne mettait que trois chevaux, tandis qu'en Allemagne on bataillait pour n'en avoir que six. J'ai fait de bon cœur ma paix avec les Français ; ils sont tout autres chez eux que hors du pays. Cette politesse banale est dans leur esprit, et cet esprit est instinctif, car des paysans, des mendiants, des postillons vous disent de très jolies choses, et naturellement. Hier, par exemple, par un temps affreux, à onze heures du soir, une femme vint éclairer avec une lanterne : elle proposa des poires excellentes, des bouts de chandelle parfaits, et voyant que rien ne prenait, elle se mit à aider Jean et Robert qui graissaient les roues. Elle raconta son histoire, celle de ses enfants, et quand on rapporta le suif, elle dit : « Voilà quelque chose qui n'est ni musc ni ambroisie. » Comment ne pas lui donner une pièce de vingt sous ? A chaque maîtresse de poste, j'ai cru voir une *madame* qui avait achevé ou allait commencer une éducation dans le nord...

« ... J'ai eu une scène fort drôle à Châlons. En attendant que l'on chauffât ma chambre, je me tenais dans la salle à manger, où soupaient deux officiers, lesquels, semblables aux vieilles coquettes, passaient en revue leurs succès passés ; ils parlaient de cosaques, de Borodino, de Moscou. Arrive un homme de la police pour les passeports ; il me demande mon nom, et voilà que mes deux officiers se parlent à l'oreille ; puis, l'un d'eux se lève, s'approche de moi, et me dit qu'il a été à mon château que j'ai brûlé, que c'est fort ce que j'ai fait là, etc. Nous avons parlé de guerre, des sottises de Bonaparte, et nous nous séparâmes bons amis. Tous les Français vous diront que, l'année 1814, les traîtres ont ouvert les portes de Paris, et que l'année passée, Bonaparte lui-même perdit la tête, les perdit et perdit la France : le verbe perdre joue un grand rôle là-dedans... Paris a produit sur moi deux impressions bien différentes : j'ai reconnu en cette ville la maîtresse de l'Europe ; car, on a beau dire, tant que la bonne compagnie parlera français, que les femmes aimeront les modes, que la bonne chère fera les délices de la vie et que l'on aimera les spectacles, Paris influera toujours sur les autres pays. Mais le souvenir des horreurs de la Révolution est venu m'attrister ; tout y rappelle des forfaits, et si le sang a cessé de teindre les pavés de cette ville, on n'a pas cessé d'avoir sous les yeux la place de la Révolution, l'Abbaye et les Tuileries...

« ... La chose la plus commune ici, c'est l'esprit : on le trouve dans tout individu ; tu sais comme j'aime à observer, et j'aurai un vaste champ d'observations. Ce qu'il y a de sûr, c'est que depuis une semaine que je suis entré en France, je n'ai pas entendu l'apparence même d'une grossièreté. On me dira : « Tout cela, c'est par intérêt. » Sans doute, mais dans quel pays du monde un aubergiste, un ouvrier, un maître de poste ont-ils donné quelque chose gratis ?... Demain, j'irai voir Notre-Dame et le Temple, où on a élevé un autel expiatoire dans la chambre habitée par la reine victime. Je n'ai pas demandé où est la place de la Révolution ; peut-être y ai-je déjà passé sans m'en douter. Elle a été le terme de la vie, d'abord de tout ce qu'il y avait de plus auguste ; ensuite, le mérite, la naissance, les talents y ont trouvé la mort ; après, la guillotine a tranché les jours des gens riches, et finalement elle a purgé la terre de tout ce qu'il y avait de plus scélérat en France. »

A peine le comte Rostopchine était-il arrivé à Paris que la curiosité publique s'empara de lui. Chacun voulait voir le gouverneur de Moscou, et il eut dès ce moment à lutter contre l'envahissement des curieux de toutes les classes. « On a mis dans les journaux, écrit-il à sa femme dès le lendemain de son arrivée, que le comte *Rostopsin*, général russe dont on a tant parlé en 1812, est arrivé ou doit arriver sous peu à Paris. Plus de vingt personnes, avec lesquelles j'ai parlé sans qu'elles me connussent, m'ont témoigné le désir de voir le *prince Rostopsin*... J'ai vu Mme Swetchine ; elle m'a nommé une dizaine de personnes qui l'ont suppliée de m'amener chez elle, mais je me garderai bien de me mettre sur le pied d'une bête rare. »

« Il m'arrive de dix à vingt lettres chaque matin, écrit-il quelques jours plus tard, de la part d'historiens, de poètes, de chansonniers, d'artistes, de dames ; tout reste sans réponse, mais je suis obligé de faire des paquets pour renvoyer les pièces que l'on soumet à mon approbation, ou, pour parler plus juste, à ma bourse : on serait ruiné en quinze jours...

« J'ai eu, dit-il encore, un succès ici comme aucun étranger n'en a eu... Dès mon arrivée on a été curieux de me voir, et j'ai inspiré l'intérêt qu'aurait causé un monstre marin, un éléphant. On a été surpris de trouver un homme comme un autre, simple, bonhomme et assez original. On me traite avec distinction, et j'en suis reconnaissant... Aux émigrés, aux gens de lettres, aux avocats, aux journalistes, se sont joints les Anglais et les Espagnols, et on chante mes louanges partout. Je suis connu ici sous le nom tout court de *Gouverneur*, et j'ai appris que, depuis que je suis ici, la recette des Variétés est plus forte qu'à l'ordinaire, parce que c'est le seul théâtre que je fréquente, et on y va pour voir le gouverneur dans la loge grillée des ambassadeurs. »

« ... Je ne comprends pas, écrit-il à sa fille Sophie vers la même époque, d'où l'on a tiré l'histoire des couplets chantés en mon honneur chez Mme de Staël. Je n'ai été chez elle qu'une seule et unique fois les premiers jours de mon arrivée ; il y avait foule, sans souper et sans couplets. Je n'y suis plus retourné. Il est vrai que les gazettes me font l'honneur de s'occuper de moi, surtout en Angleterre et en Allemagne. Dans le *Courrier*, gazette anglaise, on a publié ma biographie, où on me fait descendre en ligne directe de Gengis-Kan, de quoi je vous félicite. On me traite avec une bonté et une distinction particulières, on me prête l'esprit des autres, et en mettant de côté les grandes qualités que l'on m'accorde, on est frappé de la modestie, de la simplicité et du naturel que l'on trouve dans mon être, transporté, des bords de la Néva sur ceux de la Seine... »

Je n'affirmerai pas que le comte Rostopchine restât absolument indifférent à cette curiosité et surtout à cette bienveillance universelle dont il se voyait l'objet ; il n'eût pas été homme s'il n'en avait été flatté et touché. Mais il n'était pas venu à Paris pour se faire voir ; il y était venu pour observer, se distraire et se reposer. Il sut donc résister aux prévenances, aux sollicitations, aux invitations qui pleuvaient sur lui de tous côtés. Dans les premiers temps de son séjour, il se rendit à quelques soirées, à quelques bals même, pour voir de près la société française et exercer son métier d'observateur. Mais bientôt il se retira de ce courant du monde qui l'eût entraîné trop loin, au détriment de ses habitudes et de sa santé : ses fréquentes insomnies lui rendaient toute veillée fatigante et dangereuse, et il avait besoin d'être tous les soirs au lit à onze heures. Il rétrécit de plus en plus le cercle de ses relations, évita les réunions trop nombreuses, et les seuls salons qu'il fréquenta assidûment furent celui du duc des Cars et plus encore celui de la vieille princesse de Vaudemont, dont l'esprit et l'amabilité le charmaient, et avec laquelle il se lia d'une véritable amitié. Dans une de ses lettres à sa femme, je trouve une peinture pleine de grâce et de vérité de ce dernier salon et de la haute société parisienne en 1816 :

« ... Tu ne peux te faire une idée de toutes les marques d'estime et de considération que l'on me donne ; le mot de tous est : « Sans vous, nous ne serions pas ici. » Je commence cependant à trouver que le ton de la bonne compagnie a dégénéré et se ressent un peu des convulsions que la France a éprouvées. On trouve beaucoup d'esprit, encore plus d'envie d'en faire ; on fait bien les honneurs de chez soi ; mais ce qui faisait un grand seigneur et une grande dame, ne se retrouve que parmi les vieillards, qui, faute de moyens et retenus par l'âge, paraissent peu en société. Les plus jeunes tâchent de suivre les traditions, mais jouent leur rôle médiocrement ; quelques-uns se cuirassent de fierté ou plutôt d'orgueil, attitude très déplacée dans l'état actuel de la France. Les nouveaux dignitaires ou nobles, soutenus par de grandes fortunes, marchent tête levée et ont l'air d'annoncer au public leurs hauts faits d'armes et leurs droits à la reconnaissance de la patrie. Aussi, malgré le désir qu'ont ces deux classes de se rapprocher, l'intervalle qui est entre elles ne peut se franchir... Mais il est certain qu'aucune ville du monde ne possède une aussi grande quantité d'hommes instruits, savants et estimables.

Cette classe de gens, vivant dans la médiocrité, souvent dans la misère, étudiant et enrichissant leur siècle du fruit de leurs travaux, ne prend part à aucune des jouissances de la vie. Les gens de lettres et les savants qui ont survécu à la Révolution font partie ou de la Chambre des pairs, ou de quelque administration, car Bonaparte les a tous titrés, et l'autre jour, j'ai dîné chez le duc de Richelieu avec un chimiste qui est pair de France et grand'croix de la Légion d'honneur. Ces gens, qui sont en grand nombre, portent dans les petites sociétés des connaissances et une conversation très instructives. Je causais avant-hier, chez la princesse de Vaudemont, avec un de ces messieurs qui m'a surpris par son savoir : ce qu'il disait t'aurait bien intéressée. Il démontrait, par des calculs faits d'après plusieurs fouilles dans les environs de Paris et d'après les différentes couches de terrains, que le monde ne peut pas avoir plus de durée que ne lui en accorde la Genèse, et il fit une sortie terrible contre ceux qui ont appelé la physique à l'appui de leur incrédulité. On jouit ici en plein de la liberté de converser ; chacun est le maître de parler avec tout le monde ou à l'écart. Pendant que ce monsieur m'expliquait son système, Mme de Coigny disputait sur Racine avec Belmontet, deux Français parlaient de la guerre avec le ministre de Prusse, la princesse de Vaudemont démontrait l'antiquité de la race des Charlots, et deux dames racontaient des anecdotes de Londres... Madame Swetchine, où je vais rarement, car le matin j'ai toujours quelque chose à voir, est beaucoup dans la société de Mme de Duras, dont je connais le mari depuis vingt-neuf ans. J'y ai été un soir, et j'y suis invité à dîner après-demain, mais je ne plairai pas beaucoup dans ce monde ; c'est Chateaubriand, Humboldt, Talleyrand, etc. On s'y fatigue à périr, ou en entendant des galimatias, ou en craignant de dire quelque bêtise, que le Français laisse tomber en votre présence, mais qu'il ramasse dès que vous êtes parti, pour la faire circuler. Les vieilles femmes sont réellement aimables et ont une bonhomie qui plaît et met à l'aise; voilà pourquoi Mme de Vaudemont me verra souvent. Elle dit que je suis son conscrit depuis 1812, et que son armée se compose du prince d'Orange, de Souvarow, de Wellington, du duc de Coigny et de moi... Je te dis adieu, mon amie, en te baisant les mains; bénies soient ton âme et ta foi ! »

On trouve dans cette correspondance du comte Rostopchine toute une galerie de portraits, quelques-uns à peine ébauchés, d'autres plus étudiés, des célébrités du temps. Voici d'abord Louis XVIII et la famille royale.

« ... Mardi, j'ai été présenté au roi, au cercle du matin; Sa Majesté reçoit, assise dans un fauteuil, et m'a accueili de la façon la plus distinguée... Il est l'esprit même, et Dieu veuille qu'il règne longtemps, car lui seul est capable de calmer les têtes françaises... Après, j'ai été chez les princes et chez Madame; ils m'ont tous dit des choses si flatteuses que je ne prendrai pas sur moi de les rapporter. Monsieur a une bien belle tournure; il a maigri et ses cheveux sont blancs. Le duc d'Angoulême est petit et mince, le duc de Berry petit et gros. Quant à Madame, elle m'a rappelé et ses malheurs et les horreurs de cette maudite révolution, qui a couvert de sang la France et mis l'Europe en deuil. Elle parle bien, mais un peu vite; voici, entre autres choses, ce qu'elle m'a dit : « Votre nom est inséparable de celui de Moscou, et rappelle un héroïsme et un patriotisme qui seront votre gloire éternelle.

« ... Je veux te parler du duc d'Orléans, chez lequel

j'ai passé une heure en tête à tête. Comme tout le monde se fait présenter à lui et qu'il avait témoigné le désir de me voir, j'ai demandé une audience et j'ai tout de suite reçu une invitation pour le lendemain. Je ne peux louer assez l'esprit, la grâce, les connaissances, la mesure et le tact de ce prince. Je l'écoutais bien ; il a parlé à peu près de tout, m'a témoigné le plaisir qu'il avait de faire connaissance avec moi, qu'il était sensible à mon attention, et m'a invité à venir le voir à Neuilly, où il va amener la duchesse, qui est encore en Angleterre. Il voit juste, craint la guerre, s'est étendu beaucoup sur la sagesse, le zèle du roi, sur sa fermeté, etc. ; mais il n'a pas dit un mot des princes. Sa conduite répond à son esprit ; il se lève de bonne heure, assiste à la messe, travaille à ses affaires, dîne chez lui ou chez sa mère, ne va pas au spectacle pour se faire moins voir, et se pique d'ordre et d'exactitude. Il a une figure agréable, est un peu gros, mais a de belles manières, s'énonce avec facilité, ne disant que des choses réfléchies et pleines de sens ; ne fait pas de bons mots et ne court pas après le trait... »

Le comte Rostopchine avait dit un jour, de ce ton de plaisanterie sérieuse qui lui était habituel, à un indiscret qui lui demandait pourquoi il était venu en France : « J'y suis venu pour juger par moi-même du mérite de trois hommes célèbres, le duc d'Otrante, le prince de Talleyrand et Potier. Il n'y a que ce dernier qui me semble au niveau de sa réputation. » Dans aucune de ses lettres il ne nomme Fouché, soit oubli, soit mépris pour ce régicide devenu ministre du roi de France, pour cet assassin de la ville de Lyon devenu grand maître de la police à Paris. Mais il vit souvent M. de Talleyrand, et il parle de lui à plusieurs reprises, moins pour le juger que pour citer quelques-uns de ses bons mots. « ... Talleyrand, dit-il, a beaucoup dans sa physionomie de l'expression du comte Markow l'aîné; il a un sourire qu'il retient, cause supérieurement bien, mais se laisse aller à la passion des Français de dire des mots saillants. Par exemple, une dame très louche lui demande comment vont les affaires; il lui répond: « Comme vous voyez, Madame. » Il a dit, au sujet des nouveaux députés qui avaient été réélus : « C'est singulier que parmi tant de renommés il y ait si peu de mérite. »

Un autre mot de lui qu'il cite est d'une triste et singulière actualité après la guerre d'invasion qui vient de ravager la France. Les souverains alliés dépouillaient nos musées des trésors artistiques que Napoléon y avait accumulés. Un envoyé d'une de ces puissances se plaignait que le ministre lui refusât les honneurs dus à un ambassadeur. Talleyrand lui répondit : « Qu'appelez-vous ambassadeur? dites plutôt emballeur. » Le mot semble dater d'hier. Je dois ajouter, pour être juste, que cet envoyé ne venait point de Berlin.

Le comte Rostopchine vit peu Mme de Staël, qui mourut un an après son arrivée à Paris. Il ne l'aimait pas et elle le lui rendait. Elle avait voulu d'abord l'attirer chez elle et l'invita à dîner. Mais il refusa, par aversion pour les grands dîners en général et pour les dîners de beaux esprits en particulier. La reine des salons s'irrita de ces refus, et lui en témoigna son ressentiment. Quand elle le rencontrait dans le monde, elle prenait vis-à-vis de lui une attitude hostile et provocante : c'étaient des rencontres, dans toute l'acception militaire de ce mot. Un soir, chez le duc des Cars, il y eut entre eux un véritable combat de paroles. « Elle s'emporta, écrit-il, et moi je gardai mon sang-froid. C'était au sujet d'un ouvrage de son ancien favori, Benjamin Constant, qui a dit que la Russie n'était pas même une nation. Tout le monde était de mon côté, car on craint Mme de Staël plus qu'on ne l'aime. Elle voulut plaisanter en me disant qu'elle avait écrit que j'étais né avant l'ère de la civilisation. Je lui répondis que j'avais dit qu'elle n'était qu'une *pie conspiratrice,* et que, partant, nous étions quittes... Cela fit partir d'un grand éclat de rire, et suivant le grand précepte du pays, après ce trait je sortis. »

Le mot était spirituel et acéré, mais il n'était pas juste. Mme de Staël, qui écrivait si parfaitement, parlait mieux encore. Au dire de tous ses contemporains, elle excellait dans la conversation, et sa parole, vive, ardente, imagée, s'élevait souvent sans efforts, et comme par le simple mouvement de sa nature, à la plus haute éloquence. Elle détestait l'empereur et son despotisme, mais elle l'avait toujours attaqué ouvertement dans ses écrits et ses discours, et elle n'avait jamais conspiré contre lui. Néanmoins le mot courut tous les salons de Paris, et de là se répandit dans le public. Juste ou non, il était piquant et il s'attaquait à une des puissances du jour : c'était assez pour qu'il fît fortune.

On retrouve assez souvent, dans les lettres du comte Rostopchine, le nom de Mme Swetchine, son illustre compatriote, qu'il connaissait depuis longtemps, et dont il appréciait les hautes qualités et les vertus, sans lui rendre assez complètement justice. Il n'aimait pas son entourage littéraire ni les doctes conversations de ses familiers, qu'il traitait, avec aussi peu de respect que de raison, de galimatias « ... Mme Swetchine a un succès complet dans le faubourg Saint-Germain, et c'est l'essence de la bonne compagnie ; je voudrais savoir ce qu'on y dirait de toi, avec ton naturel et ton érudition, effrayante pour les professeurs, sur les Pères de l'Église... Avec un cœur excellent et de l'esprit, elle a trop besoin d'admirer, se prend de passion tout de suite. Elle a été trop grand train d'abord, a fait trop de connaissances, trop d'esprit, et maintenant ce rôle la fatigue. »

Je ne sais ce qu'il y a d'exact dans cette appréciation des commencements de cette femme admirable, de cette éminente chrétienne, que quarante ans de vertus, de qualités hors ligne et de bonnes œuvres ont recommandée à la vénération de ses amis, et que la publication de sa vie et de ses écrits par M. de Falloux a signalée à la vénération universelle.

Le célèbre docteur Gall, si connu par son système phrénologique, se trouvait à Paris quand le comte Rostopchine y arriva. Ils ne tardèrent pas à faire connaissance : « J'ai consulté le fameux docteur Gall, qui s'exprime bien et a pour système de donner le moins de remèdes possible. Il prescrit surtout un bon régime, et sous ce rapport, il n'a rien à m'ordonner; il a même été étonné de ma sobriété et de la vie régulière que je mène. A notre première entrevue, il a été singulièrement frappé de la forme de ma tête, au point qu'il s'écria : « Vous avez une tête extraor-
« dinairement bien organisée; je n'en ai point vu de
« pareille, excepté un crâne que j'ai dans ma collection. »
J'espère cependant qu'il me laissera ma tête, mais je ne répondrais pas que, si je mourais, il ne s'en servît pour ses démonstrations. » Il ne se trompait pas sur les sentiments du célèbre phrénologue. Quand ils se dirent adieu, après plusieurs années de liaison, le docteur Gall l'embrassa tendrement et lui dit, avec des larmes dans la voix, qu'après sa mort, il se procurerait son crâne, coûte que

coûte, pour en étudier les bosses et en enrichir sa collection.

Qu'on me permette, après ces illustres personnages, d'en introduire un dernier d'un rang très inférieur, mais dont la physionomie me paraît prise sur le vif et rendue avec un naturel parfait : il s'agit d'un garçon apothicaire avec lequel le comte Rostopchine eut une scène fort plaisante et fort plaisamment racontée. « Malgré l'amour-propre des Français, écrit-il à l'une de ses filles, il cède souvent le pas à l'intérêt : j'en ai eu la preuve pas plus tard qu'hier. On m'annonce un monsieur; je dis de le faire entrer. C'était un polisson de quinze à dix-sept ans, qui entre, le chapeau sur la tête, mais l'ôte après. Il m'apprend qu'il est garçon apothicaire, que *Ubanb* lui doit quatre francs pour des drogues, et me prie de les payer. Je lui dis qu'*Ubanb* est dans une maison de correction pour quinze jours, qu'il sortira et qu'il payera. Le petit apothicaire dit encore quelque chose, et, tout en parlant, remet son chapeau. Je lui fais observer que cela ne se fait nulle part; il me fait observer qu'il est Français. Je lui dis que je n'en doute nullement, mais qu'il est un Français mal élevé et un polisson, et que s'il n'ôte pas son chapeau, il ne sera pas payé du tout. — A ce mot, le héros français se découvre, et je me suis bien moqué de lui, en lui prouvant que, pour quatre francs, on pouvait le faire passer d'une attitude insolente à une attitude respectueuse. »

Pendant son séjour à Paris, le comte Rostopchine employait ses matinées à visiter les monuments, les musées, le palais de justice, où il assistait assez souvent à la cour d'assises, les hôpitaux et tous les lieux où se trouvaient quelques souvenirs de la reine Marie-Antoinette, pour laquelle il avait un culte de piété et d'admiration. De toutes ces visites, celle qu'il fit à l'Hôtel-Dieu fut ce qui le toucha le plus, et il la renouvela plus d'une fois. « L'hôpital que l'on nomme Hôtel-Dieu, écrit-il, est très bien entretenu; mais ce qui m'a touché jusqu'aux larmes, ce sont les sœurs de charité. Elles sont des gardes-malades uniques, et servent de préférence les plus âgés, les plus pauvres et les plus dégoûtants. Quantité sont jeunes; l'une d'elles disait à la duchesse des Cars, qui y va sans être connue, pour porter des secours, et qui s'étonnait du sacrifice qu'elles font ainsi d'elles-mêmes : « Madame, il n'y « a aucun mérite à obéir à la volonté de Dieu et à suivre « une vocation à laquelle la religion nous appelle; nous « sommes occupées à remplir notre devoir, et nous vivons « plus heureuses ici que bien des personnes dans le « monde. » Je compte y retourner pour être utile à quelques pauvres qui m'ont frappé. »

Au milieu de ces occupations du matin et du soir, de ces relations agréables ou illustres, et de ces nobles distractions, le comte Rostopchine, naturellement porté à la tristesse, ressentait cruellement sa solitude, et sa douleur d'être séparé de sa famille lui pesait plus lourdement chaque jour. « Tu dis que je m'ennuie, écrit-il à sa femme au commencement de 1817, et c'est vrai; car rien ne me frappe et ne m'intéresse assez pour aiguillonner ma curiosité et me porter à la satisfaire. Paris offre beaucoup d'amusements aux jeunes gens, aux hommes neufs dans la société et aux pourceaux de l'espèce humaine, et je n'appartiens à aucune de ces trois catégories. Le spectacle n'a aucun attrait pour moi; j'ai vu deux fois Talma, deux fois Mlle Mars, et je n'ai aucune envie de les revoir, tout en rendant justice à leur talent, supérieur à tout ce que j'ai vu jusqu'ici. Deux ballets ont suffi pour me faire perdre l'envie de retourner à l'Opéra. Je vais assez souvent aux Variétés, où Potier et Brunet représentent leurs farces : c'est fort drôle, mais on ne peut toujours être disposé à rire de la *Chatte merveilleuse,* des *Deux Magots de la Chine,* du *Singe voleur* et des *Aventures de Gulliver.* J'y vais parce que je me suis abonné dans une loge grillée avec les ambassadeurs d'Angleterre et d'Espagne et les ministres de Prusse et des Pays-Bas. Il y a, d'un côté de la loge, un petit divan sur lequel je reste souvent à causer pendant toute la représentation. »

Cet ennui, qui le poursuivait et qui venait en partie de ses souffrances physiques, lui rendait plus cher encore le souvenir de sa femme et de ses enfants, et leur absence plus douloureuse. Toute sa correspondance de cette époque est pleine de ce double sentiment, et je n'en finirais pas si je voulais citer tout ce qu'elle renferme de triste, de tendre et de touchant. Je n'en rapporterai plus que deux passages où sa bonté, son élévation et son humilité (j'emploie ce dernier mot à dessein) se montrent dans toute leur énergie. Le premier est extrait de deux lettres adressées à ses filles qui lui avaient écrit pour le jour de sa fête; le second, d'une lettre adressée à sa femme pour le jour de sa naissance.

« J'ai reçu, écrit-il à sa fille aînée, tes félicitations sur mon jour de naissance ; je t'assure qu'il n'y a pas de quoi s'en réjouir. Une fois parvenu à l'âge où les maladies viennent prendre possession du corps, et où l'on oublie ce qu'on a fait pour ne se rappeler que ce qu'on aurait pu faire, les regrets s'emparent de nous, et, nous accusant de paresse, d'irrésolution et de folie, nous placent continuellement sous les yeux le tableau des sottises que nous avons faites et du bien que nous étions maîtres de faire. Mais cela n'empêche pas que toutes les générations marchent sur les traces des précédentes, prouvant ainsi que l'homme est très enclin de sa nature à suivre les mauvais exemples et à se rendre pire, en sortant de ce monde, qu'il n'était avant d'y entrer... »

« Sais-tu, ma chère enfant, poursuit-il, en répondant à sa seconde fille, la comtesse Sophie, que tes réflexions sur les jours de naissance sont très justes, et qu'au lieu de se réjouir, on ferait bien mieux d'aller en deuil chez les vieux nouveau-nés, pleurer avec eux le jour d'où datent tant de nouvelles sottises ? Tu te trompes en m'attribuant beaucoup de bien produit par mon existence. Je n'ai rien fait ; j'ai été instrument, et Celui qui a sauvé la Russie et précipité Bonaparte, a pu désigner de misérables créatures pour être les organes de ses volontés et les instruments de ses décrets. Le merveilleux attaché au sort de Moscou et la fureur de Bonaparte contre le gouverneur de cette ville, ont fait de moi un homme dont on a parlé et consigné le nom dans les romans d'histoire ; mais puisque Demidow et Koutouzow s'y trouvent, il n'y a pas de quoi s'enorgueillir, et j'aurais bien donné cette célébrité pour la santé de Nezbka le bouffon. Je ne goûte nullement le plaisir d'être connu, mais je souffre de maladies qui me sont trop connues et qui font que je mourrai méconnu, pour devenir entièrement inconnu. C'est le bienfait du temps qui couvre tout de l'oubli... Adieu, il faut encore attendre au moins trois mois avant que je vous embrasse et que je vous serre dans mes bras qui sont restés vides pendant quatorze mois !... » Cette dernière expression me semble touchante jusqu'au sublime.

Voici maintenant sa lettre à sa femme ; ce sera presque ma dernière citation.

« Voici donc, ma bonne amie, ton jour de naissance, jour si marquant pour moi, pour mes enfants et pour les malheureux. Hier je suis resté chez moi, et ce matin j'ai eu un réveil bien triste : je te voyais à Moscou, entourée des enfants et de parents, tandis que moi, je suis réduit à Jean et à Robert. J'ai prié Dieu, et, après mon déjeuner, je me suis mis en courses qui ont pris toute ma matinée. Je t'envoie la liste des pauvres qui ont reçu des secours de ma main, mais venant de ta part. On ne peut se faire une idée de la misère qu'on trouve ici, dénuée de toute espérance, excepté celle en Dieu, car les hommes s'occupent trop d'eux-mêmes pour penser à venir au secours des autres. Tous ces pauvres gens ont reçu de quoi se loger, se chauffer, se nourrir, et plusieurs, qui ont des enfants, de quoi les vêtir. Leur reconnaissance a été aussi vive que leur malheur est grand ; ils prieront Dieu pour toi, c'est une légère obligation que je leur ai imposée. Je suis fâché seulement que cette manière de faire le bien ne puisse jamais rester cachée ici, où il y a une police extraordinairement surveillante. Pour ne pas employer mal mon argent, j'ai eu recours au curé de Saint-Germain l'Auxerrois, qui est un homme bien respectable, et c'est lui qui m'a donné la liste des plus nécessiteux de sa paroisse. Voilà donc comment j'ai passé la matinée de ta fête, et je ne crois pas me tromper en supposant que nous l'avons employée aux mêmes œuvres. Que Dieu jette un regard de miséricorde sur sa créature et lui sache gré, non d'avoir fait un peu de bien, mais d'avoir su se conformer à ton penchant et de t'avoir servie sans que tu t'en sois doutée ! Je pensais à André en voyant de malheureux enfants. Comme il faut peu, dans cette vie, pour tomber dans la misère ! »

Cette admirable charité pour les pauvres, dont je ne puis

LA COMTESSE ROSTOPCHINE.
D'après une aquarelle de Monseigneur de Ségur.

transcrire l'expression sans un profond attendrissement, était une des vertus dominantes du comte Rostopchine. Partout où il allait, une de ses premières préoccupations était de rechercher les plus malheureux et de les secourir. Il aimait à leur porter lui-même ses aumônes, à causer avec eux, à jouir de leur bonheur et de leur reconnaissance, et cette pensée constante se retrouve à chaque instant dans sa correspondance. Je bénis Dieu qu'en écrivant cette vie de l'homme illustre qui fut mon aïeul, il m'ait été donné d'y rencontrer cette vertu, désignée par le Sauveur du monde comme un des gages les plus assurés du salut, et d'y citer des pages comme celles qu'on vient de lire.

Le comte Rostopchine quitta Paris à la fin du printemps de 1817, pour aller passer la belle saison à Bade. Son arrivée dans cette ville singulière, rendez-vous annuel de la plupart des célébrités de l'Europe, produisit une sensation extraordinaire. Son séjour à Paris, les succès qu'il y avait obtenus dans les salons, avaient accru sa réputation, et il fut accueilli avec une incroyable curiosité. « Son nom, dit l'écrivain allemand Varnhagen, que nous avons déjà cité, éclipsa tous les autres ; sa seule personne, dans laquelle se trouvaient réunis les contrastes les plus frappants, aurait excité l'attention, quand même son nom n'eût pas été indissolublement lié à l'incendie de Moscou. »

C'est pendant ce séjour à Bade que Varnhagen fit connaissance avec lui ; il le vit souvent, et a laissé sur lui des notes intéressantes, où la sincérité a plus de part que la vérité. Voici quelques passages des jugements de l'écrivain allemand sur le grand seigneur russe qui, à son insu, posa devant lui dans les soirées de Bade [1].

1. J'ai déjà dit que j'empruntais toutes ces traductions de Varnhagen à l'ouvrage de M. Schnitzler sur Rostopchine et Koutouzow.

« Initié dès sa jeunesse à la culture d'esprit française, familiarisé avec toutes les finesses d'une conversation spirituelle et enjouée, il captivait l'attention par son langage facile et dégagé, dont le charme devenait encore plus puissant pour quiconque était à même de remarquer que cette causerie légère et sans apprêts s'échappait d'un fonds où dominait une volonté de fer qui méprisait toutes les vaines considérations, d'un caractère dont les passions d'un demi-sauvage et la violence d'un barbare paraissaient presque inséparables. Aussi la jouissance que tout le monde trouvait à s'entretenir avec cet homme n'était-elle pas sans mélange : involontairement un frisson, une sensation étrange s'emparait de vous, et l'on sentait le besoin vis-à-vis de lui de s'observer et de se tenir sur ses gardes. Pour le talent, pour l'esprit dans la plaisanterie et l'inépuisable gaieté, Rostopchine n'était pas inférieur au prince de Ligne; mais comme l'impression qu'il produisait était différente ! Tandis que l'aimable enjouement du vieux prince vous berçait comme dans une mousse moelleuse, on se sentait, auprès de Rostopchine, sur un terrain hérissé de pointes aiguës, au milieu desquelles il fallait regarder où l'on poserait le pied. J'incline à croire que, sans le don de la parole qui lui était propre, il eût eu quelque chose de repoussant; mais ses discours étaient d'un irrésistible attrait. On se faisait fête de l'entendre dérouler à sa manière dans un tranquille récit, animé par de vives et fréquentes comparaisons, tant d'observations piquantes et en partie très originales, qu'il avait faites pendant son séjour à Paris. La France et les Français, Paris et les Parisiens semblaient s'être emparés de toutes ses idées, et quoique, grâce à un excellent jugement, il ne s'en laissât pas dominer, on remarquait pourtant quelles étaient ses prédilections de ce côté-là. Ses appréciations étaient libres ; ni les considérations de la politique ni les mouvements de son cœur n'en entravaient l'expression. Un résultat non douteux de ses observations était par exemple que l'ordre de choses établi en France croulerait au premier choc. — Dans ses jugements sur la situation des choses en Russie, il apportait une hardiesse incroyable et même une véritable amertume, au grand déplaisir du comte Golovine (ministre de Russie à Carlsrühe). Celui-ci consentait bien à rire comme les autres quand son compatriote, affectant le ton du sage d'une expérience consommée, déclarait que nulle part plus qu'en Angleterre les gens de mérite n'étaient assurés de faire fortune, que nulle part le sort des femmes n'était aussi digne d'envie qu'en France, et qu'en revanche il était juste d'appeler la Russie le paradis des gueux, attendu que nulle part ailleurs on ne leur offrait ce qu'ils étaient sûrs de trouver là. Mais il lâchait d'autres mots encore que la dignité officielle d'un envoyé diplomatique ne lui permettait absolument pas d'écouter. Dans ces moments-là, on sentait toute la fougue de la passion derrière le tissu artificiel de phrases françaises dont celui qui les maniait semblait à chaque fois attendre l'effet. Par suite de l'ingratitude et des injustices dont il avait été l'objet, il se sentait séparé de cette patrie à la délivrance de laquelle sa grande résolution avait si essentiellement contribué, et il n'eût pas été fâché de porter à ses adversaires un coup non moins formidable que celui dont il avait jadis frappé les Français. Il était dangereux de le laisser s'abandonner à cet ordre d'idées, car alors il cessait d'être maître de lui, son visage prenait une expression terrible, et autour de lui tout était comme déconcerté. Néanmoins et malgré ces éruptions du volcan, je crus remarquer en lui des traces de sensibilité; et de même que je le comparais d'abord au prince de Ligne, je lui trouvais une certaine ressemblance avec Guillaume de Humboldt : la même froideur apparente, sous laquelle la chaleur du sentiment réussissait mal à se cacher, la même source d'épigrammes mordantes d'un caractère tout particulier ; cette source était la répugnance d'essuyer l'ennui qui s'attache aux conversations vulgaires, auxquelles, quand l'esprit fait défaut chez les autres, on échappe par les ressources que l'on trouve dans sa propre malice. »

Tel est le jugement de Varnhagen avec ses obscurités et ses contradictions. J'admets avec lui que le comte Rostopchine était d'un caractère naturellement emporté, et que sa vivacité pouvait parfois aller jusqu'à la violence de l'expression ; j'admets encore que, profondément blessé de l'ingratitude de ses concitoyens, son ressentiment mal contenu fît explosion dans ses discours quand on le mettait sur ce sujet. Mais je me refuse absolument à croire à cette impression de terreur qu'il répandait alors autour de lui; il y a dans cette appréciation une exagération contre laquelle protestent les souvenirs de tous ceux qui l'ont connu intimement; et quand je relis ce passage de Varnhagen, je suis obligé, pour l'excuser, de me souvenir qu'il était Allemand et que son imagination germanique voyait sans doute le comte Rostopchine à travers le voile de flammes et de fumée de l'incendie de Moscou.

Avant de quitter Paris pour aller à Bade, le comte Rostopchine, décidé à retourner en France et à y faire un long séjour, avait écrit à sa femme pour la prier instamment de venir l'y rejoindre à l'automne, avec ses enfants et toute sa maison. C'était une grande entreprise qu'un pareil voyage, et tout en lui exprimant son désir ardent de la revoir, il la laissait libre de choisir et de prendre le parti qui lui paraissait le plus sage. Elle n'hésita pas un instant et lui annonça son départ pour la fin de l'été. A cette réponse, le comte Rostopchine fut rempli de joie et de reconnaissance.

« J'embrasse les enfants, lui écrit-il ; Sophie me dit de jolies choses d'André. Mon Dieu, que je suis impatient de le voir et de m'en faire aimer ! En attendant, bonne et bien chère amie, ta dernière lettre m'a fait bien du plaisir. Je sais qu'il t'en coûte de partir, mais tu comprends qu'il m'est impossible de revenir avec la santé que j'ai. L'idée de nous revoir t'occupera pendant le trajet, où tu trouveras seulement des incommodités, car pour l'ennui tu ne le connais pas. Nous serons ensemble, et je prie Dieu que ce soit pour longtemps. Quant au bien que tu m'attribues, je le ferai encore et toujours en ton nom, car il a le pouvoir de la bienfaisance et de la charité. Je t'en fournis les moyens, dis-tu, mais tu sais que je ne compte pas avec toi. Adieu, je te serre contre mon cœur, et mon âme est à toi tant que je respirerai. Je ne me recommande pas à ton souvenir, j'y ai la première place, mais à tes prières qui sont si efficaces : ce sont les vœux de la vertu adressés au Dieu de bonté et de miséricorde. Adieu. »

Le moment si désiré de la réunion arriva enfin, et vers le mois d'octobre de l'année 1817, le comte Rostopchine put entourer ses chers enfants de ses bras si *longtemps restés vides*, et revoir sa noble compagne qui ne devait plus le quitter jusqu'à la fin de sa vie. Cette réunion, que ne suivit plus aucune séparation, fut bien heureuse pour le comte Rostopchine; mais en arrêtant sa correspondance avec sa femme, elle tarit la source principale des renseignements que nous aurions voulu pouvoir donner sur les dernières années de son existence. Ils passèrent ensemble six ans à Paris, la comtesse Rostopchine presque uniquement occupée de prières, de bonnes œuvres et de travaux littéraires et religieux; son mari partageant son temps entre la vie de famille et les relations du monde. Il continuait à aller, le soir, tantôt au théâtre quand ses acteurs favoris Potier et Brunet jouaient quelque nouvelle pièce, tantôt chez le duc des Cars ou la princesse de Vaudemont; rarement chez les Russes de passage à Paris, à l'exception de quelques vieux amis auxquels son affection resta toujours fidèle.

Sa générosité était sans limites : nul ne sut mieux concilier l'art de dépenser une immense fortune avec celui de la bien administrer et de ne point faire de dettes. Il n'aimait pas seulement à donner, il avait le talent plus rare de savoir donner, et soit qu'il fît aux pauvres de larges aumônes, soit qu'il fît des présents à ceux qui vivaient dans son intimité, il doublait leur plaisir et le sien par son ingénieuse bonté. Quand ses enfants sortaient avec lui dans Paris, et que, s'arrêtant devant quelques boutiques, ils exprimaient l'admiration ou l'envie que leur inspiraient certains objets de fantaisie et de luxe, il ne répondait rien et poursuivait sa route en souriant ; mais le soir, l'objet désiré était entre les mains de celui qui avait eu l'imprudence de l'admirer trop haut. Ce que ses filles reçurent ainsi de petits cadeaux et de riches bijoux est incalculable. C'est ainsi qu'il mettait en pratique cette grande et belle parole du Sauveur, « qu'il est plus doux de donner que de recevoir ».

L'événement le plus considérable de son long séjour à Paris fut le mariage de ses deux filles aînées. La première, restée dans l'Église grecque comme son père, épousa un jeune et brillant officier russe, le colonel Dmitri Narischkine, neveu du comte Woronzow, intime ami du comte Rostopchine depuis vingt-cinq ans. La seconde, catholique comme sa mère, épousa le comte Eugène de Ségur, sous les auspices et par l'entremise de Mme Swetchine, amie des deux familles. Ces deux mariages furent célébrés à quelques jours de distance, au mois de juillet 1819, l'un à la chapelle de l'ambassade de Russie à Paris, l'autre à l'église de l'Assomption. Le second contribua certainement à retenir le comte Rostopchine à Paris, au delà des limites qu'il avait d'abord assignées à son séjour à l'étranger, et il prouve mieux que tous les raisonnements ce qu'il pensait au fond de la France et des Français.

Son gendre et sa fille n'avaient pas de terre de famille; à peine mariés, ils rêvèrent l'acquisition d'une propriété qui leur permît d'être entièrement chez eux à la campagne. La terre des Nouettes, en Normandie, propriété du général Lefebvre, était à vendre; la situation, le pays, le voisinage leur convenaient; ils résolurent de l'acheter dès qu'ils auraient des capitaux disponibles; on en demandait cent mille francs, payés comptant. Le comte Rostopchine, instruit du désir de ses enfants, promit de leur donner cette somme le plus tôt possible, en remboursement d'une partie de la dot de sa fille. Deux ou trois mois se passèrent sans qu'il en reparlât. Mais quand vint le jour de l'an, le 1er janvier 1820, il entra le matin chez sa fille, l'embrassa tendrement, et après avoir reçu ses vœux et ses caresses, lui tendit un portefeuille en lui disant: « Tiens, voici tes étrennes. » Le portefeuille contenait cent mille francs, prix de la terre des Nouettes. Ce n'était pas un remboursement de dot, c'était un cadeau pur et simple.

C'est avec cette bonté paternelle, avec cette magnificence toute royale qu'il savait donner.

Malgré les liens puissants et doux qui le retenaient en France, le moment vint où il dut songer à retourner en Russie : il y avait plus de six ans qu'il l'avait quittée, et il ne pouvait indéfiniment laisser ses affaires à l'abandon, ses domaines et ses paysans à la merci de ses intendants. D'ailleurs il aimait son pays, et malgré ses justes griefs contre beaucoup de ses compatriotes, il ressentait au fond du cœur ce malaise indéfinissable de l'exilé qui n'est heureux nulle part parce qu'il est loin de chez lui et que depuis longtemps il n'a pas respiré l'air natal. « Tu fais bien, écrivait-il à l'une de ses filles, plusieurs années auparavant, tu fais bien d'aimer ton pays ; c'est là seulement qu'on retrouve les souvenirs si purs et si vifs de son enfance. D'ailleurs, il faut toujours finir par y aller mourir, si telle est la volonté de Dieu. On a beau courir le monde pour son plaisir, pour son instruction ou pour sa santé, une voix se fait entendre et nous crie : « Allez finir là où vous avez commencé. »

Il fit donc ses préparatifs de départ, et au printemps de 1822, après avoir publié sa brochure sur l'incendie de Moscou, sur laquelle il est inutile de revenir, il dit adieu à Paris et à la France, où il laissait une partie de son cœur, et reprit avec sa femme et ses deux derniers enfants le chemin de la Russie. Ce ne fut pas sans un grand déchirement de cœur qu'il serra dans ses bras sa fille et son gendre, dont les larmes se mêlèrent aux siennes. Plus souffrant que jamais, partant pour un pays lointain, sans savoir s'il reviendrait, il eut sans doute le pressentiment qu'il les embrassait pour la dernière fois. Il ne pouvait prévoir cependant que sa fin serait aussi prochaine ; il ne pouvait prévoir surtout le coup terrible déjà suspendu sur sa tête, ou plutôt sur son cœur, ni les larmes inconsolables qui devaient couler de ses yeux jusqu'à son dernier jour.

CHAPITRE V

Retour du comte Rostopchine en Russie. — Son séjour à Voronovo, puis à Moscou. — Ses mémoires en dix minutes. — Maladie et mort de sa fille Lise. — Son désespoir. — Sa santé s'affaiblit rapidement. — Mort de l'empereur Alexandre et avènement de Nicolas. — Dernière maladie du comte Rostopchine. — Ses sentiments religieux. — Il demande les sacrements, les reçoit avec piété et meurt en chrétien. — Son épitaphe. — Conclusion. — 1823 à 1826.

Le comte Rostopchine passa à Voronovo les premiers mois qui suivirent son retour en Russie, et sans doute il goûta encore quelque joie dans cette chère habitation où s'étaient écoulées les années les plus heureuses de sa vie. Le château était sorti de ses ruines, et sans être rétabli dans son ancienne splendeur, c'était encore une belle et spacieuse demeure. Il y occupa ses loisirs à écrire ses mémoires sur les événements de l'année 1812, mémoires dont nous avons cité quelques fragments, et qui offriront certainement un grand intérêt, le jour où il plaira au gouvernement russe de les arracher aux cartons de sa chancellerie et de les livrer à la publicité.

Il se rendit ensuite à Pétersbourg, puis à Moscou, à l'approche de la mauvaise saison, et il y passa l'hiver dans sa maison de la Loubianka, la seule de ses propriétés qui eût échappé à l'incendie. C'est là qu'il avait habité pendant toute la durée de son gouvernement, car, toujours désintéressé, il n'avait pas voulu recevoir de logement de l'État, ni même toucher de traitement. Souvent retenu chez lui par le mauvais temps et par ses infirmités, il s'occupait à remettre en ordre les livres de sa bibliothèque, une des plus riches et des plus complètes de l'époque. Il avait absolument renoncé à la vie politique, et dès son arrivée en Russie, il s'était empressé d'écrire à l'empereur pour demander son congé définitif et annoncer son intention d'abandonner toutes ses dignités militaires et civiles. Alexandre, qui ne l'avait jamais aimé, accepta sa démission, et le général Araktschéew lui transmit la décision impériale qui le relevait de son grade de général en chef, en lui donnant, pour la seconde fois, le titre purement honorifique de grand chambellan. Voici en quels termes simples et nobles il répondit à Araktschéew : « J'ai reçu la lettre par laquelle vous m'annoncez l'acceptation de ma démission. Il ne me reste plus à présent que le seul soin de paraître devant le tribunal suprême avec une conscience pure, ce que je souhaite à tout chrétien et à vous. »

Pour l'aider dans cette grande œuvre, Dieu lui envoya la plus efficace et la plus redoutée des préparations, celle de la douleur. Mais avant de raconter cette page lamentable et suprême de sa vie, il me reste à en rappeler un épisode moins triste et imparfaitement connu.

Parmi les rares personnes qu'il voyait à Moscou se trouvait la comtesse Bobrinski, femme de beaucoup d'esprit, dont il aimait la conversation et la société. Elle lui demanda un jour s'il avait écrit ses mémoires, et, sur sa réponse négative, elle insista vivement pour qu'il entreprît cette œuvre qui serait, lui dit-elle, du plus haut intérêt. Le comte Rostopchine lui répondit en s'inclinant que son désir était un ordre, et que le jour même il se mettrait à l'ouvrage. Il s'y mit en effet, et si bien que, le lendemain, il apporta à la comtesse Bobrinski un rouleau de papier contenant les mémoires en question.

Ce petit écrit, presque improvisé, est certainement le chef-d'œuvre du comte Rostopchine. La profondeur et la plaisanterie, l'ironie et la sincérité, le sarcasme et l'émotion s'y trouvent mêlés avec un art infini, et ces quelques pages suffiraient seules à lui assurer une réputation d'écrivain hors ligne. Je me reprocherais de ne pas citer dans son entier cette charmante improvisation qui fit rapidement le tour de l'Europe, fut traduite dans toutes les langues, et qui eut dans l'ordre littéraire un retentissement presque égal à celui de l'incendie de Moscou dans l'ordre politique.

MES MÉMOIRES, OU MOI AU NATUREL

ÉCRITS EN DIX MINUTES

Chapitre premier. *Ma naissance.* — En 1765, le 12 (23) mars, je sortis des ténèbres pour apparaître au grand jour. On me mesura, on me pesa, on me baptisa. Je naquis sans savoir pourquoi, et mes parents remercièrent le Ciel sans savoir de quoi.

Chapitre II. *Mon éducation.* — On m'apprit toutes sortes de choses et toute espèce de langues. A force d'être impudent et charlatan, je passai quelquefois pour savant. Ma tête est devenue une bibliothèque dépareillée dont j'ai gardé la clef.

Chapitre III. *Mes souffrances.* — Je fus tourmenté par les maîtres, par les tailleurs qui me faisaient des habits étroits, par les femmes, par l'ambition, par l'amour-propre, par les regrets inutiles, par les souverains et les souvenirs.

Chapitre IV. *Privations.* — J'ai été privé de trois grandes jouissances de l'espèce humaine : du vol, de la gourmandise et de l'orgueil.

Chapitre V. *Époques mémorables.* — A trente ans, j'ai renoncé à la danse; à quarante, à plaire; à cinquante, à l'opinion publique; à soixante, à penser, et je suis devenu un vrai sage ou un égoïste, ce qui est synonyme.

Chapitre VI. *Portrait au moral.* — Je fus entêté comme une mule, capricieux comme une coquette, gai comme un enfant, paresseux comme une marmotte, actif comme Bonaparte, et le tout à volonté.

Chapitre vii. *Résolution importante.* — N'ayant pu jamais me rendre maître de ma physionomie, je lâchai la bride à ma langue et je contractai la mauvaise habitude de penser tout haut. Cela me procura quelques jouissances et beaucoup d'ennemis.

Chapitre viii. *Ce que je fus et ce que j'aurais pu être.* — J'ai été très sensible à l'amitié, à la confiance, et si j'étais né pendant l'âge d'or, j'aurais été peut-être un bon homme tout à fait.

Chapitre ix. *Principes respectables.* — Je n'ai jamais été impliqué dans aucun mariage ni aucun commérage; je n'ai jamais recommandé ni cuisinier ni médecin; par conséquent je n'ai attenté à la vie de personne.

Chapitre x. *Mes goûts.* — J'ai aimé les petites sociétés, une promenade dans les bois. J'avais une vénération involontaire pour le soleil, et son coucher m'attristait souvent. En couleurs, c'était le bleu; en manger, le bœuf au naturel; en boisson, l'eau fraîche; en spectacle, la comédie et la farce; en hommes et en femmes, la physionomie ouverte et expressive. Lès bossus des deux sexes avaient pour moi un charme que je n'ai jamais pu définir.

Chapitre xi. *Mes aversions.* — J'avais de l'éloignement pour les sots et pour les faquins, pour les femmes intrigantes qui jouent la vertu; un dégoût pour l'affectation de la piété, pour les hommes teints et les femmes fardées; de l'aversion pour les rats, les liqueurs, la métaphysique et la rhubarbe; de l'effroi pour la justice et les bêtes enragées.

Chapitre xii. *Analyse de ma vie.* — J'attends la mort sans crainte, comme sans impatience. Ma vie a été un mauvais mélodrame à grand spectacle, dans lequel j'ai joué les héros, les tyrans, les amoureux, les pères nobles, mais jamais les valets.

Chapitre xiii. *Récompenses du Ciel.* — Mon grand bonheur est d'être indépendant des trois individus qui régissent l'Europe. Comme je suis assez riche, le dos tourné aux affaires, et assez indifférent à la musique, je n'ai par conséquent rien à démêler avec Rothschild, Metternich et Rossini.

Chapitre xiv. *Mon épitaphe.*

Ici on a posé
Pour se reposer,
Avec une âme blasée,
Un cœur épuisé
Et un corps usé,
Un vieux diable trépassé;
Mesdames et messieurs, passez!

ÉPITRE DÉDICATOIRE AU PUBLIC

Chien de public! organe discordant des passions, toi qui élèves au ciel et qui plonges dans la boue, qui prônes et calomnies sans savoir pourquoi; image du tocsin, écho de toi-même; tyran absurde, échappé des petites-maisons; extrait des venins les plus subtils et des parfums les plus suaves; représentant du diable auprès de l'espèce humaine; furie masquée en charité chrétienne; public! que j'ai craint dans ma jeunesse, respecté dans l'âge mûr, et méprisé dans ma vieillesse, c'est à toi que je dédie ces mémoires, gentil public! Enfin, je suis hors de ton atteinte, car je suis mort, et par conséquent sourd, aveugle et muet. Puisses-tu jouir de ces avantages pour ton repos et pour celui du genre humain!

Tels sont ces *mémoires* qui renferment plus d'esprit et de pensées en quelques pages que beaucoup de *mémoires* modernes en de gros volumes. Dans son ouvrage intitulé : *Rostopchine et Koutouzow*, l'écrivain Schnitzler, malgré son évidente bonne foi et son impartialité habituelle, en tire d'étranges conséquences. Après avoir très vivement exprimé son admiration pour cet écrit au point de vue littéraire, il s'attache à quelques mots échappés au génie à la fois plaisant et chagrin de l'auteur, et spécialement à son épitaphe, pour en conclure qu'il ne croyait à rien, ni à Dieu, ni à l'immortalité de l'âme, ni à la vie future, et il transforme ainsi une innocente boutade en une profession de foi athée et matérialiste. C'est là un incroyable abus de la logique, une bien grave accusation appuyée sur un fondement bien léger ; toute la vie du comte Rostopchine, telle que nos lecteurs la connaissent maintenant, et aussi sa mort, comme on le verra tout à l'heure, protestent contre cette cruelle assertion qui n'est pas plus conforme à la justice qu'à la vérité. Tous ses écrits, toutes ses lettres dont nous avons fait de nombreuses citations, établissent avec la dernière évidence l'élévation de son âme, sa charité constante et pratique, sa foi confiante en la divine Providence, la profondeur de ses sentiments religieux et chrétiens ; et quoique M. Schnitzler n'ait pu connaître la plupart de ces documents, il aurait dû ne voir, dans ces *mémoires en dix minutes* du comte Rostopchine, que ce qu'ils sont réellement, c'est-à-dire une immortelle plaisanterie.

La plaisanterie d'ailleurs, cet accent à la fois comique et sérieux qu'il affectionnait, allait mourir pour jamais dans son cœur et sur ses lèvres. Il avait connu dans sa vie bien des déceptions et des désenchantements ; il avait éprouvé le vide des joies du monde, la fragilité des grandeurs humaines, l'ingratitude des multitudes et des souverains ; il avait cruellement souffert dans son corps et dans son âme ; mais il est une épreuve suprême, plus cruelle que toutes les autres, que Dieu lui avait épargnée jusque-là et qu'il réservait à ses derniers jours ; ce père si tendre n'avait point encore vu mourir un de ses enfants, et le moment était venu où il allait boire jusqu'à la lie ce calice de désolation.

Lise, sa plus jeune fille, la seule qui restât auprès de lui depuis le mariage de ses sœurs, avait environ seize ans quand il quitta la France pour retourner en Russie. Elle était dans toute la fleur de la jeunesse, de la grâce et de la beauté ; c'était une ravissante créature dont la vue seule réjouissait son cœur et ses yeux. Voici d'ailleurs son portrait à cette époque charmante de la vie, à cette époque du printemps qui ne devait être suivie pour elle d'aucune autre saison. Je le trouve dans une lettre du comte Woronzow, adressée de Londres au comte Rostopchine, son vieil ami, le 7 novembre 1823.

« .... Languinoff m'a écrit qu'à l'arrivée de la comtesse à Pétersbourg, tout le monde a été en admiration de mes amours, de la chère Lise. Son visage, sa taille admirablement proportionnée, ses manières gracieuses, son élégance non apprise ni étudiée, mais qu'elle a reçue de la nature, le tout accompagné d'une modestie charmante, l'a fait admirer de tous ceux qui l'ont vue. Il finit par me dire : « Nous n'avons rien ici de comparable à elle. » Je le crois bien, et je suis persuadé que dans la capitale de la Russie, où le cercle de la haute société est pour le moins vingt fois plus grand que celui de la résidence, ma chère Lise, mes amours, n'a pas sa pareille. Embrassez-la pour moi, et dites-lui que le sort m'a condamné à ne plus la revoir, mais que, m'intéressant toujours à tout ce qui la concerne, je fais des vœux ardents pour son bonheur. »

Ces vœux allaient être exaucés, mais d'une façon bien différente des pensées de l'excellent vieillard. Au moment où il écrivait ces lignes, celle qu'il appelait ses amours avait déjà contracté le germe de la maladie qui devait l'emporter quelques mois plus tard, et elle se préparait à échanger le bonheur troublé et incertain de la terre, que lui souhaitait son vieil-ami, contre la félicité sans mélange et sans fin d'une meilleure vie. Dans une promenade en bateau faite en automne aux environs de Pétersbourg, elle avait eu les pieds dans l'eau pendant plusieurs heures, sans en rien dire. Cette imprudence lui causa une irritation pulmonaire qui se changea bientôt en maladie de poitrine.

Quand elle revint à Moscou au commencement de l'hiver, elle était déjà gravement atteinte. Ses parents se tourmentèrent de son état, mais ils n'en virent pas assez tôt toute la gravité. Ils formaient et caressaient le projet de l'emmener en France et en Italie, au retour du printemps : la mort, inexorable et rapide, devait arriver avant le printemps.

J'ai sous les yeux la lettre que le comte Rostopchine écrivait à sa fille Sophie, le 1er janvier 1824. Elle est triste et découragée, mais on voit clairement que la pensée d'une catastrophe ne s'est pas encore présentée à son esprit.

« Voici, dit-il, une nouvelle année qui commence; mais si elle est aussi riche en désagréments que celle qui s'achève, certainement je n'en verrai pas la fin. Tous mes projets sont dérangés par des événements imprévus. Nathalie (Mme Narischkine), après le départ de son mari, devait rester ici jusqu'au mois de juin, passer un mois à Voronovo avec sa mère, et se mettre ensuite en route pour la Crimée. Moi, je voulais faire la tournée de mes terres et revenir ici pour arranger la maison. Mais qu'est-il arrivé de tous ces beaux projets que la sottise humaine ne se lasse jamais de faire ? Le petit Michel, ayant une petite toux au départ de son père, a succombé le cinquième jour de sa maladie, étouffé par les humeurs qui se sont jetées sur sa poitrine. Il était charmant, fort, grand, avec les yeux de sa mère, beaucoup d'intelligence et de douceur. Nathalie, qui se trouve être grosse de trois mois, part à la fin de février pour rejoindre son mari ; autrement elle serait obligée de faire ses couches ici.... La conclusion de tout ceci est dans cette grande et antique vérité : l'homme propose et Dieu dispose.... Que le bon Dieu vous épargne la peine cruelle de voir vos enfants malades et souffrants. Je n'ai pas eu un moment de repos depuis mon retour dans cette ville qui m'a coûté tant de sacrifices, le tout pour me convaincre que je ne suis qu'un sot et que dans les affaires d'une grande importance il faut agir par sa tête et réduire au silence son cœur. Malgré tout ce que me dit le docteur

Albiny, qui a succédé à Schnaubert, la santé de Lise ne s'améliore pas du tout. Son estomac ne se remet pas, elle a souvent des coliques qui l'affaiblissent, et, provoquant de l'irritation, la font tousser davantage. Elle est pâle, avec un air plus ou moins défait, selon la nuit qu'elle a passée ; de la tristesse, les nerfs irrités, des envies de pleurer; aucune diversion. Nathalie vient tous les jours, mais elle a d'autres devoirs, et il est juste qu'elle veuille passer une partie de la journée avec ses enfants. Le monde qui vient est un composé de vieillesse, de bêtise et de curiosité. Les jeunes personnes, à qui on a monté la tête sur Lise, sont enchantées qu'elle ne produise pas aux bals et aux fêtes sa figure, ses habits et ses bijoux. On attribue sa maladie au chagrin d'avoir quitté Paris. Mon parti est pris. Si elle a assez de force, au mois de mai, ma femme partira avec elle et se dirigera sur Paris : après avoir consulté la Faculté, elles s'y fixeront ou iront dans un pays chaud passer l'hiver. On travaille déjà à Pétersbourg à ma voiture. Moi, je resterai avec André, je passerai une partie de l'été sur mes terres, et si Lise ne recouvre pas la santé, j'irai la rejoindre.... Je ne sors pas depuis une semaine, à cause de mes infirmités ordinaires.... Et puis, quand on veut sortir, on peut se demander de droit : Pourquoi ? — Adieu, mes enfants, je vous embrasse. Pensez à moi et plaignez-moi, car je suis bien malheureux ! »

A partir de ce moment, l'état de la jeune malade s'aggrava rapidement, l'espérance diminua de jour en jour, puis s'éteignit, et bientôt les médecins déclarèrent à ses infortunés parents que le mal était sans remède et qu'un dénouement fatal était inévitable et prochain. A cette terrible nouvelle, le comte Rostopchine tomba dans un profond désespoir, et l'on peut dire qu'il participa à la lente et cruelle agonie de sa fille bien-aimée. Silencieux et sombre, il ne recherchait et n'acceptait point de consolation, et il pleurait sa fille avant qu'elle fût au tombeau. Sa femme, désolée comme lui, était plus forte parce qu'elle était plus chrétienne. Elle pensait à l'âme de son enfant et faisait passer cet intérêt suprême avant celui de sa santé et de sa vie. Lise était restée dans l'Église grecque, et c'était pour sa mère le sujet d'une cruelle préoccupation. Longtemps, la comtesse Rostopchine se contenta de prier ; mais quand elle vit sa fille, dévorée par la maladie, toucher au seuil de l'éternité, elle ne cacha plus ses désirs ni ses larmes, et lui demanda si elle ne voulait pas, avant de mourir, se faire catholique. La pauvre enfant s'empressa de répondre affirmativement, et cet empressement prouva à sa mère qu'elle se fût convertie plus tôt si elle n'avait pas craint de déplaire à son père.

Aussitôt et sans perdre un instant, la comtesse courut chez son mari. Décidée à tout braver pour le salut de sa fille, elle ne voulait pas cependant que ce grand acte s'accomplit à son insu. Quand elle entra dans sa chambre, il était assis devant une table, la tête dans ses mains, perdu et comme anéanti dans sa douleur. « Lise va bientôt mourir, lui dit-elle, et avant de paraître devant Dieu, elle veut se faire catholique. » Soit qu'il ne voulût ni donner ni refuser son consentement, soit que son désespoir le rendît incapable de tout autre sentiment, il ne répondit rien et ne releva même pas la tête.

La comtesse Rostopchine envoya sur-le-champ chercher le curé de l'église catholique de Moscou. Il arriva, reçut l'abjuration de la jeune mourante, lui donna les derniers sacrements qu'elle reçut en pleine connaissance, et quelques heures après, le 26 mars 1824, Lise Rostopchine s'éteignit doucement, et quitta ce monde où elle eût beaucoup brillé sans doute, mais sans doute aussi beaucoup souffert, pour aller jouir du bonheur réservé aux âmes pures dans l'éternité. Un mot de la comtesse Rostopchine peint la foi énergique de cette mère vraiment chrétienne. Le même jour de la mort de sa fille, elle écrivit à sa sœur, la princesse Galitzine, une lettre qui commençait ainsi :

« Ma sœur, félicitez-moi ; Lise est morte, mais elle est morte catholique. »

Quant au comte Rostopchine, je ne chercherai point à rendre sa douleur ; j'en trouve un écho affaibli dans la lettre que lui écrivit le comte Woronzow en apprenant son malheur.

« Londres, 23 avril 1824. — Je n'ai su que trop tôt la perte irréparable que vous avez faite, mon bon et respectable ami. Je l'ai apprise par Languinoff, qui était, ainsi que ceux qui ont connu cette chère Lise, cette céleste créature, admirateur de ses charmes ainsi que de son caractère angélique. Je n'avais pas le courage de vous écrire sur cet événement aussi douloureux qu'irréparable ; je remettais d'un jour à l'autre à vous entretenir d'un malheur qui empoisonne vos jours et qui me plonge moi-même dans une affliction que je ne puis exprimer autant que je la sens. Cette chère Lise, que j'appelais mes amours, qui avait toutes les perfections morales : spirituelle, douce, modeste au point qu'il n'y avait qu'elle seule qui ne s'apercevait pas de l'admiration qu'elle inspirait partout où elle se trouvait ! Je sens, comme père, comme votre ami le plus dévoué, comme un homme qui connaissait tout ce que valait cette chère Lise, je sens toute l'amertume de votre douleur. Ce serait absurde de vouloir vous consoler.

Pleurons ensemble, mais soumettons-nous sans nous révolter aux décrets de la divine Providence. »

Et une année plus tard, le sachant toujours inconsolable et inconsolé, il lui écrivait encore :

« J'ai vivement senti et je sentirai toujours votre infortune, parce qu'elle est irréparable et que je vous suis attaché par amitié, par estime, et par la reconnaissance que je vous dois et que je garde dans le fond de mon âme. Comme je voudrais savoir que vous quittez enfin un pays qui, outre que son climat est tout à fait contraire à la maladie chronique et à la constitution de votre corps, vous rappelle la perte de cette adorable fille chérie que ce climat a tuée ! Pourquoi vous obstinez-vous à y rester ?... »

Le comte Rostopchine répondit sans doute au comte Woronzow qu'il restait en Russie, malgré ses infirmités et ses souvenirs, parce qu'il ne cherchait plus à vivre et qu'il ne s'inquiétait plus de mourir. Il est certain que, depuis la mort de Lise, sa santé, déjà bien compromise, s'affaiblit rapidement, et que ce coup brisa son corps aussi bien que son âme. Les lettres très rares qu'il écrivit à sa fille en France, dans le courant de l'année 1825, sont pleines de tristesse et d'accablement. Il se plaint de ses insomnies plus pénibles que jamais, de sa fatigue, de son isolement : « Où sont-ils mes enfants ? s'écrie-t-il douloureusement dans une de ses lettres. Nathalie est aussi loin que Sophie ! Lise n'est plus sur la terre.... Vivre isolé de ceux qu'on aime, voilà le grand tourment de la vieillesse ! » Et il termine par ces tristes paroles : « Adieu, mes enfants, pensez à moi et plaignez-moi. Le dernier quart de ma vie est bien triste ; la réflexion et la résignation n'y apportent pas de remède. Adieu .... »

Il se fit cependant envoyer de France et lut avec intérêt le livre du général Philippe de Ségur sur la campagne de 1812, qui parut à la fin de 1824 et dont le succès fut immense dans l'Europe entière : « J'ai déjà vu par les papiers publics, écrit-il à ses enfants, le 26 janvier 1825, le succès de l'ouvrage du comte Philippe. C'est une justice qui lui est due. Il a tous les moyens à sa disposition : le tact, l'esprit et l'observation. Ajoutez encore ce vernis de véritable goût qui s'est presque perdu parmi les auteurs. Il a fait une véritable histoire qui instruira; c'est un présent à la postérité et un nouveau titre de gloire pour le nom qu'il porte. Il était temps de remplacer par quelque chose de vrai ce tas d'ouvrages faits sur Napoléon, que la bassesse, la vengeance et l'enthousiasme ont produits. Quant à l'incendie de Moscou, j'ai cru en dire ce qui concernait ma personne. »

Au moment de mourir, sa fille Lise lui avait demandé de vouloir bien partager entre ses deux sœurs la dot qu'il lui eût donnée si elle avait vécu. Il le lui avait promis en pleurant, et quelques mois après la mort de la charmante jeune fille, son vœu touchant était rempli. Ce fut une de ses dernières occupations en ce monde. Dans le courant de l'année 1825, sa santé s'altéra de plus en plus, et quand, au mois de novembre, on apprit à Moscou la mort prématurée et presque subite de l'empereur Alexandre à Taganrog, il était déjà si gravement atteint qu'il ne put se rendre à la cathédrale pour prêter serment au nouvel empereur : ce fut dans son salon qu'il accomplit cette formalité.

A Moscou, la nouvelle de la maladie du czar et celle de sa mort étaient arrivées en même temps. A Saint-Pétersbourg, il en fut autrement; deux ou trois jours

d'avance, on sut qu'Alexandre était malade; un courrier même apporta la fausse nouvelle de son rétablissement, et quand l'annonce de sa mort arriva, la cour était réunie dans la cathédrale de Kazan, pour remercier Dieu de la guérison du monarque et assister à un *Te Deum* d'actions de grâces. Le métropolitain qui officiait, averti par le grand-duc Nicolas de la fatale nouvelle, interrompit aussitôt le *Te Deum,* prit un crucifix, l'enveloppa de crêpe noir, et vint le donner à baiser à l'impératrice Marie, mère d'Alexandre. Elle devina tout et perdit connaissance; mais elle revint à elle presque immédiatement, et assista jusqu'au bout aux prières des morts qui succédèrent sans transition au chant d'actions de grâces.

La nouvelle de la mort d'Alexandre laissa le comte Rostopchine indifférent. Au seuil de l'éternité, les choses de la politique lui étaient devenues étrangères, et d'ailleurs il ne pouvait pardonner au fils de l'empereur Paul sa participation indirecte à l'assassinat de son père. Dans une note écrite de sa main à cette époque, je trouve cette observation significative : « Par un rapprochement singulier, Alexandre est mort à Taganrog, ville qui a servi dans le siècle passé de lieu d'exil aux malfaiteurs, et il est indubitable que son corps a dû être embaumé par Willy, son chirurgien, le même qui fut au nombre des assassins de Paul et qui lui coupa la carotide après qu'il eut été étranglé. » On peut donc dire que le comte Rostopchine resta jusqu'à la fin fidèle à la mémoire de son malheureux maître.

Ce n'est pas le lieu de raconter l'abdication de Constantin et l'insurrection sanglante, réprimée d'une manière plus sanglante encore, qui signala l'avènement de Nicolas. Quand ces événements s'accomplirent, aux derniers jours de 1825, le comte Rostopchine était déjà au lit, atteint de la maladie qui devait le mettre au tombeau. Son dernier mot politique, en apprenant l'insurrection et la part qu'y avaient prise un assez grand nombre de membres de la noblesse, fut celui-ci : « Ordinairement, ce sont les cordonniers qui font les révolutions pour devenir grands seigneurs ; mais chez nous, ce sont les grands seigneurs qui veulent devenir cordonniers. »

Le mal dont il souffrait était une hydropisie de poitrine qui lui causait de fréquents étouffements et de cruelles douleurs. Son état alla sans cesse en s'aggravant pendant le mois de janvier 1826, et bientôt on comprit autour de lui et il comprit lui-même que sa fin était proche. Alors, la foi chrétienne, qu'il avait reçue au baptême et gardée dans le fond de son cœur, se réveilla tout entière, et de lui-même il demanda un prêtre pour se confesser et recevoir les derniers secours de l'Église. Sa femme, qui ne le quittait pas et qui priait ardemment pour le salut de son âme, reçut cette communication avec joie. Elle eût tout donné pour qu'il se fît catholique avant de mourir, comme sa fille bien-aimée, mais elle savait que toute tentative de ce genre n'aurait eu sans doute d'autre résultat que de troubler ses derniers moments. Elle savait qu'il était fortement attaché à l'Église grecque, qu'il la regardait comme une portion considérable et même principale de la patrie, et que d'ailleurs, assez ignorant en matière religieuse, comme la plupart des gens du monde, il ne voyait, entre cette Église et l'Église catholique, que des nuances sans importance et sans valeur devant Dieu. Enfin elle savait que l'Église grecque, ayant retenu non seulement presque tous les dogmes, mais aussi les traditions et les formes de l'Église primitive, avait un vrai sacerdoce, un vrai épiscopat et de vrais sacrements. Elle se rendit donc avec empressement au désir de son mari, et fit chercher en toute hâte le prêtre qu'il demandait.

Le comte Rostopchine resta quelque temps enfermé avec le ministre de Jésus-Christ; il fit l'aveu de ses fautes, en reçut le pardon, et quand sa femme revint auprès de lui, elle le trouva tranquille, consolé, presque joyeux. « Que je suis heureux maintenant, lui dit-il avec émotion; je me sens la conscience légère, et je puis mourir en paix! » Cette paix divine, venue du ciel, demeura sur lui jusqu'à la fin : ses derniers moments furent résignés et sereins, et son dernier mouvement fut un acte de foi chrétienne. Il était étendu sur son lit, les yeux fermés, semblant dormir, quand tout à coup sa femme, qui priait à ses côtés, le vit se soulever, ouvrir les yeux, faire un grand signe de croix, puis il retomba sur son oreiller; il avait rendu le dernier soupir.

C'est ainsi que mourut le comte Rostopchine, le 30 janvier 1826, âgé de soixante ans, six mois et sept jours. Au milieu d'une existence agitée, pleine de grands événements et de grandes secousses, il avait fait beaucoup de bien; il avait chéri sa femme, ses enfants, ses amis; il avait aimé et secouru les pauvres, il avait vécu dans la crainte de Dieu et il était mort pieusement, en faisant le signe du salut. Sa femme le pleura sans amertume et pria pour lui avec confiance, jusqu'au jour où elle alla à son tour comparaître au tribunal de Dieu.

D'après les ordres exprès du comte Rostopchine, ses funérailles se firent sans aucune pompe, et son corps fut déposé au cimetière de Tiatnitzki, dans un terrain réservé où reposaient déjà les restes de sa fille et de ses autres enfants morts presque en naissant. Une simple pierre recouvre sa dépouille mortelle ; on y peut lire encore l'inscription suivante, composée par lui-même en russe et dont voici la traduction littérale :

Au milieu de mes enfants
Je me repose des hommes.

La comtesse Rostopchine survécut longtemps à son mari. Sa vie fut jusqu'à la fin celle d'une vraie veuve et d'une vraie chrétienne. Elle mourut à Moscou le 28 septembre 1859, à l'âge de quatre-vingt-trois ans.

De leurs enfants, trois lui survécurent : son plus jeune fils, le comte André Rostopchine, ce dernier-né, pour lequel ses lettres révèlent une si profonde tendresse; Mme Narischkine; enfin la comtesse de Ségur, mère de celui qui trace ces lignes et qui livre avec confiance au lecteur l'histoire sincère et si peu connue jusqu'ici de son illustre aïeul.

TABLE DES MATIÈRES

DEUXIÈME PARTIE

CHAPITRE PREMIER

CHAPITRE II

CHAPITRE III

CHAPITRE IV

CHAPITRE V

FIN

PARIS

IMPRIMERIE D. DUMOULIN ET Cie

5, rue des Grands-Augustins, 5

TABLE DES GRAVURES

Imp. D. Dumoulin et Cie, rue des Grands-Augustins, 5, à Paris.

www.ingramcontent.com/pod-product-compliance
Ingram Content Group UK Ltd.
Pitfield, Milton Keynes, MK11 3LW, UK
UKHW020309230726
13925UKWH00001B/299

9 782013 417303